# CONTABILIDADE GERENCIAL

O GEN | Grupo Editorial Nacional – maior plataforma editorial brasileira no segmento científico, técnico e profissional – publica conteúdos nas áreas de ciências sociais aplicadas, exatas, humanas, jurídicas e da saúde, além de prover serviços direcionados à educação continuada e à preparação para concursos.

As editoras que integram o GEN, das mais respeitadas no mercado editorial, construíram catálogos inigualáveis, com obras decisivas para a formação acadêmica e o aperfeiçoamento de várias gerações de profissionais e estudantes, tendo se tornado sinônimo de qualidade e seriedade.

A missão do GEN e dos núcleos de conteúdo que o compõem é prover a melhor informação científica e distribuí-la de maneira flexível e conveniente, a preços justos, gerando benefícios e servindo a autores, docentes, livreiros, funcionários, colaboradores e acionistas.

Nosso comportamento ético incondicional e nossa responsabilidade social e ambiental são reforçados pela natureza educacional de nossa atividade e dão sustentabilidade ao crescimento contínuo e à rentabilidade do grupo.

JOSÉ CARLOS TIOMATSU OYADOMARI
OCTAVIO RIBEIRO DE MENDONÇA NETO
RONALDO GOMES DULTRA-DE-LIMA
EDELCIO KOITIRO NISIYAMA
ANDSON BRAGA DE AGUIAR
DIEGO DOS SANTOS-PEREIRA

# CONTABILIDADE GERENCIAL

**2ª edição**

Ferramentas para melhoria de desempenho empresarial

**EXERCÍCIOS RESOLVIDOS | MINICASOS | EXEMPLOS**

Indicadores de Desempenho
Bridge Analysis
GAO
Controle
ROI
Markup
Custeio ABC
LAIR
Ponto de Equilíbrio
Lucratividade de Clientes
EBITDA
NOPAT
Margem de Contribuição
Orçamento
DRE

- Os autores deste livro e a editora empenharam seus melhores esforços para assegurar que as informações e os procedimentos apresentados no texto estejam em acordo com os padrões aceitos à época da publicação, *e todos os dados foram atualizados pelos autores até a data da entrega dos originais à editora*. Entretanto, tendo em conta a evolução das ciências, as atualizações legislativas, as mudanças regulamentares governamentais e o constante fluxo de novas informações sobre os temas que constam do livro, recomendamos enfaticamente que os leitores consultem sempre outras fontes fidedignas, de modo a se certificarem de que as informações contidas no texto estão corretas e de que não houve alterações nas recomendações ou na legislação regulamentadora.

- Data do fechamento do livro: 10/01/2023

- Os autores e a editora se empenharam para citar adequadamente e dar o devido crédito a todos os detentores de direitos autorais de qualquer material utilizado neste livro, dispondo-se a possíveis acertos posteriores caso, inadvertida e involuntariamente, a identificação de algum deles tenha sido omitida.

- **Atendimento ao cliente:** (11) 5080-0751 | faleconosco@grupogen.com.br

- Direitos exclusivos para a língua portuguesa
  Copyright © 2023, 2024 (2ª impressão) *by*
  **Editora Atlas Ltda.**
  *Uma editora integrante do GEN | Grupo Editorial Nacional*
  Travessa do Ouvidor, 11
  Rio de Janeiro – RJ – 20040-040
  www.grupogen.com.br

- Reservados todos os direitos. É proibida a duplicação ou reprodução deste volume, no todo ou em parte, em quaisquer formas ou por quaisquer meios (eletrônico, mecânico, gravação, fotocópia, distribuição pela Internet ou outros), sem permissão, por escrito, da Editora Atlas Ltda.

- Capa: OFÁ Design | Manu, adaptado por Daniel Kanai

- Imagem da capa: phochi | iStockphoto

- Editoração eletrônica: Set-up Time Artes Gráficas

- Ficha catalográfica

**CIP-BRASIL. CATALOGAÇÃO NA PUBLICAÇÃO**
**SINDICATO NACIONAL DOS EDITORES DE LIVROS, RJ**

C776
2. ed.

    Contabilidade gerencial : ferramentas para melhoria de desempenho empresarial / José Carlos Tiomatsu Oyadomari ... [et al.]. - 2. ed. [2ª Reimp.] - Barueri [SP] : Atlas, 2024.

    Apêndice
    Inclui bibliografia e índice
    ISBN 978-65-5977-444-9

    1. Contabilidade gerencial. 2. Contabilidade de custo. I. Oyaomari, José Carlos Tiomatsu.

22-81627                                     CDD: 658.1511
                                            CDU: 657.05

Meri Gleice Rodrigues de Souza - Bibliotecária - CRB-7/6439

# NOTA SOBRE OS AUTORES

**José Carlos Tiomatsu Oyadomari**
Professor Adjunto do Programa de Pós-Graduação em Controladoria e Finanças Empresariais da Universidade Presbiteriana Mackenzie (UPM) e Professor do Insper (graduação, pós-graduação e educação executiva). Doutor e Mestre em Contabilidade pela FEAUSP. Graduado em Ciências Contábeis pela UPM. Pesquisador na área de Controle e Contabilidade Gerencial, usando a pesquisa intervencionista, estuda Indicadores de Desempenho, Ferramentas de Controle Gerencial e Mecanismos de Governança. Experiência profissional na área de Controladoria, Consultoria e Auditoria (EY) em empresas multinacionais e nacionais (grupos familiares e PMEs). Membro do comitê de alianças e inovações da Consulcamp. Membro Independente de conselhos consultivos, fiscal e de auditoria de grupos familiares, *startups* e PMEs.

**Octavio Ribeiro de Mendonça Neto**
Professor Adjunto do Programa de Pós-Graduação em Controladoria e Finanças Empresariais da Universidade Presbiteriana Mackenzie (UPM) e Professor da Universidade Metodista de São Paulo (UMESP). Doutor em Contabilidade pela FEAUSP. Mestre em Contabilidade pela PUC-SP. Especialista em Economia de Empresas (CEAG-FGV-SP). Graduado em Engenharia Mecânica pela Faculdade de Engenharia Mauá. Pesquisador nas áreas de Contabilidade Gerencial e Finanças, em temas como análise de desempenho empresarial, na área da Sociologia das Profissões, com foco nas profissões da área de gestão e na educação profissional e aplicação do pragmatismo nos estudos organizacionais. Experiência profissional na área financeira em grupos financeiros nacionais e internacionais de grande porte.

**Ronaldo Gomes Dultra-de-Lima**
Professor Assistente do Programa de Pós-graduação de Controladoria e Finanças Empresariais, Coordenador do Núcleo de Pesquisas em Controladoria e Finanças Empresariais (NECOFIN), Representante de Educação Continuada dos Cursos de Pós-graduação *Lato Sensu* em Controladoria da Universidade Presbiteriana Mackenzie (UPM) e Professor Adjunto do Centro Universitário FEI. Doutor em Administração de Empresas pela FGV EAESP com período sanduíche na Indiana University (EUA), Mestre em Economia (Finanças) e MBA em

Finanças pelo Insper. Pós-graduado em Administração Industrial pela Fundação Vanzolini/USP e em O&M e Administração de Recursos Humanos. Graduado em Administração de Empresas pela Universidade São Judas Tadeu (USJT). Desenvolve pesquisas em Contabilidade Gerencial e Gestão de Operações com vistas à melhoria de desempenho. Experiência profissional na área de Controladoria e Finanças em empresa de grande porte e consultorias. Atua como consultor independente em projetos de sistemas de medição de desempenho.

**Edelcio Koitiro Nisiyama**
Professor do Insper nos cursos de pós-graduação e educação executiva. Doutor em Administração de Empresas (Finanças Estratégicas) pela Universidade Presbiteriana Mackenzie (UPM). Possui graduação em Engenharia de Produção pela Escola Politécnica da Universidade de São Paulo com MBA pela Universidade de Chicago e Mestrado em Controladoria Empresarial pela UPM. Experiência profissional nas áreas de Finanças, Controladoria e Sistemas de Informação, em organizações privadas nacionais e multinacionais. Foi Diretor Financeiro da SKF do Brasil. Anteriormente, trabalhou nas seguintes empresas: Banco Itaú, Philco Rádio e Televisão, Itautec Philco e Samsung da Amazônia. Conselheiro Fiscal certificado pelo Instituto Brasileiro de Governança Corporativa (IBGC), atua como consultor e conselheiro de empresas. Atua também como consultor, conselheiro consultivo e conselheiro fiscal.

**Andson Braga de Aguiar**
Professor Associado do Departamento de Contabilidade e Atuária da Faculdade de Economia, Administração e Contabilidade da Universidade de São Paulo (EAC/FEAUSP). Diretor de Cursos da Faculdade FIPECAFI. Professor Visitante na University of Waterloo (Canadá). Doutor em Contabilidade pela Universidade de São Paulo. Pesquisador visitante da RSM Erasmus University (Holanda). Desenvolve pesquisas sobre aspectos comportamentais em Controle Gerencial e Sistemas de Mensuração de Desempenho. Ex-Coordenador do Programa de Pós-Graduação em Controladoria e Contabilidade (PPGCC) da EAC/FEAUSP. Membro do Comitê Organizador do USP Doctoral Consortium on Quantitative Research in Accounting (2015-2018). Coordenador do Grupo de Pesquisa sobre Incentivos em Sistemas de Controle Gerencial (certificado pelo CNPq).

**Diego dos Santos-Pereira**
Professor convidado na Pós-graduação em Controladoria da Universidade Presbiteriana Mackenzie (UPM) e Professor da PUC-Campinas no MBA em Controladoria e Auditoria. Mestre em Controladoria Empresarial pela UPM. Pós-graduado em Gestão Financeira, Controladoria e Auditoria pela FGV. Graduado em Ciências Contábeis pela PUC-Campinas. Sócio da Consulcamp Auditoria e Assessoria, atuando em consultoria e controladoria em empresas nacionais e multinacionais de médio e grande portes. Certificado em IFRS internacionalmente pela ACCA – Association of Chartered Certified Accountants (Reino Unido).

# APRESENTAÇÃO DA PRIMEIRA EDIÇÃO

Uma equipe como a que foi formada por José Carlos Tiomatsu Oyadomari, Octávio Ribeiro de Mendonça Neto, Ronaldo Gomes Dultra-de-Lima, Edelcio Koitiro Nisiyama e Andson Braga de Aguiar só poderia proporcionar uma obra interessante para a comunidade.

A obra foi denominada *Contabilidade Gerencial* e trata-se de um livro que pode ser utilizado em cursos de Administração e Contabilidade, pois mescla embasamento e experiências do campo, característica essencial de um livro que tenha utilidade. Em termos de enfoque, o livro pretende ser prático na medida em que contém mecanismos de aprendizagem e de reforço que são os minicasos que iniciam todos os capítulos, antecedendo os aspectos conceituais. Além disso, os exercícios são disponibilizados com o objetivo de fixar os conceitos apresentados.

Quanto à estrutura e ao embasamento, os autores optaram por dispor de treze capítulos, que tratam inicialmente das demonstrações contábeis e privilegiam a utilidade daqueles. O tema Indicadores corresponde ao item seguinte, onde são discutidos os vários indicadores financeiros e seu relacionamento com os negócios. Uma vez tratados os indicadores, a etapa seguinte se propõe a desenvolver a análise propriamente dita.

Olhar a organização pelos segmentos de negócios como ela é estruturada é objetivo do capítulo seguinte, que pretende, após proporcionar a visão geral da empresa, voltar-se aos detalhes. Um passo adiante no detalhamento, o capítulo seguinte, o quinto, se volta para a apuração de resultados por produto, sendo que, no capítulo seguinte, é disponibilizada uma abordagem do *Activity Based Costing* e a apuração de resultados por clientes. Com isso foi proporcionada uma abordagem que olha os detalhes a partir das dimensões mais frequentemente demandadas, que são as áreas, produtos e clientes. Na sequência de análise dos elementos que têm uma relação com custos, a abordagem de técnica como Custo-Volume-Lucro e a discussão sobre custos relevantes e formação de preços para o processo decisório são tratadas para permitir a tomada de decisão em ambiente em que oscilações de volume estejam presentes.

Depois de começar pelo macro e seguir pelo detalhe, o livro se volta para a visão consolidada do controle gerencial em que os autores privilegiam a abordagem de Simons. O complemento do trabalho corresponde à discussão do orçamento e ao controle orçamentário. Finalmente, os autores apresentam no que denominaram Apêndice os conceitos e processos contábeis com o objetivo de trazer discussões particulares sobre alguns tratamentos.

Como se vê, a obra reapresenta alguns elementos tradicionais da Contabilidade Gerencial com outros mais contemporâneos e elementos que permeiam a Contabilidade Financeira que podem ser observados sob a perspectiva da Contabilidade Gerencial.

Parabéns e muito sucesso, autores!

**Fábio Frezatti**
Professor Titular da FEAUSP

# DEPOIMENTOS DE PROFISSIONAIS

Por muitos anos, o ensino da Contabilidade Gerencial tem utilizado traduções de textos internacionais que refletem pouco a realidade empresarial atual. Diferente desses outros livros, *Contabilidade Gerencial* traz uma perspectiva atualizada, dinâmica e contextualizada da prática cotidiana desta área do conhecimento. Escrito por profissionais da área que dedicam grande parte do seu tempo à pesquisa acadêmica, o livro apresenta avanços na Contabilidade Gerencial através de uma narrativa prática que comunica conceitos complexos de uma maneira simples e bastante efetiva, envolvendo o leitor no universo da tomada de decisões empresariais. Assim, o livro atende às necessidades de diferentes perfis de leitores, diminuindo a distância entre a pesquisa e a prática.

**Ricardo Malagueño**
*Associate Professor* – University of East Anglia (UK)

O livro *Contabilidade Gerencial*, com sua abordagem prática, mas não menos profunda, é literalmente uma ferramenta para gestores usarem no processo de melhoria do desempenho organizacional.

O Brasil é reconhecido pelos seus excelentes gestores no mundo dos negócios, e uma obra como esta demonstra que temos acadêmicos com um excelente nível também.

Aproveitem a leitura e bons estudos!

**Ricardo Lopes Cardoso**
Doutor em Contabilidade pela FEAUSP
Contador pela PUC-Campinas
CEO da Enforce Gestão de Ativos S.A.

# PREFÁCIO

A escolha da nossa abordagem neste livro é baseada em nossas experiências acadêmicas e corporativas, e tal qual um problema de pesquisa, este tem de ser capaz de impactar a sociedade por meio de inovação e produzir resultados relevantes (Oyadomari et al., 2014).

Nossa constatação por meio de interação com nossos alunos é que essa abordagem se difere em relação aos livros-texto disponíveis, e contribui de forma eficiente para uma aprendizagem abrangente do que é a Contabilidade Gerencial. Essa abordagem tem sido utilizada em cursos de graduação de Contabilidade Gerencial (administração e ciências contábeis), cursos de educação executiva (para executivos não financeiros), e cursos de MBA em Finanças e Controladoria.

Esta obra não pretende substituir muitos bons livros-texto já disponíveis e extremamente úteis, mas espera que possa ser utilizada concomitantemente com outros livros-texto, por pelo menos duas razões: (1) não tenciona ser um *handbook* de Contabilidade Gerencial, por isso alguns temas não são abordados nessa edição, e provavelmente não serão abordados em futuras, por questão de foco; (2) muitas obras disponíveis têm uma lista extensa de exercícios que podem ser utilizados, complementarmente a este livro, e o nosso foco foi elaborar exercícios sempre integrados (contabilidade gerencial e gestão), em detrimento de exercícios de fixação.

Nós adotamos a definição consolidada de Malmi e Brown (2008), para quem o Sistema de Controle Gerencial inclui todos os artefatos, os sistemas, as regras, práticas, os valores e outras atividades utilizadas para assegurar que o comportamento e as decisões dos colaboradores sejam consistentes com os objetivos organizacionais e as estratégias. Inserido no Sistema de Controle Gerencial, inclui-se a Contabilidade Gerencial, que, no nosso entendimento, é focada nas técnicas utilizadas para melhoria de desempenho, enquanto o Controle Gerencial já envolve fatores comportamentais e outros tipos de controle, consoante a mesma tipologia proposta por Malmi e Brown (2008).

Acreditamos também que a dissociação entre Contabilidade Financeira e Contabilidade Gerencial tende cada vez mais a ser diminuída, seja por iniciativas como o Relato Integrado Global ou por questões de *compliance*, por isso apresentamos dois capítulos sobre Contabilidade Financeira, sem a pretensão de substituir as obras clássicas de Contabilidade Financeira e tampouco ser um manual de IFRS.

Nosso foco é a melhoria de desempenho, e, para isso, apresentamos a Contabilidade Gerencial no contexto aplicado, isto é, em vez de capítulos temáticos, apresentamos um modelo de análise diagnóstica, conectando as técnicas de contabilidade gerencial, em cada uma das etapas. Utilizamos a analogia expressa na frase "não é possível olhar as árvores sem ter a visão da floresta", por isso dedicamos um capítulo à análise econômico-financeira da empresa, pois não conseguimos entender a dissociação muitas vezes presente nas grades curriculares e mesmo nos livros, em que a análise econômico-financeira é separada de contabilidade gerencial.

Tentamos sempre conectar a Contabilidade Gerencial com as disciplinas que impactam o desempenho de uma organização, especialmente operações e estratégia. Esse enfoque é dado quando apresentamos o capítulo Análise dos Processos, em que mostramos o *Activity Based Costing* como resultados de decisões de operações e estratégia, ou quando apresentamos o capítulo Análise da Lucratividade de Produtos e Serviços.

Estamos também preocupados com o conflito de agência, especialmente a Orientação Temporal de Curto Prazo (Aguiar, 2011), que ocorre quando os gestores priorizam o desempenho de curto prazo, prejudicando potencialmente a continuidade da empresa no longo prazo, por isso trazemos sempre alguns aspectos que podem mitigar esse viés. Um capítulo foi desenvolvido pensando nesse tema, incluindo os principais dilemas e tensões na escolha de um sistema de controle gerencial.

Também agrupamos algumas técnicas que focam a otimização de resultados de curto prazo, especialmente análise de *break-even*, custos relevantes para decisão e formação de preços. Nesse capítulo, acreditamos trazer uma contribuição para a literatura, pois apresentamos os diferentes métodos de formação de preços e os contextos em que eles seriam mais aplicáveis.

A melhoria de planejamento e controle orçamentário, que na literatura acadêmica é chamado de uso diagnóstico do sistema de controle gerencial, foi abordada em dois capítulos, Orçamento e Análise de Variações Orçamentárias. O capítulo de Orçamento é bastante focado em alinhamento estratégico, iniciativas e impactos, em detrimento de detalhar o processo de elaboração do orçamento, envolvendo as áreas da organização. O capítulo de Análise de Variações Orçamentárias enfoca o tema Orçamento Flexível dentro de uma ferramenta bastante utilizada nas empresas chamada de Bridge Analysis.

A Figura P.1 mostra como o livro foi desenhado.

A base para análise são as demonstrações contábeis, evidentemente combinadas com dados quantitativos e qualitativos. Para isso, é necessário que as demonstrações contábeis reflitam adequadamente as posições econômica e financeira da organização.

O leitor que é familiarizado com os efeitos das transações nas demonstrações contábeis não necessita ler o Apêndice, mas é recomendável que leia o Capítulo 1, que trata das Demonstrações Contábeis.

Em seguida, é apresentado o capítulo que discute os Indicadores de Desempenho. Especial atenção ao conceito de alinhamento; faz-se necessário entender os objetivos organizacionais de cada empresa, para em seguida fazer a escolha mais adequada dos indicadores de desempenho.

O terceiro bloco trata da Análise Diagnóstica, que é o conteúdo mais explorado no livro. Adotamos a analogia da Floresta = Empresa, Árvores = Segmentos, Frutos = Produtos, Galhos = Processos, Pássaros = Clientes. Ao utilizar essa abordagem, a sequência dos capítulos se diferencia dos livros-texto em contabilidade gerencial.

## Visão do Livro

**Análise Diagnóstica**
- Análise da lucratividade dos produtos
- Análise da eficiência dos processos
- Análise da lucratividade dos segmentos
- Análise da lucratividade dos clientes
- Análise da empresa

**Melhoria da lucratividade de curto prazo**
- Relações Custo-volume-lucro
- Custos relevantes para decisão
- Formação de preços baseada em custos

**Alinhamento de objetivos e indicadores**
- Indicadores de desempenho

**Processo de gestão e controle**
- Sistema de controle gerencial
- Orçamento
- Análise das variações orçamentárias

**Base para análise**
- Processos contábeis
- Demonstrações contábeis

**Figura P.1** Visão do livro.

O quarto bloco trata de Melhoria de Desempenho de Curto Prazo, no qual abordamos o que os livros chamam de Relações Custo-Volume-Lucro, com outro título, *Break-even analysis*. Nesse capítulo discutimos ponto de equilíbrio contábil, econômico e financeiro, bem como margem de segurança e grau de alavancagem operacional. No capítulo seguinte, abordamos Custos Relevantes para decisão, consoante os livros-texto. Aqui a discussão é em torno de um *mix* de produtos utilizando fator de restrição.

Na sequência, discutimos os dilemas e as tensões sobre o Sistema de Controle Gerencial, o Processo Orçamentário e a Análise de Variações Orçamentárias.

Por fim, a partir da segunda edição, é incorporada uma visão das normas internacionais de contabilidade IFRS para as principais rubricas contábeis apresentadas nas demonstrações financeiras, abordando os diferentes critérios de mensuração. O novo conteúdo pretende reforçar os pontos de conexão existentes entre as contabilidades gerencial e societária, uma vez que a utilização de critérios de mensuração como o valor justo ou o reconhecimento de perdas estimadas por *impairment* podem ter grandes implicações na avaliação do desempenho das organizações. Além disso, esta nova edição conta com a coautoria do Professor Diego dos Santos-Pereira.

Esperamos que esse livro seja útil para os leitores (estudantes, executivos, empresários e professores) e contamos com a colaboração de todos no envio de sugestões e observações. Evidentemente as potenciais falhas são de inteira responsabilidade dos autores.

*Os autores*

# AGRADECIMENTOS

Nós, autores, somos gratos a todos que, direta ou indiretamente, contribuíram para a realização deste livro. Nossa gratidão à equipe GEN | Atlas, pela confiança e oportunidade, aos alunos e colegas com os quais temos interações de aprendizado e estímulos para evoluir na carreira acadêmica.

Somos gratos aos nossos familiares, pelo permanente apoio e carinho. José Carlos agradece à Cris, à Lalá, ao Guti e à Vivi. Octavio agradece à Maria Thereza. Ronaldo agradece à Leila e à Luiza. Edelcio agradece à Leonor. Andson agradece à Carol e ao Pedro. Diego agradece à Nathalí e à Isabela.

Esta obra conta com vídeos dos autores, que podem ser acessados por meio de QR codes apresentados na abertura de cada capítulo. Para assisti-los, basta instalar um leitor de QR codes no celular ou *tablet*.

# SUMÁRIO

**1 VISÃO GERENCIAL DAS DEMONSTRAÇÕES CONTÁBEIS, 1**
    1.1 Introdução, 2
    1.2 Principais demonstrações contábeis, 3
    1.3 O Balanço Patrimonial (BP), 5
    1.4 A Demonstração de Resultados do Exercício (DRE), 8
    1.5 A Demonstração de Fluxo de Caixa (DFC), 11
    1.6 A dinâmica entre a Demonstração de Resultados do Exercício (DRE) e a Demonstração de Fluxo de Caixa (DF), 13
        1.6.1 Principais diferenças entre a DRE e a DFC, 13
    1.7 Entendendo as diferenças entre DRE e DFC, 15
    1.8 Impactos da depreciação no BP, na DRE e no DFC, 15

**2 INDICADORES DE DESEMPENHO, 21**
    2.1 Introdução, 22
    2.2 Conceito de desempenho, 22
        2.2.1 Desempenho baseado em concorrentes, 23
        2.2.2 Desempenho baseado em rentabilidade – apresentados em %, 24
        2.2.3 Desempenho baseado em valores de mercado, 31
    2.3 Indicadores baseados em resultado – quando índices apresentados em %, 33
    2.4 Indicadores de endividamento – apresentados em %, 39
    2.5 Indicadores de liquidez, 40
    2.6 Indicadores de gestão de capital de giro e ciclo de caixa, 44
    2.7 Indicadores baseados em fluxo de caixa, 49
    2.8 Indicadores Não Monetários, 60

**3 ANÁLISE DA EMPRESA, 65**
    3.1 Roteiro de análise, 66

## 4 ANÁLISE DOS SEGMENTOS DE NEGÓCIOS, 83
4.1 Introdução, 84
4.2 Modelo de Mensuração dos Resultados por Segmentos, 87

## 5 ANÁLISE DA LUCRATIVIDADE DE PRODUTOS E SERVIÇOS, 93
5.1 Introdução, 94
5.2 Conceitos fundamentais, 94
5.3 Acumulação de custos – plano de contas e centros de custos, 95
5.4 Operacionalização do Custeio por Absorção, 95

## 6 ANÁLISE DOS PROCESSOS – *ACTIVITY BASED COSTING*, 111
6.1 Introdução, 112
6.2 Conceitos fundamentais, 112
6.3 Operacionalização do modelo ABC, 113

## 7 ANÁLISE DA LUCRATIVIDADE DE CLIENTES, 123
7.1 Introdução, 124
7.2 Conceitos fundamentais, 124
7.3 Operacionalização do modelo, 124
7.4 Análise estratégica, 127

## 8 RELAÇÕES CUSTO-VOLUME-LUCRO, 131
8.1 Introdução, 133
8.2 Demonstração de resultado por comportamento dos custos e despesas – uso interno gerencial, 133
    8.2.1 Conceitos importantes, 133

## 9 CUSTOS RELEVANTES PARA DECISÃO, 161
9.1 Introdução, 163
9.2 Fazer internamente *versus* comprar externamente, 164
9.3 Análise de pedido especial, 168
9.4 Encerrar uma atividade econômica, 173

## 10 FORMAÇÃO DE PREÇOS COM BASE EM CUSTOS, 181
10.1 Introdução, 182
10.2 Custo-meta, 183
10.3 Preços com base nos custos, 184
10.4 Aspectos tributários, 189

## 11 SISTEMAS DE CONTROLE GERENCIAL, 193
11.1 Introdução, 194
11.2 Conflito de interesses, 196
11.3 Processo de controle gerencial e as questões comportamentais, 197

## 12 ORÇAMENTO, 201
12.1 Introdução, 202
12.2 Projeção de demonstrações contábeis orçadas de forma rápida, 204
12.3 Principais indicadores a serem monitorados na elaboração do orçamento, 205

## 13 ANÁLISE DE VARIAÇÕES ORÇAMENTÁRIAS, 211
13.1 Introdução, 212
13.2 Análise das variações orçamentárias, 212
13.3 Análise da variação entre o orçamento flexível e orçamento original – o efeito mercado e *market-share*, 214

## APÊNDICE 1 – CONCEITOS E PROCESSOS CONTÁBEIS, 223
A.1 Introdução – Receitas, Despesas e o Regime de Competência, 224
    A.1.1 Receitas e Despesas, 224
    A.1.2 Regime de Competência, 224
    A.1.3 O reconhecimento das Receitas e das Despesas, 224
A.2 Elaboração das Demonstrações Contábeis pelo método dos Balanços Sucessivos, 227

## APÊNDICE 2 – VISÃO IFRS DAS DEMONSTRAÇÕES FINANCEIRAS, 237
B.1 Introdução, 238
B.2 Principais Critérios de Mensuração de Itens Patrimoniais, 239
B.3 Visão IFRS das Principais Contas do Balanço Patrimonial e seus Reflexos, 243
B.4 Custo Histórico e Outros Critérios de Mensuração – Impactos na Aferição do Desempenho Econômico, 267
B.5 Regras de Publicação das Demonstrações Financeiras, 269
B.6 Aspectos Tributários, 271

## BIBLIOGRAFIA, 273

# 1 VISÃO GERENCIAL DAS DEMONSTRAÇÕES CONTÁBEIS

Assista ao vídeo *Visão gerencial das demonstrações contábeis*.

### MINICASO

A empresa de Florêncio nunca produziu e vendeu tanto, contudo, agora ele começou a vender a crédito, em três parcelas, e, também para não ter tanta dificuldade de caixa, começou a comprar a prazo. Até investimento em equipamentos começou a fazer, alguns à vista e outros a prazo. O fato é que, na época do seu pai, as coisas eram mais fáceis, tudo era pago à vista e não havia essa complexidade toda. "Papai controlava a empresa com base no caixa, mas agora tenho dúvidas se isso funciona", murmurou baixinho enquanto pegava o seguinte recado na caixa postal do seu celular: "Sr. Florêncio, aqui é o Marcelo do Banco CrediAzul, vamos precisar dos balanços para aprovar o crédito da sua empresa, por favor veja o *e-mail*".

### QUESTÃO

No caso de Florêncio, a simples anotação do dinheiro que entra e sai do caixa, como fazia seu pai, é suficiente para controlar o que a empresa tem a receber e a pagar? Explique sua resposta.

## OBJETIVOS DE APRENDIZAGEM

O objetivo deste capítulo é propiciar a compreensão das Demonstrações Contábeis para uso dos gestores.

Ao final deste capítulo, é esperado que o leitor possa:

- entender o significado das principais demonstrações contábeis;
- entender as principais relações entre essas demonstrações;
- entender a utilidade dessas demonstrações para a atividade gerencial.

## 1.1 INTRODUÇÃO

Conforme observam Macintosh e Quattrone (2010), o Controle talvez seja o fenômeno mais discutido na época atual. Alguns entendem controle como sinônimo de coerção e opressão e consideram que viveríamos melhor com menos controles, enquanto outros acreditam que a sociedade atual está fora de controle e, portanto, deveríamos ter mais deles.

A Contabilidade é o meio mais eficaz e organizado para se controlar uma organização. Sem a Contabilidade (identificação, mensuração, registro, acumulação e comunicação), não há controle, e sem controle não há gerenciamento.

As empresas que querem crescer precisam delegar autoridade, e a Contabilidade é o meio mais eficaz para que os gerentes prestem conta de seus atos, desempenhos e sobre os recursos por eles gerenciados.

A Contabilidade é a base para aferição do desempenho empresarial no mundo inteiro. A comparação do desempenho empresarial é feita com base em demonstrações contábeis. Em suma, a Contabilidade pode ser entendida como a linguagem comum dos negócios e que tem também um papel social fundamental de garantir a transparência dos negócios realizados pelas entidades públicas, privadas e do terceiro setor.

Conforme pode-se observar na Figura 1.1, a informação contábil é utilizada por vários segmentos da sociedade, cada um deles com objetivos diferentes.

| Acionistas | Bancos | Investidores | Clientes |
|---|---|---|---|
| • Controle<br>• Avaliar gestão da diretoria | • Capacidade de pagamento | • Lucro<br>• Dividendos<br>• Crescimento da ação | • Sustentabilidade da empresa<br>• Margens de Lucro |

| Fornecedores | Funcionários | Concorrentes | Governo |
|---|---|---|---|
| • Concessão de crédito para vendas a prazo | • Andamento da empresa<br>• PLR | • Comparação de desempenho<br>• Estratégias | • Formalização da Contabilidade<br>• Capacidade de pagamento de tributos |

**Figura 1.1** Interesses dos principais usuários da informação contábil.

Os acionistas, quando minoritários, têm interesse em informações que lhes permitam avaliar a regularidade do fluxo de dividendos futuros e a valorização de suas ações; se forem majoritários, além disso têm interesse em informações que lhes permitam controlar e avaliar a gestão dos administradores por eles nomeados.

Já os credores, bancos e fornecedores principalmente, estão interessados em informações sobre os fluxos de caixa futuros que lhes permitam avaliar a capacidade da entidade em reembolsar os empréstimos concedidos.

O governo por sua vez tem interesse em informações não só sobre o lucro a ser tributado, mas também sobre a produtividade das empresas e sobre o valor por elas adicionado à economia, enquanto os empregados têm interesse em informações que lhes permitam avaliar a capacidade da empresa em garantir a evolução de seus salários futuros e a estabilidade de seus empregos.

A alta e a média administração utilizam as informações da Contabilidade principalmente para apoiar suas decisões estratégicas e operacionais, bem como para avaliar e controlar o desempenho da empresa (retorno dos investimentos realizados, situação de liquidez, endividamento, implantação e acompanhamento do orçamento etc.).

## 1.2 PRINCIPAIS DEMONSTRAÇÕES CONTÁBEIS

As Demonstrações Contábeis são relatórios produzidos pela Contabilidade nos quais são apresentadas, de forma sintética, obedecendo a uma padronização e formalização adequadas e em uma linguagem apropriada, as operações que ocorrem no dia a dia das empresas.

Cabe esclarecer que o organismo responsável pela formalização e padronização da Contabilidade no Brasil é o Conselho Federal de Contabilidade, que para tanto é auxiliado pelo Comitê de Pronunciamentos Contábeis (CPC), que foi criado pela Resolução CFC nº 1.055/2005, e que tem como objetivo "o estudo, o preparo e a emissão de Pronunciamentos Técnicos sobre procedimentos de Contabilidade e a divulgação de informações dessa natureza, para permitir a emissão de normas pela entidade reguladora brasileira, visando à centralização e uniformização do seu processo de produção, levando sempre em conta a convergência da Contabilidade Brasileira aos padrões internacionais".

O CPC 00 (R2) – Estrutura Conceitual Relatório Financeiro estabelece que:

> O objetivo do relatório financeiro para fins gerais é fornecer informações financeiras sobre a entidade que reporta que sejam úteis para investidores, credores por empréstimos e outros credores, existentes e potenciais, na tomada de decisões referente à oferta de recursos à entidade. Essas decisões envolvem decisões sobre: (a) comprar, vender ou manter instrumento de patrimônio e de dívida; (b) conceder ou liquidar empréstimos ou outras formas de crédito; ou (c) exercer direitos de votar ou de outro modo influenciar os atos da administração que afetam o uso dos recursos econômicos da entidade. (CPC 00 (R2), 2019)

Do objetivo anteriormente delineado, as principais demonstrações contábeis que fornecem informações sobre ativos, passivos e patrimônio líquido (posição patrimonial e financeira), receitas e despesas (desempenho) para ajudar a previsão de geração de fluxos de caixa futuros da entidade são, respectivamente, o Balanço Patrimonial (BP), a Demonstração de Resultados do Exercício (DRE) e a Demonstração dos Fluxos de Caixa (DFC).

Conforme já salientava o então CPC 00 (R1):

As demonstrações contábeis retratam os efeitos patrimoniais e financeiros das transações e outros eventos, por meio do grupamento dos mesmos em classes amplas de acordo com as suas características econômicas. Essas classes amplas são denominadas elementos das demonstrações contábeis. Os elementos diretamente relacionados à mensuração da posição patrimonial e financeira no balanço patrimonial são os ativos, os passivos e o patrimônio líquido. Os elementos diretamente relacionados com a mensuração do desempenho na demonstração do resultado são as receitas e as despesas. A demonstração das mutações na posição financeira usualmente reflete os elementos da demonstração do resultado e as alterações nos elementos do balanço patrimonial. (CPC 00 (R1), 2011)

Dessa forma, informações sobre em que a empresa vem investindo os seus recursos, como obteve esses recursos (como a empresa vem se financiando), qual a sua capacidade para saldar os seus compromissos, entre outras, que refletem a Posição Patrimonial e Financeira, são fornecidas pelo Balanço Patrimonial.

Já as informações sobre o desempenho da empresa são apresentadas na Demonstração de Resultados do Exercício. Por meio desse relatório pode-se saber, entre outras coisas, se a empresa está operando com lucro ou prejuízo, se o seu lucro é proveniente das suas atividades operacionais ou se parte relevante dele é de caráter financeiro, qual o montante das vendas, quanto foi gasto para produzir as mercadorias que foram vendidas etc.

A Figura 1.2 apresenta de forma bem simplificada a utilidade de cada uma das principais demonstrações contábeis.

**Figura 1.2** O que mostram as principais demonstrações contábeis.

Na Demonstração do Fluxo de Caixa, por sua vez, pode-se obter informações a respeito dos recursos que foram utilizados pela empresa em determinado período, ou seja, qual parcela desses recursos foi gerada pela própria empresa, qual foi obtida junto a terceiros e qual foi disponibilizada pelos seus acionistas. Pode-se também conhecer em detalhes como esses recursos foram utilizados etc.

Fica claro que as informações que podem ser obtidas nesses relatórios (Demonstrações Contábeis) são de suma importância para embasar qualquer processo decisório, seja ele de usuários internos da Contabilidade (gestores e funcionários) ou de usuários externos (fornecedores, banqueiros, investidores etc.).

## 1.3 O BALANÇO PATRIMONIAL (BP)

Os elementos diretamente relacionados com a mensuração da posição patrimonial e financeira são os ativos, os passivos e o patrimônio líquido. Estes são definidos como segue:

*(a) Ativo* é um *recurso econômico* presente controlado pela entidade como resultado de eventos passados. *Recurso econômico* é um direito que tem o potencial de produzir benefícios econômicos;

*(b) Passivo* é uma obrigação presente da entidade de transferir um recurso econômico como resultado de eventos passados;

*(c) Patrimônio líquido* é a participação residual nos ativos da entidade após a dedução de todos os seus passivos. (CPC 00 (R2), 2019)

Um modelo simplificado do Balanço Patrimonial é apresentado na Figura 1.3. Para informações completas dos elementos que devem constar do Balanço Patrimonial, ver CPC 26 (R1) – Apresentação das Demonstrações Contábeis.

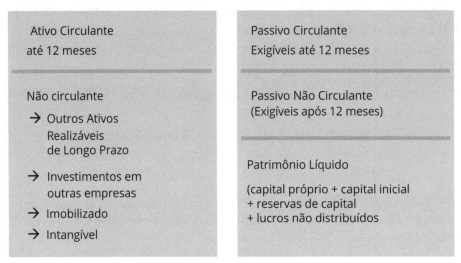

**Figura 1.3** Modelo simplificado do Balanço Patrimonial.

O Balanço Patrimonial pode ser visto sob diferentes perspectivas, conforme mostrado na Figura 1.4.

| Perspectiva | Ativos | Passivos | Patrimônio Líquido |
|---|---|---|---|
| Financeira | Aplicações de recursos onde a empresa investe | Fontes de recursos → Capital de terceiros | Fontes de recursos → Capital próprio |
| Patrimonial | Bens e direitos | Dívidas e obrigações | Valor residual dos ativos, líquidos dos passivos |
| Matemática | Ativos = | Passivos + | Patrimônio Líquido |

**Figura 1.4** Como podemos enxergar o Balanço Patrimonial.

Sob a perspectiva financeira, o Balanço Patrimonial fornece informações sobre como os recursos da empresa foram obtidos (Fontes de Recursos) e em que estes recursos foram aplicados (Aplicações de Recursos). Trata-se de informações relevantes para o processo decisório, pois por meio delas podemos saber qual parcela dos recursos utilizados pela empresa é própria (Patrimônio Líquido) e qual foi emprestada por terceiros (Passivos Exigíveis). Podemos saber ainda qual parcela das dívidas (Exigíveis) deverá ser paga em curto prazo (menos de 360 dias) e se empresa dispõe de recursos para isto (Ativo Circulante) etc.

A perspectiva patrimonial enxerga os ativos sendo o patrimônio da entidade (seus bens e direitos) e o patrimônio líquido como o resíduo resultante da diferença entre esses bens e direitos e as suas obrigações (passivos exigíveis).

A perspectiva matemática é baseada na equação fundamental da Contabilidade que pode ser representada de diversas formas como segue:

$$ATIVO = PASSIVO$$

$$ATIVO = PASSIVO\ EXIGÍVEL + PATRIMÔNIO\ LÍQUIDO$$

$$PATRIMÔNIO\ LÍQUIDO = ATIVO - PASSIVO\ EXIGÍVEL$$

Para apoio ao processo decisório e de avaliação de desempenho, a perspectiva financeira possibilita análises relevantes para a tomada de decisão, conforme podemos observar nas Figuras 1.5 e 1.6.

## Onde a empresa investe?

**Investimento em Capital de Giro (*working capital*)**

– Contas a Receber com clientes
– Estoques
– Adiantamento a fornecedores

**Investimento em Capital Fixo (*Capex*)**

– Imobilizado (instalações, máquinas e equipamentos, edifícios, computadores, veículos etc.)
– Intangível (*softwares*, marcas, intangível na aquisição de empresas)

## O que determina isso?

- O ramo da empresa – indústria, comércio ou serviço?
- Se a venda do produto na ponta é de consumo ou durável?
- Processo de produção – longo ou rápido?
- Se é intensiva em capital ou em pessoas?
- Se tem como estratégia o crescimento por aquisição ou orgânico?

**Figura 1.5**   Perspectiva financeira – Ativo.

## Como a empresa se financia?

**Passivo – Capitais de Terceiros Curto ou Longo Prazo?**

Bancos
Fornecedores
Impostos
Funcionários
Adiantamento de clientes
Impostos parcelados

**Patrimônio Líquido Capital Próprio**

Recursos dos sócios ou acionistas
Capital inicial aportado
Mais lucros gerados e capitalizados
Mais lucros gerados, porém acumulados na forma de reservas

## O que determina isso?

- Aversão ao risco pelo acionista – familiares ou fundos
- Competência em lidar com dívidas
- Estratégia de crescimento – alavancada ou conservadora
- Poder de fogo junto aos fornecedores
- Tipo de produto – hábitos
- Focada na criação de valor para o acionista

**Figura 1.6**   Perspectiva financeira – Passivo.

## EXEMPLO SIMPLES
## EMPRESA A – BALANÇO PATRIMONIAL EM 31/12/X1

**Tabela 1.1** Balanço Patrimonial da Empresa A

| ATIVO | | PASSIVO | |
|---|---|---|---|
| CONTAS | $ | CONTAS | $ |
| **ATIVO CIRCULANTE** | **2.200** | **PASSIVO CIRCULANTE** | **1.000** |
| • Caixa | 100 | • Contas a pagar | 500 |
| • Contas a receber | 1.200 | • Impostos | 100 |
| • Estoques | 900 | • Empréstimos | 400 |
| **ATIVO NÃO CIRCULANTE** | **1.400** | **PASSIVO NÃO CIRCULANTE** | **500** |
| • Realizável a Longo Prazo | 200 | • Financiamentos | 500 |
| • Investimentos | 200 | | |
| • Imobilizado Líquido | 1.000 | **PATRIMÔNIO LÍQUIDO** | **2.100** |
| | | • Capital | 1.000 |
| | | • Reservas de Lucros | 1.100 |
| **TOTAL DO ATIVO** | **3.600** | **TOTAL DO PASSIVO** | **3.600** |

A título de exemplo, uma rápida leitura do Balanço Patrimonial da Empresa A, em 31/12/X1, nos fornece, entre outras, as seguintes informações relevantes:

- Em 31/12/X1, a empresa tinha $ 3.600 de recursos aplicados (ATIVO TOTAL). Destes, $ 1.000 foram obtidos junto a terceiros a curto prazo (PASSIVO CIRCULANTE), $ 500 foram obtidos junto a terceiros a longo prazo (PASSIVO NÃO CIRCULANTE) e $ 2.100 são da empresa (PATRIMÔNIO LÍQUIDO).
- A empresa tem mais recursos a receber a curto prazo do que a pagar.
- A empresa utiliza mais recursos próprios do que de terceiros.

## 1.4 A DEMONSTRAÇÃO DE RESULTADOS DO EXERCÍCIO (DRE)

O resultado de uma entidade é fundamental para a avaliação do seu desempenho em determinado período. Esse resultado é verificado pela diferença entre as receitas obtidas e as despesas realizadas durante o período, podendo resultar em lucro (Receita > Despesa) ou em prejuízo (Receita < Despesa). A demonstração contábil que apresenta a apuração de resultados é a Demonstração de Resultados do Exercício (DRE).

Um modelo simplificado da Demonstração de Resultados do Exercício é o apresentado na Figura 1.7. Para informações completas dos elementos que devem constar da Demonstração de Resultados do Exercício, ver CPC 26 (R1) – Apresentação das Demonstrações Contábeis.

| DRE de 01/01/X1 a 31/12/X1 |
|---|
| Receita Bruta de Vendas |
| (–) Impostos sobre Vendas |
| (–) Devoluções de Vendas |
| (=) Receita de Vendas Líquida de Impostos (*Net Sales*) |
| (–) Custos dos Produtos Vendidos<br><br>  Mercadorias Vendidas ou Serviços Prestados |
| (=) Lucro Bruto (*Gross Profit*) |
| (–) Despesas com Vendas (*Selling*) |
| (–) Despesas Gerais e Administrativas (*General & Administrative*) |
| (=) Lucro Operacional antes das Receitas e Despesas financeiras<br>(*Earnings Before Interest and Taxes* – EBIT) |
| (+) Resultado Financeiro (Receitas financeiras menos despesas financeiras) |
| (=) Lucro antes do Imposto de Renda e contribuição social |
| (–) Imposto de Renda e contribuição social |
| (=) Lucro Líquido do exercício |

**Figura 1.7**   Modelo simplificado da DRE.

Na Demonstração de Resultados do Exercício, informações relevantes sobre o desempenho da empresa podem ser obtidas. As Figuras 1.8 e 1.9 mostram as principais delas.

| Descrição | Item DRE |
|---|---|
| Faturamento da firma – tamanho | Receita Bruta de Vendas |
| Impostos indiretos incidentes sobre as Receitas (ICMS, PIS, Cofins) | Impostos sobre Vendas |
| O que ela ganha deduzido dos impostos – *top line* | Receita de Vendas Líquida de Impostos (*Net Sales*) |
| Os recursos consumidos para produzir, comprar ou prestar serviços | Custos dos Produtos Vendidos Mercadorias Vendidas ou Serviços Prestados |
| A margem bruta dos produtos e serviços | Lucro Bruto (*Gross Profit*) |
| Os esforços para vender (marketing e pessoal) e entregar (logística de distribuição) | Despesas com Vendas (*Selling*) |
| Os esforços gastos nos processos de administrar a empresa (diretoria, financeiro, pessoas, sede, serviços de consultoria etc.) | Despesas Gerais e Administrativas (*General & Administrative*) |

**Figura 1.8** O que mostra a Demonstração de Resultados do Exercício (DRE).

| Descrição | Item DRE |
|---|---|
| Se a empresa é operacionalmente eficiente e gera resultados para cobrir o custo de capital | Lucro Operacional antes das Receitas e Despesas Financeiras (*Earnings Before Interest and Taxes* – EBIT) |
| O custo ou ganhos da estrutura de capital<br>→ Capitalizada – tende a ter mais receitas que despesas<br>→ Descapitalizada – tende a ter mais despesa que receita | Resultado Financeiros (receitas financeiras menos despesas financeiras) |
| Se a empresa opera com lucro antes da tributação do Imposto de Renda | Lucro antes do Imposto de Renda e Contribuição Social |
| A competência em termos de planejamento tributário | Imposto de Renda e Contribuição Social |
| Se a empresa opera no *bottom line* no azul ou no vermelho – base futura para dividendos | Lucro Líquido do Exercício |

**Figura 1.9** O que mostra a Demonstração de Resultados do Exercício (DRE).

## EXEMPLO SIMPLES
## EMPRESA B – DEMONSTRAÇÃO DE RESULTADOS DO EXERCÍCIO

**Tabela 1.2**  Demonstração de Resultados do Exercício da Empresa B

| Período de 01/01/X1 a 31/12/X1 | $ |
|---|---|
| Receita Bruta de Vendas | 15.000 |
| (–) Impostos sobre Vendas | (1.500) |
| (=) Receita de Vendas Líquida de Impostos (*Net Sales*) | 13.500 |
| (–) Custos dos Produtos Vendidos, Mercadorias Vendidas ou Serviços Prestados | (9.000) |
| (=) Lucro Bruto (*Gross Profit*) | 4.500 |
| (–) Despesas com Vendas (*Selling*) | (1.000) |
| (–) Despesas Gerais e Administrativas (*General & Administrative*) | (1.500) |
| (=) Lucro Operacional antes das Receitas e Despesas financeiras (*Earnings Before Interest and Taxes – EBIT*) | 2.000 |
| (+/–) Resultado Financeiro (Receitas financeiras – Despesas financeiras) | (500) |
| (=) Lucro antes do Imposto de Renda e Contribuição Social | 1.500 |
| (–) Imposto de Renda e Contribuição Social | (500) |
| (=) Lucro Líquido do Exercício | 1.000 |

A título de exemplo, uma rápida leitura da Demonstração de Resultados do Exercício da Empresa B no período de 01/01/X1 a 31/12/X1 nos fornece, entre outras, as seguintes informações relevantes:

- Durante o ano de X1 a empresa teve um total de vendas de $ 15.000 (RECEITA BRUTA DE VENDAS).
- Para produzir os produtos que foram vendidos, gastou $ 9.000 (CUSTO DOS PRODUTOS VENDIDOS), e dessa forma, excluídos os impostos, sobraran para a empresa $ 4.500 (Lucro Bruto).
- A empresa gastou $ 1.000 no esforço de vendas (marketing e pessoal de vendas) e na entrega (logística) dos produtos vendidos (DESPESAS COM VENDAS).
- Para administrar a empresa, foram gastos $ 1.500 (DESPESAS ADMINISTRATIVAS).
- O resultado obtido com as operações da empresa foi de $ 2.000 (LUCRO OPERACIONAL).
- Em função de suas dívidas, a empresa incorreu em $ 500 de juros líquidos, não necessariamente pagos (RESULTADO FINANCEIRO).
- Após a provisão do imposto de renda, sobraram para a empresa $ 1.000.

## 1.5 A DEMONSTRAÇÃO DE FLUXO DE CAIXA (DFC)

A Demonstração de Fluxo de Caixa (DFC) é a demonstração contábil que fornece aos usuários informações sobre como a empresa gera e utiliza caixa. De acordo com o CPC 03 (R2) – Demonstração do Fluxo de Caixa:

As informações sobre os fluxos de caixa são úteis para avaliar a capacidade de a entidade gerar caixa e equivalentes de caixa e possibilitam aos usuários desenvolver modelos para avaliar e comparar o valor presente dos fluxos de caixa futuros de diferentes entidades. A demonstração dos fluxos de caixa também concorre para o incremento da comparabilidade na apresentação do desempenho operacional por diferentes entidades, visto que reduz os efeitos decorrentes do uso de diferentes critérios contábeis para as mesmas transações e eventos (CPC 03 (R2), 2010).

Ainda segundo o CPC 03 (R2), a Demonstração dos Fluxos de Caixa deve apresentar os fluxos de caixa do período classificados por atividades operacionais, de investimento e de financiamento, que são definidas como segue:

1. *Atividades operacionais* são as principais atividades geradoras de receita da entidade e outras atividades que não são de investimento e tampouco de financiamento.
2. *Atividades de investimento* são as referentes à aquisição e à venda de ativos de longo prazo e de outros investimentos não incluídos nos equivalentes de caixa.
3. *Atividades de financiamento* são aquelas que resultam em mudanças no tamanho e na composição do capital próprio e no capital de terceiros da entidade.

Os equivalentes de caixa são definidos como aplicações financeiras de curto prazo, de alta liquidez, que são prontamente conversíveis em montante conhecido de caixa e que estão sujeitas a um insignificante risco de mudança de valor.

A Figura 1.10 apresenta de forma simplificada os principais componentes da Demonstração dos Fluxos de Caixa, cabendo observar que o resultado final (variação do saldo de caixa) é obtido pela soma algébrica dos componentes, em que entradas de caixa são computadas com sinal positivo e saída com sinal negativo.

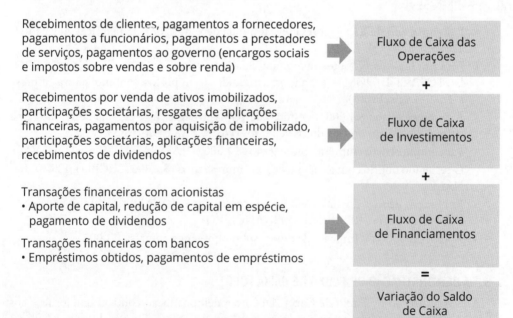

**Figura 1.10** Demonstração dos Fluxos de Caixa (DFC).

# EXEMPLO SIMPLES
## EMPRESA C – DEMONSTRAÇÃO DE FLUXO DE CAIXA

**Tabela 1.3** Demonstração de Fluxo de Caixa da Empresa C

| Período de 01/01/X1 a 31/12/X1 | $ |
|---|---|
| Fluxo de Caixa das Operações (método direto) | 2.000 |
| (+) Recebimentos de Clientes | 5.000 |
| (−) Pagamento de Fornecedores, Impostos etc. | (3.000) |
| Fluxo de Caixa de Investimentos | (2.100) |
| (−) Pagamento por Compra de Máquinas | (2.200) |
| (+) Recebimento por Venda de Veículos | 100 |
| Fluxo de Caixa de Financiamentos | 300 |
| (+) Empréstimos Contratados | 500 |
| (−) Pagamento de Dividendos | (200) |
| Variação do Saldo de Caixa | 200 |

A título de exemplo, uma rápida leitura da Demonstração de Fluxo de Caixa da Empresa C no período de 01/01/X1 a 31/12/X1 nos fornece, entre outras, as seguintes informações relevantes:

- Durante o ano de X1, a empresa gerou $ 2.000 de caixa com suas operações (FLUXO DE CAIXA DAS OPERAÇÕES).
- A empresa consumiu $ 2.200 na compra de novas máquinas e $ 200 para pagar dividendos.
- Como os recursos gerados internamente ($ 2.000) não foram suficientes, a empresa recorreu a novas empréstimos no valor de $ 500.
- A sobra dos empréstimos e os recursos gerados na venda de veículos ($ 100) aumentaram o saldo do caixa em $ 200 (VARIAÇÃO DO SALDO DE CAIXA), ou seja, o saldo de caixa de 31/12/X1 é maior do que o saldo de caixa em 01/12/X1 em $ 200.

## 1.6 A DINÂMICA ENTRE A DEMONSTRAÇÃO DE RESULTADOS DO EXERCÍCIO (DRE) E A DEMONSTRAÇÃO DE FLUXO DE CAIXA (DFC)

### 1.6.1 Principais diferenças entre a DRE e a DFC

A principal diferença entre o DRE e o DFC é temporal, ou seja, uma parte do lucro apurado em determinado período só irá se transformar em caixa no período seguinte.

Isso decorre do Regime de Competência no qual as Receitas são computadas no momento da venda, e não no momento do recebimento, e as Despesas são computadas no momento em que são incorridas, e não no momento em que são pagas. Isso faz com que, quando da apuração do Lucro de um determinado período no DRE, sejam computadas Receitas ainda não recebidas e Despesas ainda não pagas. A Figura 1.11 ilustra essa situação.

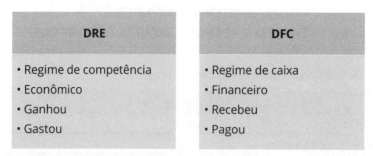

Principal diferença é temporal.
O lucro de hoje irá passar no caixa no futuro.
As receitas ganhas hoje irão virar caixa no futuro.
As despesas gastas hoje serão pagas um dia.

**Figura 1.11** Principais diferenças entre a DRE e a DFC.

Já o DFC funciona como um Regime de Caixa em que são computados apenas recebimentos e pagamentos. Evidentemente que para uma empresa que só vende à vista e só paga as suas compras e despesas à vista e não forma estoques, salvo algumas diferenças decorrentes de despesas que não implicam pagamentos (como, por exemplo, depreciação, provisões etc.), o lucro de um período apurado no DRE é igual ao Fluxo de Caixa Operacional do mesmo período apurado na DFC.

Essa dinâmica entre a DRE e a DFC depende muito da forma de atuação da empresa conforme se pode observar na Figura 1.12.

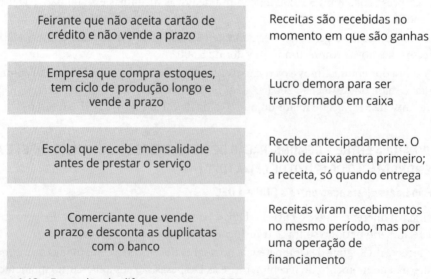

**Figura 1.12** Exemplos de diferenças entre a DRE e a DFC.

## 1.7 ENTENDENDO AS DIFERENÇAS ENTRE DRE E DFC

Para melhor entender as diferenças entre DRE e DFC, imaginemos a seguinte situação:

Você foi contratado recentemente para gerenciar a área contábil financeira de uma empresa familiar de porte médio e é chamado pelo dono da empresa para explicar alguns relatórios que você acaba de enviar para ele. Ao entrar na sala do dono da empresa, ele nem espera você sentar e já vai falando:

– Não estou entendendo nada. Esse primeiro relatório que você chama de DRE mostra que eu tive um lucro antes de juros de imposto de renda e depreciação de $ 100, oriundo de receitas de $ 500 e despesas operacionais de $ 400. Até aí, tudo bem, dá para eu entender. Mas esse outro relatório mostra um aumento no nosso caixa de $ 70... que eu recebi $ 460 e paguei $ 390. Afinal, eu ganhei $ 100 ou $ 70? Onde foi parar o resto do meu lucro?

Como você explicaria essas diferenças?

**Sugestão:**

Você poderia explicar da seguinte forma:

– Como nossas vendas não são todas à vista, dos $ 500 vendidos que aparecem nesse relatório (DRE), só foram recebidos $ 460, conforme o senhor pode observar nesse segundo relatório (DFC), faltando, portanto, receber $ 40 como aparece nesse terceiro relatório (BP). Com as despesas é a mesma coisa, dos $ 400 gastos (DRE) pagamos $ 390, (DFC) faltando pagar $ 10 (BP). Dessa forma, quando recebermos os $ 40 e pagarmos os $ 10, nosso caixa aumentará em $ 30, com os quais, somados aos $ 70 que temos no caixa, nosso saldo de caixa totalizará os $ 100 que foi o lucro que obtivemos nesse período.

A Tabela 1.4 apresenta de forma sintetizada o registro dessas operações nas Demonstrações Contábeis.

**Tabela 1.4** Registro das operações nas Demonstrações Contábeis

| DRE | | BP | | | | DFC | |
|---|---|---|---|---|---|---|---|
| Receitas | 500 | Caixa | 70 | Contas a pagar | 10 | Recebimentos | 460 |
| Despesas | (400) | Contas a receber | 40 | PL<br>Lucro | 100 | Pagamentos | 390 |
| Lucro | 100 | Total | 110 | Total | 110 | FC operacional | 70 |

## 1.8 IMPACTOS DA DEPRECIAÇÃO NO BP, NA DRE E NO DFC

Consideremos a situação exposta na Figura 1.13.

**Compra de um equipamento**

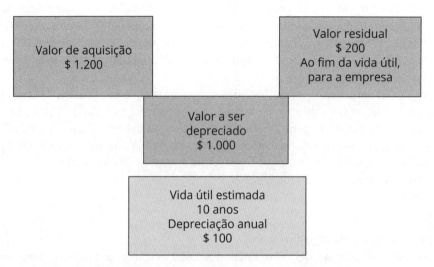

**Figura 1.13** Exemplo de compra e depreciação de um equipamento.

Nessa situação, temos um impacto no BP de $ 100 a cada ano, reduzindo o valor do equipamento comprado, e, também no DRE, de $ 100 a cada ano, refletindo a despesa de depreciação. Isso significa que em função do seu uso a cada ano o equipamento sofre um desgaste equivalente a $ 100. Esse desgaste é uma perda de valor que se reflete na redução do lucro mediante o lançamento de uma despesa de depreciação de $ 100, lançada no DRE.

No DFC, o impacto ocorre no pagamento do equipamento, seja esse pagamento efetuado à vista ou a prazo. No exemplo em questão, o pagamento foi efetuado à vista, portanto o impacto no DFC ocorrerá na data da compra.

A Tabela 1.5 ilustra essa dinâmica.

**Tabela 1.5** Impactos da Depreciação no BP, DRE e DFC

|  | DATA 0 | 31/12/X1 | 31/12/X2 | 31/12/X3 | 31/12/X10 |
|---|---|---|---|---|---|
| BP |  |  |  |  |  |
| Valor de Custo | 1.200 | 1.200 | 1.200 | 1.200 | 1.200 |
| Depreciação Acumulada | – | (100) | (200) | (300) | (1.000) |
| Valor Líquido | 1.200 | 1.100 | 1.000 | 900 | 200 Valor res. |
| DRE |  |  |  |  |  |
| Despesa de Depreciação | – | (100) | (100) | (100) | (100) |
| DFC |  |  |  |  |  |
| FC de Investimento | (1.200) | – | – | – | – |

Note que, apesar do lançamento da despesa de depreciação no DRE, não há nenhuma influência no caixa, ou seja, essa despesa não impacta o caixa, uma vez que não está sendo paga, nem será paga no futuro, visto que já foi paga quando da compra do equipamento. Nessa ocasião, houve o impacto sobre o caixa, mas nenhum impacto sobre o lucro. O impacto sobre o lucro é diluído nos dez anos de uso do equipamento.

 **EXERCÍCIO RESOLVIDO**

**Comercial ABC**

Dois amigos decidiram montar uma empresa comercial no ramo de eletrodomésticos. Para iniciar o negócio, cada um deles colocou $ 100.000 em dinheiro, o que totalizou um capital inicial de $ 200.000. Durante o primeiro trimestre de funcionamento aconteceram as seguintes operações na empresa.

1. Contratação de um empréstimo bancário no valor de $ 40.000.
2. Compra de instalações à vista no valor de $ 100.000.
3. Compra de mercadorias para revenda no valor de $ 60.000 à vista.
4. Vendas de 70% das mercadorias compradas no item anterior por $ 80.000; estas vendas foram realizadas 40% à vista e 60% a prazo.
5. Durante o período, as Despesas Operacionais atingiram um total de $ 20.000, das quais ainda faltam pagar $ 10.000.
6. As Despesas de Juros do período referentes ao empréstimo contratado no item 1 totalizaram $ 4.000 e serão pagas junto com o empréstimo no final do próximo trimestre.
7. As Despesas de Depreciação do período totalizaram $ 2.500.
8. O Imposto de Renda é de 30% calculado sobre o lucro contábil do trimestre e deverá ser pago no trimestre seguinte.
9. Os sócios decidiram retirar uma parte dos lucros do período para si e estabeleceram um valor total de $ 6.000 ($ 3.000 para cada um), o que foi pago na forma de Dividendos.
10. Antecipação de Pagamento de parte dos empréstimos no valor de $ 10.000.

Com base nessas informações, monte:

a) DRE do período;
b) DFC do período;
c) BP do período.

## SOLUÇÃO – COMERCIAL ABC

### a) DRE do período

A DRE é a demonstração contábil que apresenta a apuração dos resultados (lucro ou prejuízo) do período. Na elaboração da DRE, utiliza-se o **REGIME DE COMPETÊNCIA**, ou seja, as Receitas são registradas quando ocorrem (venda e entrega da mercadoria) independentemente de terem sido recebidas ou não. O mesmo ocorre com as despesas

Dessa forma, será lançado como Receita o valor total das vendas do período, ou seja, $ 80.000. Da mesma forma será lançado o Custo dessas Mercadorias Vendidas no valor de $ 42.000, ou seja, 70% do valor das mercadorias compradas (0,7 × $ 60,000). Serão lançadas ainda as despesas operacionais, de depreciação e de juros, além do imposto de renda. Os dividendos não são lançados na DRE.

**Tabela 1.6** DRE do período

| DRE do período – valores em $1 | |
|---|---|
| Receita | 80.000 |
| (–) CMV | (42.000) |
| (=) Resultado Bruto | 38.000 |
| (–) Despesas Operacionais | (20.000) |
| (–) Despesa de Depreciação | (2.500) |
| (–) Despesa de Juros | (4.000) |
| (=) Lucro antes do IR | 11.500 |
| (–) Imposto de Renda | (3.450) |
| (=) Lucro Líquido | 8.050 |

**b) DFC do período**

A Demonstração de Fluxo de Caixa (DFC) é a demonstração contábil que fornece aos usuários informações sobre como a empresa gera e utiliza caixa. Na elaboração da DFC, utiliza-se o **REGIME DE CAIXA**, ou seja, as Entradas e Saídas são registradas quando ocorrem.

No exemplo em questão, da Receita do período que foi de $ 80.000, só foram recebidos à vista 40%, ou seja, $ 32.000 (0,4 × $ 80.000). Já em relação às compras, será registrado o valor total de $ 60.000, uma vez que elas foram realizadas à vista. O mesmo raciocínio deve ser utilizado para as demais operações do período.

**Tabela 1.7** DFC do período

| DFC do período – valores em $ | |
|---|---|
| **Fluxo de Caixa das Operações (método direto)** | **(38.000)** |
| (+) Recebimentos de Clientes | 32.000 |
| (–) Pagamento de Fornecedores | (60.000) |
| (–) Pagamento de Despesas Operacionais | (10.000) |
| Fluxo de Caixa de Investimentos | (100.000) |
| (–) Compra de Instalações | (100.000) |
| Fluxo de Caixa de Financiamentos | 224.000 |
| (+) Capital dos Sócios | 200.000 |
| (+) Empréstimos Contratados | 40.000 |
| (–) Pagamento de parte dos Empréstimos | (10.000) |
| (–) Pagamento de Dividendos | (6.000) |
| | |
| Variação do Saldo de Caixa | 86.000 |

Observe que não entraram na DFC as despesas de juros, pois serão pagas no final do próximo trimestre, o mesmo ocorrendo com o imposto de renda. Observe, ainda, que a Despesa de Depreciação também não entrou na DFC, pois esta não implica saída de caixa (pagamento).

### PERGUNTAS

- Quando foram ou serão pagas as Despesas de Depreciação?
  **RESPOSTA**: Foram pagas antecipadamente, quando o bem (no caso as instalações) foi adquirido.

- Onde serão registrados os valores ainda não recebidos das vendas?
  **RESPOSTA**: No Balanço, no ATIVO e na conta CLIENTES ou DUPLICATAS A RECEBER, pois representam DIREITOS que a empresa tem sobre seus clientes.

- Onde serão registrados os valores relativos à parcela das compras de mercadoria que ainda não foi vendida?
  **RESPOSTA**: No Balanço, no ATIVO e na conta ESTOQUES, pois são BENS da empresa.

- Onde será registrada a parcela de despesas operacionais ainda não pagas?
  **RESPOSTA**: No Balanço, no PASSIVO e em CONTAS A PAGAR, pois representam OBRIGAÇÕES DA EMPRESA.

## c) BP do período

O Balanço do período é apresentado na sequência. Nele, estão registrados os saldos ainda não recebidos (ATIVO) e também os ainda não pagos (PASSIVO) das operações do período, bem como dos itens do imobilizado deduzido da depreciação acumulada (ATIVO) e das contas patrimoniais (PATRIMÔNIO LÍQUIDO).

Cabe ainda observar que, como não havia um CAIXA inicial, o saldo da conta CAIXA no Balanço será o mesmo da VARIAÇÃO DE CAIXA que aparece na DFC. Caso houvesse um saldo inicial, o saldo da conta CAIXA no Balanço do final do período seria igual à soma do saldo INICIAL DO CAIXA mais a VARIAÇÃO DO SALDO CAIXA DO PERÍODO que é calculado na DFC.

**Tabela 1.8** BP do período

| ATIVO | | PASSIVO | |
|---|---|---|---|
| CONTAS | $ | CONTAS | $ |
| | | | |
| **ATIVO CIRCULANTE** | **152.000** | **PASSIVO CIRCULANTE** | **47.450** |
| Caixa | 86.000 | Conta a pagar | 10.000 |
| Contas a receber | 48.000 | Impostos | 3.450 |
| Estoques | 18.000 | Empréstimos | 30.000 |
| | | Juros a pagar | 4.000 |

*(continua)*

(continuação)

| ATIVO NÃO CIRCULANTE | 97.500 | PASSIVO NÃO CIRCULANTE | |
|---|---|---|---|
| | | | |
| Imobilizado | 100.000 | **PATRIMÔNIO LÍQUIDO** | **202.050** |
| Depreciação Ac | (2.500) | Capital | 200.000 |
| | | Reserva de Lucros | 2.050 |
| | | | |
| **TOTAL DO ATIVO** | **249.500** | **TOTAL DO PASSIVO** | **249.500** |

Observe que na conta RESERVAS DE LUCRO foi registrado o valor de $ 2.050. Este valor é o que sobrou do lucro líquido do período após o pagamento de dividendos (8.050 – 6.000 = 2.050)

### PARA REFLETIR UM POUCO MAIS

Quais são as demonstrações contábeis mais utilizadas quando a empresa está passando por uma crise financeira?

Quanto a sua organização utiliza as demonstrações contábeis para avaliar o desempenho dos gestores?

# 2 INDICADORES DE DESEMPENHO

**Assista ao vídeo** *Indicadores de desempenho*.

## MINICASO

O *controller* da empresa Multi-Diversificada S/A está em dúvida sobre qual será a próxima fase da empresa. Ele já teve tantos momentos nela, os quais passaram como se fosse um filme em sua memória, e ele foi listando mentalmente:

"Quando começamos, quase tocávamos por ouvido, não precisávamos tanto de indicadores, todo mundo sabia o que tinha de ser feito e fazia, quem não fazia, o patrão mandava embora. Nessa etapa, o foco era vender mais, depois veio a fase do lucro. Passado um tempo, a empresa estava com dificuldade de caixa, apesar de lucrativa, aí o foco passou a ser fluxo de caixa. Então o dono vendeu uma parte da empresa para um novo investidor, que pagou uma certa quantidade de EBITDAs, e a partir daí o foco foi EBITDA. Depois veio a fase das aquisições, financiadas com dívidas, e, logo em seguida, o foco era melhorar a rentabilidade das empresas adquiridas, pois no final tivemos que vender muitas delas para fazer caixa e pagar a dívida. Em seguida, a empresa foi à Bolsa, e aí o foco se voltou para o preço da ação, os números contábeis perderam um pouco a importância. Agora, passados dois anos da abertura de capital, o preço das ações está despencando, havendo uma grande desconfiança sobre o futuro da empresa".

## QUESTÕES

Se você fosse o *controller* dessa empresa, qual fase viria a seguir? E qual indicador seria o foco?

## OBJETIVOS DE APRENDIZAGEM

Ao final deste capítulo, é esperado que o leitor possa:
- entender que uma empresa ao longo do seu ciclo de vida tem diferentes objetivos, o que enseja diferentes indicadores de desempenho, e que é desejável que haja um alinhamento entre objetivos e indicadores;
- entender as diferentes dimensões de indicadores de desempenho;
- saber calcular, saber interpretar e saber o que deve ser feito em termos de ações gerenciais e de negócios para impactar o indicador.

## 2.1 INTRODUÇÃO

Indicadores de Desempenho são utilizados como parte do Sistema de Controle Gerencial para influenciar comportamentos dos colaboradores. Neste livro adotamos a definição clássica de Sistema de Controle Gerencial como um conjunto de técnicas, ferramentas, procedimentos adotados pelas organizações para influenciar o comportamento dos empregados a atingirem os objetivos organizacionais (Malmi e Brown, 2008; Merchant e Van Der Stede, 2007). A ideia básica é refletida no paradigma da mensuração, que é "diga como sou medido que lhe direi como vou agir".

Os Indicadores de Desempenho são também chamados de *Key Performance Indicators*. Tal qual uma analogia com os pneus de um carro, há de serem alinhados e balanceados. Alinhamento entre os objetivos e indicadores e balanceamento entre objetivos de curto e de longo prazo.

Atualmente o modelo mais difundido de Sistema de Medição de Desempenho é o Balanced Scorecard proposto por Kaplan e Norton em 1992.

## 2.2 CONCEITO DE DESEMPENHO

Desempenho é como a empresa avalia se os resultados realizados estão melhores ou piores em relação a algum parâmetro. Esses parâmetros podem ser os resultados anteriores, os resultados orçados e os resultados dos concorrentes.

Empresas com sistema de controle gerencial mais formalizado geralmente utilizam o orçamento como base de avaliação de desempenho, e o atingimento desses objetivos orçamentários tem implicações na avaliação de desempenho, incluindo remuneração variável, promoção e também demissões (recompensas e punições).

Empresas com sistema de controle gerencial mais informal e que não utilizam orçamento conceituam desempenho como uma evolução dos resultados, comparando os resultados realizados *versus* os resultados anteriores, com uma postura de melhoria contínua.

Já as empresas de capital aberto atuantes em um mesmo setor têm o desempenho não só baseado no conceito de evolução contínua, e orçamento, mas também no conceito de avaliação comparativa com os concorrentes.

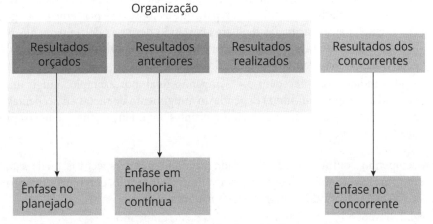

**Figura 2.1** Desempenho – grau de atingimento dos objetivos.

No ambiente organizacional é mais comum que os relatórios de avaliação de desempenho tenham três colunas, a do ano passado, a do ano atual e a orçada.

### 2.2.1 Desempenho baseado em concorrentes

A ideia básica é que não basta apenas ter um desempenho melhor que o ano anterior ou que o orçado, é importante que os desempenhos sejam melhores que os da concorrência, pois no longo prazo a empresa com melhor desempenho no setor tende a ser a consolidadora, isto é, tende a comprar as demais empresas.

Não há como negar o efeito motivador dos profissionais de uma empresa que, ao compararem o seu desempenho com os concorrentes, por exemplo, quando estes percebem que esse desempenho está abaixo do concorrente, e a alta administração utiliza esse argumento como um fator motivador em busca de maior desempenho.

A comparação com base em concorrentes é uma das formas de avaliar o desempenho preconizada pelo *Beyond Budgeting*, movimento especialmente crítico quanto a utilização de metas fixas de desempenho.

A aplicabilidade da comparação com concorrentes faz mais sentido quando os resultados da empresa ou do setor são mais afetados por variáveis exógenas (externas à empresa), como preço de *commodities* ou do câmbio. Nesse sentido, seriam elegíveis setores como siderurgia, celulose, mineração, óleo e gás, ressalvada a questão da disponibilidade das informações.

A comparação com os pares é bastante comum para avaliação de desempenho de unidades de negócio, filiais, lojas, regiões, o que na literatura se chama de *peer monitoring* (Loughry e Tosi, 2008) e é bastante utilizada em reuniões de avaliação de desempenho, sendo que em muitas organizações essa comparação fica exposta dentro dos conceitos de Gestão à Vista ou Gestão Visual.

A ideia de ter diferentes dimensões de desempenho está baseada em alguns aspectos:

1. A empresa tem diferentes *stakeholders*, os quais estão interessados em diferentes dimensões de desempenho da empresa (Ferreira e Otley, 2009).
2. O desempenho monetário muitas vezes não reflete no tempo adequado o resultado das ações e iniciativas que colaboram para que a empresa se perpetue no longo prazo. Por exemplo, alcançar metas de lucros cortando despesas de treinamento pode ser bom para o curto prazo, mas no médio e longo prazos pode implicar perdas de competitividade e comprometer o futuro da empresa.
3. Muitos indicadores precedem o desempenho final; por exemplo, atingir uma meta de vendas (*lagging indicators*) depende do atingimento de metas antecedentes, como, por exemplo, a quantidade de visitas a clientes, ou o lançamento de novos produtos (*leading indicators*).

O desempenho, contudo, pode ser captado por diferentes perspectivas, quais sejam: com base em informações contábeis, com base em valores de mercado, combinando informações contábeis e de mercado e valores monetários e não monetários.

A seguir, iremos abordar algumas dimensões de desempenho.

### 2.2.2 Desempenho baseado em rentabilidade – apresentado em %

Rentabilidade não pode ser confundida com lucratividade, já ouvimos expressões do tipo "se eu ganhar 2% da receita líquida, é melhor deixar o dinheiro na poupança". Nessa simples fala há uma confusão de conceitos, 2% é a margem, uma vez que é calculada sobre as receitas líquidas, já o rendimento da poupança é um conceito de rentabilidade, que é o lucro em relação ao capital investido.

Rentabilidade pode ser dividida em dois tipos, a rentabilidade do capital investido pela empresa (ROI – *Return On Investment*) e a rentabilidade do capital investido pelos acionistas ou sócios (ROE – *Return On Equity*).

Sempre que possível, os valores do denominador como investimento ou patrimônio líquido devem ser calculados pela média do período abrangido do numerador (lucro).

### ROI – Retorno sobre o Investimento

#### Conceito

ROI (*Return On Investments*), ou ROCE (*Return On Capital Employed*), ou ainda ROIC (*Return On Invested Capital*), ou RONACE (*Return On Net Average Capital Employed*), são diferentes nomes para expressar um indicador que meça a Rentabilidade Operacional do Investimento feito pela empresa.

De forma geral, uma empresa investe os recursos de acionistas e de credores (bancos) em Capital de Giro e Capital Fixo, ou no inglês *working capital* e *capex*, respectivamente. A proporção de cada um desses itens varia em função do tipo de negócio, por exemplo, se é indústria de capital intensivo como as siderúrgicas, ou do ramo do petróleo, da celulose etc., há uma predominância de capital fixo como imobilizado; se é varejo, geralmente há um maior investimento em *working capital*.

É comum dizer que os ativos líquidos representam a estratégia de investimentos e também a estratégia operacional. Um restaurante pode optar por ter um grande refrigerador para armazenar insumos adquiridos na safra, ou se abastecer diretamente com o fornecedor. O ponto é que as escolhas operacionais fazem diferença nos recursos investidos pela empresa. Considere o caso de uma empresa que prefere crescer por aquisição, provavelmente ela terá um alto valor investido na forma de Ativos Intangíveis.

### Investimento em Capital de Giro

Se uma empresa tem um ciclo de produção longo, ela tende a ter elevados valores em estoque. Se financiar o cliente, tende a ter um grande valor de contas a receber. Se tiver grande poder de fogo com os fornecedores, pode ter com estes um valor elevado de Contas a Pagar. Em geral, o investimento em capital de giro é bastante influenciado pelo tipo de produto e os hábitos dos consumidores finais dos produtos. Por exemplo, veja o caso de roupas: o consumidor final compra roupas pagando em prestações, pois não é um item de consumo mensal, assim ele ajusta o seu fluxo de caixa pagando a prazo; isso, por sua vez, faz com que os lojistas tenham um grande volume de contas a receber, e, para não ter que investir tanto em capital de giro, esse lojista pede prazo aos fabricantes, e assim por diante. Outros exemplos são material de construção (item de consumo não recorrente pelo consumidor final), ou ainda o pãozinho (item de consumo recorrente, nesse caso o cliente paga à vista ou no máximo no cartão de crédito).

Para calcular o Investimento, ou também chamado Ativo Líquido, existem duas formas:

A mais prática é calcular o Ativo Líquido pelo lado das fontes, isto é, a soma da Dívida Líquida (empréstimos e financiamentos de curto e longo prazo deduzidos do caixa e equivalentes de caixa e aplicações de curto e de longo prazo). Ressalva deve ser feita quando existirem valores elevados de Passivos Não Circulantes como Impostos Parcelados e Outros Passivos, exceto bancos.

A mais trabalhosa é calcular o Ativo Líquido pelo lado dos investimentos, normalmente pega-se o Ativo Total, exclui-se os montantes das contas Caixa e Equivalentes de Caixa, Aplicações Financeiras de Curto e Longo Prazo, depois diminui-se dos Passivos Circulantes Operacionais (exceto Empréstimos e Financiamentos) e Passivos Não Circulantes (exceto Empréstimos e Financiamentos de Longo Prazo). Essa forma, embora mais trabalhosa, é a que é mais inteligível aos gestores, que podem identificar os montantes investidos em capital de giro ou capital fixo.

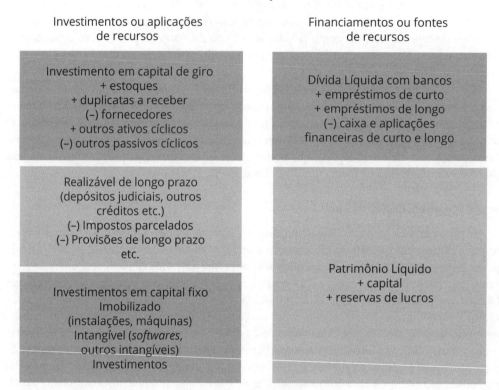

**Figura 2.2** Visão Resumida do Balanço sob a ótica financeira.

## Operacionalização

A fórmula básica é dividir o Lucro Operacional Líquido de Imposto de Renda pelo Investimento calculado como Ativo Líquido.

A operacionalização do Lucro Operacional Líquido de Imposto de Renda, também conhecido como NOPAT – *Net Operating Profit After Tax*, se dá da seguinte forma:

A base é o Lucro Operacional antes dos Resultados Financeiros (Receitas Financeiras Menos Despesas Financeiras) e antes da tributação sobre os lucros (Imposto de Renda e Contribuição Social), o que também é conhecido como EBIT (*Earnings Before Interest and Taxes*).

Depois de calculado o EBIT (geralmente é divulgado nas demonstrações financeiras), que se espera que seja positivo, aplica-se uma alíquota de IR e Contribuição Social (note que não é o IR e CS que aparecem no demonstrativo de resultado), mas sim o IR e o CS calculados com base em uma alíquota.

Essa alíquota pode ser obtida pelo que se convenciona chamar de alíquota efetiva (IR e CS correntes e diferidos, contabilizados no resultado, dividido pelo Lucro Antes do IR), ou ainda usando uma alíquota teórica, geralmente a alíquota máxima a que a empresa estaria sujeita (no momento em que escrevemos esse capítulo as alíquotas vigentes em instituições financeiras de grande porte situam-se na faixa de 40%, e nas demais empresas não financeiras de grande porte a alíquota máxima é de 34%).

Aqui cabe uma discussão baseada nas práticas de mercado: para efeito de analisar puramente a evolução da rentabilidade operacional, é desejável que se use sempre uma mesma alíquota ao longo do tempo, nesse caso, sugere-se a alíquota máxima fiscal. Com isso, o desempenho dos gestores operacionais não seria nem beneficiado, nem prejudicado, por iniciativas de planejamento tributário que a administração tenha feito, pois geralmente essas iniciativas não dependem do gestor operacional. Mas algumas empresas entendem que todas as iniciativas de planejamento tributário ou de planejamento financeiro têm como base a operação, isto é, tudo decorre da atividade-fim da empresa; assim, quando houver ganhos ou perdas decorrentes de planejamento tributário, estes devem ser repassados no cálculo da rentabilidade operacional.

### Uso e implicações práticas do ROI

O ROI é utilizado para avaliar a rentabilidade operacional da empresa, ou em estruturas descentralizadas que operam com o conceito de Unidades de Negócio para avaliar a rentabilidade do portfólio de negócios de uma *holding*. Ele é um medidor do desempenho operacional, pois não considera o custo financeiro das dívidas, o qual é decorrente da estrutura de capital da empresa (bancos ou acionistas) e também da competência financeira da organização em captar recursos com taxas maiores ou menores que o mercado.

### Identificando as oportunidades de melhoria – Modelo Du Pont

O chamado Modelo Du Pont desmembra o ROI em duas grandes vertentes: a Margem e o Giro. A Margem é a alavanca da Eficiência Operacional e reflete a capacidade de a empresa operar com eficiência, isto é, transformar cada real de Receitas em Lucro Operacional; já o Giro é a alavanca da Produtividade, que pode ser conceituada como a capacidade de a organização transformar cada real investido em receitas.

**Identificando as oportunidades de melhoria**

ROI – Rentabilidade do capital investido pela empresa

Eficiência operacional × Produtividade do investimento

Margem × Giro

Lucro operacional líquido / Receita líquida

Receita líquida / Investimentos

**Figura 2.3** Identificando as oportunidades de melhoria.

Resumidamente, pode-se afirmar que empresas de diferentes setores têm diferentes configurações de margem e de giro.

Configurações de Margem e Giro de acordo com os setores de atuação

|  | Empresa A | Empresa B | Empresa C | Empresa D |
| --- | --- | --- | --- | --- |
| Margem | Baixa | Baixa | Alta | Alta |
| Giro | Alto | Baixo | Baixo | Alto |

A) Configuração típica de comércio varejista popular.
B) Configuração típica de indústrias reguladas, como concessão de serviços públicos essenciais.
C) Empresas de serviços de alto valor agregado, porém intensivas em capital.
D) Podem ser configurações de empresas de consultoria de alto valor agregado.

### ROI *versus* Custo de Capital

Suponha, por simplificação didática, que um projeto seja financiado 100% com recursos bancários. Se o projeto tem um ROI de 15% e o custo da dívida for de 20%, fica claro que a empresa vai ter dificuldades financeiras. Mas o que ocorre é que as empresas também se financiam com recursos próprios, os quais têm um custo implícito e que, à luz da Teoria de Finanças, têm geralmente um custo maior que o custo do capital de terceiros. Considerando diferentes combinações de estrutura de capital, as empresas podem ter diferentes Custos Médios Ponderados de Capital.

Quando o ROI é menor que o Custo Médio Ponderado de Capital, em inglês WACC (*Weighted Average Cost of Capital*), isso implica dizer que a empresa está destruindo valor, ou ainda gerando um Lucro Econômico, ou em inglês EVA (*Economic Value Added*) negativo. Isso serve de alerta para identificar ativos elegíveis para venda.

**Figura 2.4** Rentabilidade *versus* Custo Médio Ponderado de Capital.

## Críticas ao ROI

A principal crítica em relação ao ROI como única meta de avaliação de desempenho é que, para atingi-la, os gestores podem prejudicar o desempenho da empresa no longo prazo, por exemplo, evitando fazer investimentos ou mesmo gastos em programas de treinamento que podem ser cruciais para manter sua competitividade no longo prazo.

Para resolver questões dessa natureza, além da adoção de indicadores de desempenho não monetários, como satisfação de clientes, funcionários, inovação, algumas empresas têm adotado procedimentos como estes:

1. não incluir os imobilizados que ainda não entraram em operação na base de cálculo do ROI;
2. calcular o imobilizado, base de cálculo do ROI, não pelo saldo no final do período, mas usando uma média móvel (voltando 4 ou 5 trimestres atrás).

## Desempenho medido pelo ROE ou RSPL

### Conceito

O ROE (*Return On Equity*) ou RSPL (Retorno sobre Patrimônio Líquido) é um indicador que consegue mensurar a rentabilidade do capital investido pelo acionista, a preços históricos. O patrimônio Líquido é considerado o capital investido pelo acionista, constituído pelo capital aportado mais os lucros gerados e não distribuídos, os quais podem ter sido capitalizados novamente ou ainda mantidos em reservas.

### Operacionalização

A fórmula básica é Lucro Líquido dividido pelo Patrimônio Líquido, mas também pode ser deduzido a partir da fórmula do ROI

### Uso e implicações práticas do ROE

Pode ser utilizado para comparar com a rentabilidade alternativa de outro investimento, nas mesmas condições de risco.

As principais limitações dizem respeito a:

- o Patrimônio Líquido pode ser afetado por transações que não transitaram no Resultado, incluídas na conta Ajustes de Avaliação Patrimonial;
- quando a empresa vem de sucessivos prejuízos, diminuindo sensivelmente o Patrimônio Líquido, e quando passa a ter lucros, isso pode gerar, artificialmente, elevadas taxas de retorno;
- outra ressalva deve ser feita quando a organização está na fase inicial do ciclo de vida, geralmente operando no prejuízo.

### Conciliação do ROE com ROI

Existe uma fórmula que permite calcular o ROE partindo do ROI, a ideia básica é que com essa fórmula seja identificado o efeito da alavancagem financeira para rentabilizar o capital investido pelo acionista

$$ROE = ROI\% + \left[ \left( ROI\% - \text{Custos Líquido da Dívida \%} \right) \times \frac{\text{Dívida Líquida}}{\text{Patrimônio Líquido}} \right]$$

Essa fórmula mostra que o ROE consegue medir conjuntamente a competência operacional (Rentabilidade operacional dos investimentos), a competência financeira da empresa medida pelo custo financeiro líquido da dívida (Resultado Financeiro Líquido dividido pela Dívida Líquida), pois, se a gestão das dívidas financeiras for efetiva, a administração pode rentabilizar o capital próprio ao conseguir obter um custo financeiro menor que a rentabilidade operacional medida pelo ROI (Assaf Neto, 2006).

Utilizando a fórmula a partir do ROI, é possível identificar que a administração financeira da empresa pode alavancar a rentabilidade do acionista, alterando a estrutura de capital (relação dívidas líquidas *versus* patrimônio líquido), porém nunca é demais lembrar que as taxas de juros podem mudar em função de alterações na alavancagem (aumento das dívidas proporcionalmente ao capital próprio).

**Tabela 2.1** Efeito da alavancagem financeira sobre a rentabilidade do capital investido

| Situação | Decisão para aumentar o ROE |
| --- | --- |
| Se ROI maior que custo da Dívida | Aumentar a alavancagem (trocar Capital Próprio por Dívida) |
| Se ROI menor que Custo da Dívida | Diminuir a alavancagem (trocar Dívida por Capital Próprio) |

## Lucro Econômico ou *Economic Value Added*

### Conceito

Lucro Econômico, Lucro Residual ou *Economic Value Added* são diferentes nomes para um mesmo conceito. O Lucro Econômico é o lucro final após descontar o custo de oportunidade do capital próprio, uma vez que o Lucro Líquido, que é o valor que sobra após descontarem-se todos os custos e as despesas operacionais, tributárias e o custo de capital de terceiros, não considera o custo de capital próprio. Portanto, o Lucro Econômico vai além, atribui um custo de oportunidade do capital próprio, nesse sentido, é um Lucro Residual.

### Operacionalização

Existem pelo menos três formas de calcular o Lucro Econômico:

1. Lucro Líquido menos custo de oportunidade do capital próprio, que é operacionalizado pelo cálculo do Patrimônio Líquido × taxa de juros.
2. (ROI menos WACC) × Investimentos, sendo que o WACC é calculado da seguinte forma: Custo Financeiro da Dívida Líquida × Peso + Custo de Capital Próprio × Peso.
3. O custo financeiro da dívida líquida pode ser operacionalizado pela fórmula: Despesas Financeiras Líquidas Divididas pela Dívida Líquida.

4. O custo de capital próprio pode ser obtido pelo modelo CAPM.
5. NOPAT em valor menos Custo Total de Capital em valor.

Os livros-texto de Finanças argumentam que o Valor Presente líquido, que é tradicionalmente calculado como indicador de viabilidade de projetos, é, na realidade, a soma dos Lucros Econômicos calculados a valor presente.

### Uso e implicações práticas

O Lucro Econômico é bastante utilizado para remuneração variável da diretoria e conselho de administração, uma vez que estimula os gestores a agirem de modo a remunerar minimamente o custo de oportunidade do capital próprio.

### 2.2.3 Desempenho baseado em valores de mercado

Para empresas que têm ações negociadas na Bolsa, a rentabilidade baseada em valores de mercado ou preço da ação torna-se mais importante, pois o foco é gerar riqueza para o investidor, tanto em termos de valorização do preço da ação como do pagamento de dividendos. Entretanto, em casos como, por exemplo, de recessão econômica, os valores de mercado podem ser afetados por causas exógenas à empresa, não refletindo, adequadamente, o desempenho organizacional.

### Market Value Added

*Market Value Added* ou MVA é uma medida de desempenho que utiliza o valor de mercado. Ele pode ser obtido pela diferença entre o Valor de Mercado das Ações e o Valor Contábil do Patrimônio Líquido.

Quanto maior essa diferença, maior é a capacidade da empresa de obter lucros no futuro que ainda não estão mensurados no valor contábil do Patrimônio Líquido.

Outra forma sugerida para calcular o *Market Value Added* é a seguinte:

$$MVA = \frac{EVA}{WACC}$$

Somando o valor do Patrimônio Líquido mais o MVA se chegaria ao Valor de Mercado (teórico). Esse seria baseado nos lucros atuais e não nos lucros futuros, assim, se MVA teórico fosse inferior ao MVA (calculado com base no valor de mercado das ações), isso indicaria que a empresa tem possibilidade de lucros crescendo a taxas maiores, com maior rentabilidade do que a obtida atualmente, considerando o valor de mercado.

### Retorno total para o investidor – apresentado em %
### Conceito

Medido pela variação do preço da ação (atual *versus* a base de comparação), que na realidade é um ganho potencial, ainda não realizado financeiramente, mais os dividendos recebidos.

A soma desses dois valores representa o ganho que o investidor teve, para medir o retorno basta dividir pelo preço da ação na data-base de comparação.

## Operacionalização

$$\frac{\left(\text{Variação do Valor da Ação} + \text{Dividendos Recebidos}\right)}{\text{Valor Base}\left(\text{pago}\right)\text{da Ação}}$$

### Uso e implicações práticas

Esse indicador é útil para empresas que têm de atender aos interesses de um dos seus principais *stakeholders*, os investidores, os quais estão mais interessados na valorização da ação e também dos dividendos.

### *Enterprise Value* sobre EBITDA

#### Conceito

O *Enterprise Value* dividido pelo EBITDA é uma medida que simplifica uma espécie de *valuation* da empresa baseada em múltiplos EBITDA. Quanto maior esse índice, mais valorizada se encontra a empresa.

#### Operacionalização

A operacionalização do valor da empresa, ou no inglês *Enterprise Value*, ou também *Firm Value*, se dá pela soma da Dívida Líquida mais o Valor de Mercado das Ações ou também chamado de *Market Cap*, abreviatura de *capitalization*.

Calculado o *Enterprise Value*, divida pelo Valor do EBITDA (últimos 12 meses).

Uma vez calculado o *Enterprise Value*, este deve ser dividido pelo EBITDA dos 12 últimos meses. Dessa forma tem-se um indicador que mostra quantos EBTIDAS anuais a empresa vale.

#### Uso e implicações práticas

A premissa assumida é uma simplificação que parte da ideia de que o Valor Presente dos Fluxos de Caixa Livres de uma empresa é igual ao Fluxo de Caixa para Credores (representada pelo valor da Dívida Líquida) mais o Fluxo de caixa para os acionistas (representada pelo Valor de Mercado das ações).

Esse indicador também pode ser comparado com o ROI, por exemplo, se o ROI está aumentando, e o EV/EBITDA estiver caindo, isso poderia ser um sinal de que os analistas enxergam que o crescimento do ROI pode estar prejudicando a empresa no longo prazo. No eixo Y, outros valores que reflitam o valor de longo prazo podem ser utilizados.

Outros indicadores baseados em valor de mercado incluem a liquidez da ação, isto é, se a ação é negociada frequentemente, além do *pay-out*, que é calculado pelo valor dos dividendos pagos em relação ao lucro líquido, ou, ainda, *dividend yield*, que é calculado pelo valor dos dividendos pagos em relação ao preço da ação.

Veja a Figura 2.5.

**ROI *versus* EV/EBITDA**
**Dilema do curto prazo *versus* longo prazo**

Crescimento do EV/EBITDA

| Prejudicando o curto prazo<br>Melhorando o longo prazo<br>(investindo no futuro) | + Priorizando curto prazo<br>Melhorando também o longo<br>prazo (corte de excessos) |
|---|---|
| (–) | + |
| Crescimento do ROI | |
| Prejudicando o curto prazo<br>Piorando o longo prazo<br>(situação crítica) | (–) Priorizando curto prazo<br>Prejudicando longo prazo<br>(corte do essencial) |

**Figura 2.5** ROI *versus* EV/EBITDA – dilema do curto prazo *versus* longo prazo.

No eixo $y$, pode-se utilizar outro indicador que reflita o valor de longo prazo da empresa.

## 2.3 INDICADORES BASEADOS EM RESULTADO – QUANDO ÍNDICES APRESENTADOS EM %

Esses indicadores são baseados nas informações extraídas da Demonstração de Resultado (a qual é construída com base no regime de competência).

### EBITDA

#### Conceito

O EBITDA (*Earnings Before Interest Taxes Depreciation and Amortization*), ou em português LAJIDA (Lucro Antes dos Juros, Imposto de Renda, Depreciação e Amortização). O EBITDA é bastante utilizado para indicar a geração potencial de caixa, de natureza operacional, e apesar de críticas sobre sua utilização tem ampla utilização no meio empresarial.

Esse índice é particularmente importante para entender os aspectos operacionais de um negócio, principalmente quando a depreciação é considerada um custo afundado (*sunk cost*). Ao desconsiderar a depreciação, que é essencialmente operacional, o EBITDA traz a ideia do que foi gerenciado nesse período, uma vez que a depreciação é reflexo da decisão de investimentos feita no passado.

Em valor, o EBITDA pode ser utilizado como uma *proxy* de geração de caixa e também como uma ideia de valor de uma empresa, baseada em múltiplos EBITDAs.

#### Operacionalização

EBITDA normatizado pela CVM → Partindo do EBIT que é o resultado operacional antes dos resultados financeiros e dos impostos de renda, adicione (para estornar) a depreciação (de ativos tangíveis) e amortização (de ativos intangíveis). Esse é o EBITDA normatizado pela CVM.

EBITDA Ajustado → Em alguns casos também é necessário estornar itens que, apesar de serem considerados operacionais, não têm impacto no fluxo de caixa no curto prazo, como provisão para contingências, provisão para obsolescência de estoques etc., ou, ainda, sejam de natureza não recorrente, isto é, aconteceram nesse período, mas é entendido que não se repetirão em períodos futuros, que é o caso dos resultados com a venda de ativos imobilizados ou investimentos, que, por força das normas internacionais, são contabilizadas como outras receitas e despesas operacionais. Nesse caso, estaremos falando do EBITDA ajustado, que não é normatizado pela CVM, mas tem utilização mais para gestão em termos de avaliação de desempenho do que pode ser considerado recorrente, e também como base para projeção futura pelos analistas.

### Uso e implicações práticas

O EBITDA não é aplicável para instituições financeiras e de seguros, pois nessas empresas as receitas e despesas financeiras são consideradas atividades-fim, e não decorrentes da estrutura de capital.

Quando as potenciais transações de compra e venda de empresas sejam feitas em múltiplos EBITDAs, isso pode induzir os controladores que tenham intenção de vender o controle a enfatizar o EBITDA. Por outro lado, existem diversas formas de manipulação do EBITDA, uma delas é modificar a política de investimentos, isto é, em vez de terceirizar, a empresa troca despesas operacionais (OPEX – OPerational EXpenses) por investimentos (CAPEX – CAPital EXpenses), com isso, o custo ou despesa operacional desembolsável diminui, e aumenta o valor de depreciação, o que não impacta o EBITDA. Sugere-se consultar a norma contábil que trata do arrendamento mercantil para avaliar os impactos dessa decisão.

### Formas mais usuais de aumento do EBITDA

**Tabela 2.2** Formas mais usuais de aumento do EBITDA

| De negócios | Efeitos |
| --- | --- |
| Internalizar serviços ou insumos antes comprados de terceiros, com grande utilização de ativos imobilizados. | Diminui os custos e as despesas operacionais desembolsáveis, impacta positivamente o EBITDA. Aumenta a depreciação, impacta negativamente o EBIT. Aumenta a base de cálculo dos ativos (base para ROI). |
| Inflar as receitas e depois dar descontos financeiros aos clientes. | Aumenta a receita líquida e consequentemente o EBITDA, recolhem-se mais impostos indiretos (ICMS e outros), piora o resultado financeiro. |

### Margem EBITDA

#### Conceito

A Margem EBITDA pode ser conceituada como a Eficiência Operacional de Gerar Caixa, significa quantos por cento de cada receita líquida a empresa consegue gerar de potencial de caixa.

### Operacionalização

A operacionalização da Margem EBITDA se dá pela divisão do EBITDA pela Receita Líquida.

### Uso e implicações práticas

O uso da Margem EBITDA induz o gestor a buscar a eficiência de gerar caixa e ressalvadas diferenças entre as empresas, pode ser útil para comparar a eficiência entre as empresas de um mesmo setor. No entanto, as melhores empresas de um mesmo setor possuem margem EBITDA superior à média do setor, conforme comprovado pelo estudo de Alcalde (2010).

Considere a seguinte situação: uma equipe comercial estuda visitar um potencial cliente. Caso a avaliação de desempenho seja feita em valor de EBITDA, no final, o que importa para efeito de remuneração variável é se esse novo cliente irá aumentar o EBITDA atual, mas se a avaliação de desempenho for baseada na Margem EBITDA, aí, provavelmente, a equipe só iria visitar o novo cliente se tivesse alguma certeza que com ele a Margem EBITDA atual iria aumentar.

## EBIT (*Earnings Before Interest and Taxes*)

### Conceito

O EBIT é conceituado como o Lucro da Atividade ou, ainda, o Lucro Operacional, assumindo como premissa que os resultados financeiros são decorrentes da estrutura de capital.

### Operacionalização

**EBIT normal**

Lucro antes dos resultados financeiros e do imposto de renda e contribuição social.

EBIT ajustado

Lucro antes dos resultados financeiros e do imposto de renda e contribuição social, e de itens não recorrentes.

### Uso e implicações práticas

O EBIT é utilizado para medir o resultado da atividade, e, nesse caso, considera os efeitos da depreciação e amortização, os quais podem não ter efeito caixa no momento em que são contabilizadas a depreciação e amortização, mas nitidamente são de natureza operacional, e, portanto, atribuível à aos gestores que usam esses ativos.

Existem empresas em que a depreciação é insignificante e, para fins de gestão, a administração utiliza somente o EBIT, em vez de utilizar também o EBITDA.

## Margem EBIT

### Conceito

A Margem EBIT é um indicador que revela a eficiência operacional de uma empresa, considerando todos os custos e despesas operacionais, incluindo a depreciação e amortização de ativos.

## Operacionalização

$$\frac{\text{EBIT}}{\text{Receitas Líquidas}}$$

### Uso e implicações práticas

A Margem EBIT é a base para avaliar a eficiência operacional de uma empresa, ela reflete a competência operacional de duas dimensões que chamamos de 2 Ps (produtos e processos). A dimensão Produtos refere-se à gestão de *mix*, posicionamento do produto (custo ou diferenciação), preços, descontos, custos de produção. Já na dimensão Processos, os relacionados a vender, entregar, comunicar (marketing), e administrativos, como cobrar, elaborar contratos, gerir pessoas etc.

Empresas intensivas em capital geralmente possuem grandes diferenças entre a Margem EBITDA e a Margem EBIT, o que quer dizer que a depreciação e a amortização representam parcela significativa das Receitas Líquidas.

## Margem Bruta

Margem Bruta reflete a competência da empresa em desenvolver produtos, processos de produção, decidir corretamente sobre o *mix* de produtos, e a competência comercial de vendas e de precificação.

### Operacionalização

$$\frac{\text{Lucro Bruto}}{\text{Receitas Líquidas}}$$

### Análise

O cuidado é que a distinção entre o que deve ser classificado como custos ou como despesas, muitas vezes é uma questão sutil de interpretação. Outro aspecto é que o Lucro Bruto oscila com o nível de produção e de estocagem em cada período, por isso ele deve ser analisado em um horizonte maior que um mês.

## Cobertura de juros

Cobertura de Juros é a capacidade operacional de a empresa conseguir cobrir os juros, isto é, se a geração operacional potencial de caixa (EBITDA) é capaz de fazer frente às despesas financeiras.

### Operacionalização

$$\frac{\text{EBITDA}}{\text{Despesas Financeiras}} \rightarrow \text{mais conservador}$$

$$\frac{\text{EBITDA}}{\text{Resultado Financeiro Negativo}} \rightarrow \text{mais otimista, pois considera também as receitas fi-}$$
nanceiras decorrentes de aplicações financeiras.

## Análise

Esse indicador geralmente é utilizado como *covenant* em contratos entre instituições financeiras e tomadores de recursos. O número mínimo varia de acordo com o ciclo de vida atual da empresa (se em crescimento alavancado ou se estável, por exemplo), ou, ainda, com o prazo de pagamento dos empréstimos (quanto mais no longo prazo, maior a tendência de o credor estipular índices menores nesse momento).

Não se pode esquecer que o EBITDA é destinado pelo menos para pagamento de imposto de renda, investimento, financiar a expansão do investimento em capital de giro, e dividendos.

## Comprometimento do EBITDA com os juros

Uma outra forma mais didática é considerar qual porcentagem do EBITDA já está comprometida com os juros, calculada da seguinte forma:

$$\frac{\text{Despesas Financeiras}}{\text{EBITDA}}$$

Nunca é demais lembrar que o EBITDA não é o fluxo de caixa, assim, se uma empresa não tem saldo em caixa para honrar seus compromissos ela dependerá da futura geração potencial de caixa (EBITDA), mas o EBITDA já pode estar comprometido com o pagamento de IR, com o pagamento dos juros e também com a amortização do principal da dívida, ou, ainda, com os investimentos em imobilizado e aumento de capital de giro, com o pagamento de dividendos e ainda com a amortização de dívidas do passado, como impostos parcelados ou acordos trabalhistas. Veja a Figura 2.6.

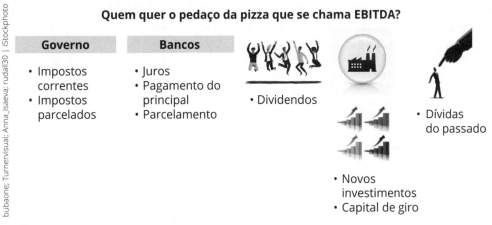

**Figura 2.6** Destinação do EBITDA.

## Competência Tributária – Alíquota efetiva

Alíquota efetiva de IR é útil para avaliar a competência tributária da empresa, isto é, comparando a alíquota efetiva à alíquota máxima, é possível avaliar quão competente ou quão agressiva é a empresa no tocante às questões tributárias.

## Operacionalização

$$\frac{\text{Despesas de IR (soma do diferido e corrente)}}{\text{Lucro Antes do Imposto de Renda}}$$

### Análise

No Brasil, para empresas tributadas pelo Lucro Real, a alíquota máxima chega hoje a 34% (15% de IR, 10% de adicional de IR sobre lucro acima de determinado valor, 9% de Contribuição Social sobre o Lucro). Para empresas financeiras, a alíquota máxima chega a 40% (com 15% de Contribuição Social) e, para bancos, chega a 45% (com 20% de Contribuição Social). Ainda para empresas financeiras e bancos, de agosto a dezembro de 2022, a Contribuição Social foi majorada em 1 ponto percentual pela Medida Provisória nº 1.115/2022 **(consulte a legislação atual)**.

Quanto mais próxima de 34%, ou seja, da alíquota máxima, menor é o nível de planejamento tributário da empresa.

Outros fatores que influenciam no cálculo desse indicador são as inclusões e exclusões permanentes do Lucro Real que servirão de base para o cálculo da Despesa de IR.

### Lucro líquido

Lucro líquido é o lucro após deduzidos todos os custos e despesas operacionais, impostos sobre vendas e sobre lucro, despesas e receitas financeiras, perdas e ganhos. É o chamado *Bottom Line*.

Muitas vezes as empresas excluem itens não recorrentes de forma a poder mostrar uma evolução mais comparável dos lucros líquidos ao longo de um determinado período e também de forma a criar bases para análise do desempenho em relação aos lucros líquidos futuros esperados.

Uma crítica em relação ao lucro líquido é que este não considera o custo de oportunidade do capital próprio, o que é considerado no EVA.

### Margem líquida

É um indicador de eficiência global, muito embora haja restrições quando comparadas duas empresas com mesmo EBIT, mas com diferentes estruturas de capital, conforme a Tabela 2.3.

**Tabela 2.3** Margem líquida

|  | **Capitalizada** | **Descapitalizada** |
|---|---|---|
| EBIT | Igual | Igual |
| Resultado Financeiro | + (receitas financeiras) | – (despesas financeiras) |
| Lucro Líquido antes do IR | Será maior que o EBIT | Será menor que o EBIT |
| Imposto de renda | (–) | (–) |
| Lucro Líquido | Será maior | Será menor |
| Custo de oportunidade do capital próprio | (–) | (–) |
| Lucro Econômico | São comparáveis | São comparáveis |

## 2.4 INDICADORES DE ENDIVIDAMENTO – APRESENTADOS EM %

### Endividamento Geral

Endividamento Geral mostra a estratégia de financiamento de uma empresa, e com isso permite que os acionistas e credores possam avaliar o quão dependente é a empresa do capital de terceiros (bancos e demais passivos, como impostos, fornecedores etc.).

### Operacionalização

$$\frac{\left(\text{Passivo Circulante} + \text{Passivo Não Circulante}\right)}{\text{Ativo Total}}$$

### Utilização

Esse indicador considera todos os passivos, tanto de curto, como de longo prazo, e de todo o tipo, não só bancos, mas também impostos, fornecedores, contas a pagar por aquisições de participações societárias e provisões. Quando utilizado como *covenant*, por ser mais abrangente, induz o gestor financeiro a honrar todos os compromissos financeiros, e não somente com os bancos.

### Composição do Endividamento

Demonstra quantos % dos passivos estão concentrados no curto prazo.

### Operacionalização

Passivo Circulante/(Passivo Circulante + Passivo Não Circulante)

### Utilização

Monitorar o risco de curto prazo.

### Dívida Bruta/Patrimônio Líquido

É também um indicador de endividamento que mede a relação do capital de terceiros (dívida financeira) com o capital próprio (acionistas).

### Operacionalização

$$\frac{\left(\text{Empréstimos e Financiamentos de Curto Prazo} + \text{Empréstimos e Financiamentos de Longo Prazo}\right)}{\text{Patrimônio Líquido}}$$

Inclua outros passivos financeiros como debêntures e arrendamentos mercantis financeiros

### Utilização

Por não excluir o caixa e aplicações financeiras, é um indicador de endividamento mais conservador.

### Dívida Líquida/ Patrimônio Líquido

É também um indicador de endividamento que mede a relação do capital de terceiros (dívida financeira líquida) com o capital próprio (acionistas), contudo, no cálculo da dívida, desconta os recursos já mantidos em caixa e em aplicações financeiras.

### Operacionalização

$$\frac{\left(\text{Empréstimos e Financiamentos de Curtos Prazos} + \text{Empréstimos e Financiamentos de Longo Prazo}\right) - \left(\text{Caixa e Equivalentes de Caixas} + \text{Aplicações Financeiras de Curto Prazo} + \text{Aplicações Financeiras de Longo Prazo}\right)}{\text{Patriônimo Líquido}}$$

Incluir outros passivos financeiros como debêntures e arrendamentos mercantis financeiros.

### Utilização

O fato é que muitas empresas, apesar de terem dívidas junto ao mercado financeiro, mantêm caixa e aplicações financeiras. Isso ocorre por pelo menos dois motivos: (1) mitigar o risco de liquidez, ou seja, em caso de falta de liquidez é melhor ter caixa para operar; (2) quando a taxa de juros que remunera os ativos financeiros for maior que a taxa de juros que onera os passivos financeiros, o que é muito raro.

Em geral, é o indicador mais utilizado como *covenant* nos contratos de empréstimos.

A empresa que usa a dívida líquida deve ter mecanismos de controle que impeçam o executivo financeiro de aplicar os recursos financeiros da empresa em ativos de alto risco, pois estes "podem virar pó" da noite para o dia.

## 2.5 INDICADORES DE LIQUIDEZ

### Liquidez Corrente

Liquidez em geral diz respeito à capacidade de liquidar os passivos com os ativos realizáveis existentes.

Liquidez Corrente é considerada como a capacidade de liquidar os passivos no horizonte de curto prazo (12 meses).

### Operacionalização

$$\frac{\text{Ativo Circulante}}{\text{Passivo Circulante}}$$

### Utilização

Esse é o mais clássico indicador de liquidez, frequentemente é utilizado em *covenants* e em processos de licitação. Nesse caso, o senso comum é que esse indicador deva ser sempre maior que 1, e mais ainda que fique na casa dos 1,2 ou 1,3.

O risco de utilizar somente esse indicador em processos de licitação é a possibilidade de manipulação desse índice, por meio da transferência contábil (irregular) de passivos de curto prazo para passivos não circulantes, melhorando artificialmente esse índice. Para evitar esses comportamentos, é recomendado que seja também utilizado o indicador Liquidez Geral.

### Liquidez Geral

Liquidez Geral revela a capacidade de pagar todos os passivos, tanto de curto como de longo prazo, considerando os ativos realizáveis de curto e de longo prazo.

### Operacionalização

$$\frac{\text{Ativo Circulante} + \text{Ativo Realizável de Longo Prazo}}{\text{Passivo Circulante} + \text{Passivo Não Circulante}}$$

### Utilização

Esse indicador é mais utilizado para avaliar a liquidez de empresas que adotam a estratégia de financiar a aquisição de ativos imobilizados e intangíveis com recursos de longo prazo. Para essas empresas é aceitável que esse índice seja menor que 1.

Uma crítica é que, geralmente, os ativos realizáveis de longo prazo são de baixíssima liquidez como créditos tributários.

### Liquidez Seca

Liquidez Seca revela a capacidade de pagar os passivos de curto prazo, considerando somente os ativos de curto prazo, excluídos os estoques (que podem ser de baixo giro). Trata-se de um indicador mais conservador.

### Operacionalização

$$\frac{\text{Ativo Circulante} \left(-\right) \text{Estoques}}{\text{Passivo Circulante}}$$

### Utilização

Esse indicador é mais utilizado para avaliar a capacidade de pagar os passivos de curto prazo, porém desprezando os estoques, os quais são normalmente de maior dificuldade para realização. Nesse sentido é mais útil para empresas cujos estoques podem se tornar obsoletos por questões tecnológicas ou perecíveis em função do tempo, como é o caso dos estoques de alimentos, assim, os segmentos em que esse indicador seria mais útil são o de moda, tecnologia, supermercados, alimentos, dentre outros. Mas em empresas nas quais o estoque tem alta liquidez, como é o caso de *commodities*, esse indicador não tem tanta utilidade.

### Liquidez Imediata

Revela a capacidade de pagar os passivos com as disponibilidades existentes.

## Operacionalização

Disponibilidades/Passivo Circulante

## Utilização

Empresas com política altamente conservadora e aversão a risco. Outra possibilidade é determinar caixa mínimo como percentual dos desembolsos operacionais mensais.

## Críticas em relação aos indicadores de liquidez

Duas críticas são feitas em relação aos indicadores de liquidez:

1. É um indicador estático, não refletindo os prazos específicos de realização dos ativos e nem dos passivos, ou seja, uma empresa pode ter um alto índice de liquidez corrente, mas as dívidas dela podem vencer bem antes da realização dos ativos, e assim terá sua liquidez comprometida.
2. Não considera a geração de caixa da empresa, o que quer dizer que uma empresa mesmo com liquidez corrente acima de 1, mas que está com geração de caixa negativa, poderá vir a ter complicações financeiras em curtíssimo prazo. Veja a Tabela 2.4.

**Tabela 2.4** Análise da liquidez corrente associada à geração de caixa

|   | Empresa A | Empresa B |
|---|---|---|
| Liquidez Corrente | 1,4 | 0,9 |
| Geração de Caixa | Negativa | Positiva |
| Tendência no médio prazo | Ter dificuldades de caixa, pois irá consumir as reservas financeiras | Tende a crescer a liquidez corrente, acumulando reservas financeiras |

## Dívida Líquida/EBITDA

É o principal indicador utilizado pelo mercado para monitorar o nível de alavancagem de uma empresa. Muito embora seja o EBITDA futuro que irá ajudar a pagar a dívida atual, o mercado utiliza esse cálculo, pois permite comparar diferentes empresas do mesmo setor, podendo-se identificar os riscos.

## Operacionalização

$$\frac{\left(\text{Empréstimos e Financiamentos de Curto Prazo} + \text{Empréstimos e Financiamentos de Longo Prazo}\right) - \left(\text{Caixa e Equivalentes de Caixa} + \text{Aplicações Financeiras de Curto Prazo} + \text{Aplicações Financeiras de Longo Prazo}\right)}{\text{EBITDA}\left(\text{Últimos doze meses}\right)}$$

## Utilização

É utilizado como *covenant* por credores em comum acordo com devedores. O índice varia em função do setor, do ciclo de expansão da empresa, do vencimento da dívida e, mais ainda, do valor econômico da empresa.

Normalmente os credores adotam como *covenant* um número próximo de 30% do Valor da Empresa (*enterprise value*), por exemplo, se uma empresa tem um valor estimado em 10 vezes, o índice limite para esse *covenant* ficaria em torno de 3 ou 3,5 EBITDAS.

Assim, se o valor da empresa medido pelos fluxos futuros de caixa aumentar, o nível de endividamento em proporção de EBITDA também poderá ser aumentado, e o inverso do mesmo modo é verdadeiro.

Há que se levar em conta aspectos de gerenciamento desse indicador, principalmente por meio de parcelamento de impostos, alongamento de prazo de pagamento com fornecedores, ou contas a pagar por aquisição de empresas, itens que não compõem o cálculo da dívida líquida. Nesse caso, o indicador sugerido deveria incorporar outros passivos incorridos por eventos passados como parcelamento de impostos ou outros acordos com credores, exceto instituições financeiras.

$$\frac{\left(\text{Dívida Líquida} + \text{Outros Passivos Não Cíclicos}\right)}{\text{EBITDA}\left(\text{Últimos 12 meses}\right)}$$

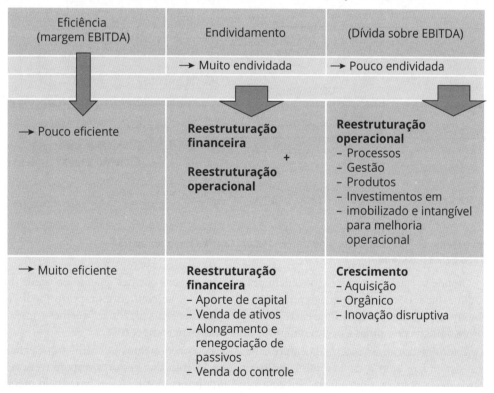

**Figura 2.7** Modelo de Quadrantes Operacional *vs.* Situação Financeira.

Na Figura 2.7, o leitor é convidado a fazer um autodiagnóstico da sua organização, comparando a dimensão financeira (alavancagem) com a dimensão operacional, podendo confrontar com as recomendações dos autores.

## 2.6 INDICADORES DE GESTÃO DE CAPITAL DE GIRO E CICLO DE CAIXA

Essa seção irá discorrer sobre os diferentes indicadores que refletem a competência da gestão de capital de giro, o que inclui a gestão dos prazos de recebimento, estocagem e pagamento.

Veja a Figura 2.8.

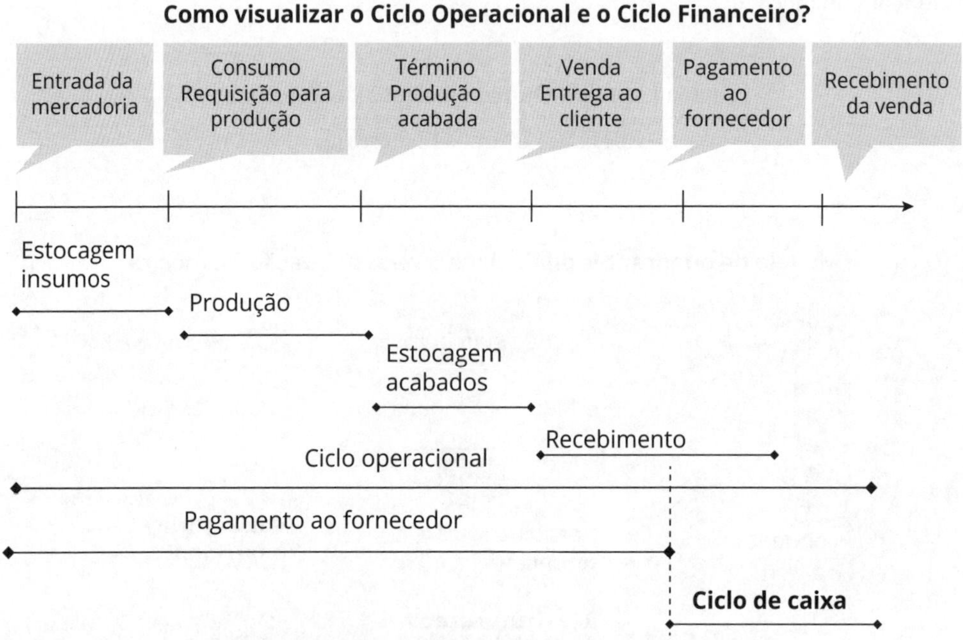

**Como visualizar o Ciclo Operacional e o Ciclo Financeiro?**

Entrada da mercadoria | Consumo Requisição para produção | Término Produção acabada | Venda Entrega ao cliente | Pagamento ao fornecedor | Recebimento da venda

Estocagem insumos
Produção
Estocagem acabados
Recebimento
Ciclo operacional
Pagamento ao fornecedor
Ciclo de caixa

**Figura 2.8** Ciclo Operacional e Ciclo Financeiro.

### Prazo Médio de Recebimento, Dias de Vendas em Contas Receber ou DSO (*Days Sales Outstanding*)

Grande parte das empresas concedem prazos para os seus clientes quando da venda dos produtos ou serviços. Na linguagem financeira, esse prazo se configura no prazo médio de recebimento, em geral, vendedores acreditam que conceder mais prazos aos clientes aumenta a probabilidade de vendas e pode configurar uma vantagem competitiva.

A administração financeira da empresa deve criar procedimentos e controles que evitem conceder prazos sem a devida autorização e conhecimento dos gestores responsáveis pela guarda dessa política. Outra forma de controle é monitorar as vendas em bases pelo menos diárias, isto é, ao final do dia, pode-se verificar dos pedidos de vendas fechados qual é o prazo médio praticado, quantos pedidos estão fora da política ideal, quem autorizou etc.

Um exemplo de relatório pode ser visto na Tabela 2.5.

**Tabela 2.5** Cálculo do Prazo Médio de Recebimento – Monitoramento diário das vendas

| Cliente | Valores | % | Prazo | Prazo Ponderado |
|---|---|---|---|---|
| A | $ 100 | 10% | 30 | 3 |
| B | $ 300 | 30% | 45 | 13,5 |
| C | $ 400 | 40% | 60 | 24 |
| D | $ 200 | 20% | 90 | 18 |
| **Total** | **$ 1.000** | **100%** | | **58,5** |

O prazo ponderado é obtido pela soma dos pesos (coluna em %) multiplicada pelo prazo da venda específica. A soma é o prazo médio.

### Prazo Médio de Recebimento

Calculado pelos balanços, representa uma estimativa do prazo médio de recebimento, e não necessariamente do faturamento.

### Operacionalização

$$\frac{\text{Contas a Receber (Saldo Médio)}}{\text{Receitas Brutas (Média Diária)}}$$

O profissional que atua na administração financeira da empresa pode fazer esse cálculo usando um saldo médio, considerando normalmente três meses, principalmente levando-se em conta o prazo médio.

### *Days Sales Outstanding* (DSO) ou Dias de Vendas em Contas a Receber

Normalmente é calculado pelo método do esgotamento, isto é, parte-se do saldo final e deduzem-se as últimas receitas brutas até esgotar o saldo, e então calculam-se os dias proporcionais, conforme exemplo da Tabela 2.6.

**Tabela 2.6** Cálculo do *Days Sales Outstanding*

| Descrição | Valores | Saldo | Dias de vendas |
|---|---|---|---|
| **Saldo de contas a receber** | **$ 3.000** | **$ 3.000** | |
| Receitas do último mês | $ 1.200 | $ 1.800 | 30 dias |
| Receitas do penúltimo mês | $ 1.100 | $ 700 | 30 dias |
| Receitas do antepenúltimo mês | $ 1.000 | | 21 dias (700/1.000) x 30 dias |
| **Dias de vendas em contas a receber** | | | **81 dias** |

## Prazo Médio de Estocagem

O prazo médio de estocagem representa a quantidade de dias desde a entrada da matéria-prima até a sua venda. Esse prazo pode ser desmembrado em prazo de estocagem de matérias-primas, de produtos em processo (ou prazo de produção) e de produtos acabados.

### Prazo médio de estocagem de matérias-primas
*Operacionalização*

$$\frac{\text{Estoques Médios de Matérias-primas}}{\text{Consumo de Matérias-primas (Média Diária)}}$$

*Utilização e comentários*

Esse prazo é afetado pelo tempo que os fornecedores demoram para reabastecer a empresa, e também pode ser influenciado pela política de estocagem que pode levar em conta aspectos estratégicos. Ou, ainda, em função dos lotes mínimos de fornecimento adotados pelos fabricantes das matérias-primas, e também por conta de limitações de estocagem, seja por questões financeiras, físicas ou de perecibilidade dos insumos.

### Prazo médio de estocagem de produtos em elaboração ou prazo de produção
*Operacionalização*

$$\frac{\text{Estoques Médios de Produtos em Elaboração}}{\text{Custo de Produção (Média Diária)}}$$

*Utilização e comentários*

Esse prazo é afetado pelo tipo de produto, uma vez que cada produto pode demandar diferentes etapas de produção, ou ainda processos de maturação do produto.

### Prazo médio de estocagem de produtos acabados
*Operacionalização*

$$\frac{\text{Estoques Médios de Produtos Acabados}}{\text{Custo dos Produtos Vendidos (Média Diária)}}$$

*Utilização e comentários*

Esse prazo é afetado pelo modo de produção (*make to order* ou *make to stock*, ou seja, produção por encomenda ou produção para estoque).

Outro aspecto que pode alterar o prazo é o nível de previsão das vendas futuras: se a empresa está se preparando para um crescimento de vendas, provavelmente o prazo de estocagem de produtos acabados irá aumentar, pois este é calculado com base nos custos dos produtos vendidos atuais.

**Prazo médio de estocagem – cálculo global**

Outra forma de calcular o prazo médio de estocagem é considerar todos os estoques, de forma global, sem destacar o tempo de matéria-prima, produção e produtos acabados.

*Operacionalização*

$$\frac{\text{Estoques Totais Médios}}{\text{Custos dos Produtos Vendidos (Média Diária)}}$$

*Days Sales Inventory* ou *Days Inventory Outstanding* (DIO) ou Dias de Vendas em Estoque

Os dias de vendas em estoque mostra, em relação às vendas atuais, por quantos dias o estoque é suficiente para suportar as vendas (método do esgotamento).

**Tabela 2.7**  *Days Sales in Inventory* ou Dias de Vendas em Estoque

| Descrição | Valores | Saldo | Dias de vendas |
|---|---|---|---|
| **Saldo de estoque** | $ 2.000 | $ 2.000 | |
| Custos dos Produtos Vendidos do último mês | $ 700 | $ 1.300 | 30 dias |
| Custos dos Produtos Vendidos do penúltimo mês | $ 600 | $ 700 | 30 dias |
| Custos dos Produtos Vendidos do último mês | $ 800 | | 26 dias (700/8.000) × 30 dias |
| **Dias de vendas em estoque** | | | 86 dias |

*Ciclo Operacional*

Conceitualmente representa uma estimativa de quantos dias demora para uma matéria-prima ser convertida em caixa, isto é, contando desde a data da entrada no almoxarifado da indústria até o prazo de recebimento.

**Considerando os prazos dos estoques de forma específica, temos que**

Ciclo Operacional = Prazo médio de estocagem de matéria-prima + Prazo médio de estocagem de produtos em elaboração + Prazo médio de estocagem de produtos acabados + Prazo médio de recebimento

**Considerando o prazo de estoque de forma global, temos**

Ciclo Operacional = Prazo médio de estocagem + Prazo médio de recebimento

### Prazo médio de pagamento de materiais

Representa em média em quantos dias a empresa paga seus fornecedores de matérias-primas. Não há que se falar aqui em salários, impostos, pois sobre estes não há possibilidade de gerenciamento, já que seguem os prazos definidos pela legislação.

*Operacionalização*

$$\frac{\text{Fornecedores Saldos Médios}}{\text{Compras Brutas (Média Diária)}}$$

Outra alternativa é usar os Custos dos Produtos Vendidos relativos às Matérias-primas.

### Ciclo de Caixa ou Ciclo Financeiro ou Ciclo de Conversão de Caixa (Cash Conversion Cycle)

Esses três termos, apesar de diferentes, têm o mesmo significado conceitual, que é quanto tempo o caixa fica exposto (quando o ciclo de caixa for positivo), ou quanto tempo o caixa tem uma folga (quando o ciclo de caixa for negativo).

*Operacionalização*

Ciclo de Caixa = Prazo Médio de Estocagem + Prazo Médio de Recebimento (–) Prazo Médio de Pagamento

Por isso, se positivo, a empresa acaba tendo que investir recursos para financiar o ciclo. Se negativo, a empresa tem os recursos cíclicos financiados pelos fornecedores.

**Em termos de avaliação de desempenho podem ser visualizados os gestores responsáveis por cada um dos prazos, consoante a Tabela 2.8.**

Tabela 2.8  Gestores responsáveis pelos prazos médios de estocagem, recebimento e pagamento

| Indicador | Responsabilidade | Contas contábeis |
|---|---|---|
| Prazo médio de estocagem de matérias-primas | Gestor de suprimentos | Estoques de Matérias-primas |
| Prazo Médio de estocagem de produtos em elaboração | Gestor de Produção | Estoques de Produtos em Elaboração |
| Prazo Médio de estocagem de produtos acabados | Gestor de Produção | Estoques de Produtos Acabados |
| Prazo Médio de Recebimento | Gestor de Vendas | Contas a Receber |
| Prazo Médio de Pagamento | Gestor de Compras | Fornecedores |

### Gestão de Working Capital

### Investimento em Capital de Giro, Necessidade de Capital de Giro (NCG), Working Capital

Todos esses termos representam o mesmo significado que são os recursos investidos para financiar o ciclo de estocagem, vendas, recebimento e pagamento aos fornecedores.

As principais contas que representam o investimento em capital de giro são Estoques, Contas a Receber e Fornecedores. Outras contas que podem influenciar o *working capital* e que são gerenciáveis são os Adiantamentos a Fornecedores e Adiantamentos de Clientes.

Uma outra forma de calcular o Investimento em Capital de Giro ou NCG é considerar os Ativos Circulantes Cíclicos (Ativos Circulantes menos Caixa e Equivalentes de Caixa e Aplicações Financeiras) menos os Passivos Circulantes Cíclicos (Passivo Circulante total menos Empréstimos e Financiamentos de Curto Prazo).

Algumas empresas classificam o Investimento em Capital de Giro em dois grandes blocos: Gerenciáveis e Não Gerenciáveis. Os gerenciáveis são representados por contas que sofrem influência dos gestores, os não gerenciáveis são divididos em dois blocos: as contas que apesar de serem influenciadas pela operação, como é o caso de impostos a recuperar ou impostos a recolher, salários e encargos sociais a recolher, despesas antecipadas, adiantamentos a funcionários; e as contas que são classificadas como Circulante, mas que de fato não são gerenciáveis, tampouco são influenciadas pela operação, que é o caso de dividendos a recolher ou parcela a pagar por compra de participações societárias.

### Operacionalização

Uma forma de avaliar a gestão do *working capital* é calcular esse valor em porcentagem das receitas líquidas.

**Tabela 2.9** Cálculo do *working capital* em percentual das vendas

|  | Saldos |
|---|---|
| Contas a Receber | 1.000 |
| + Estoques | 500 |
| (–) Fornecedores | 300 |
| = Working capital | 1.200 |
| Dividido pelas Receitas Líquidas | 24.000 |
| Working capital em % das Receitas Líquidas | 5% |

O *working capital* em montante absoluto oscila em função de dois eventos, alterações no ciclo de caixa, via prazo de estocagem, prazo de recebimento e prazo de pagamento, e também pela alteração no nível das receitas. Se nada for feito, mas as receitas crescerem, o investimento em *working capital* tende a aumentar na mesma proporção do crescimento das receitas, assim, uma forma de avaliar a gestão do *working capital* é quantificá-lo em proporção das receitas líquidas.

## 2.7 INDICADORES BASEADOS EM FLUXO DE CAIXA

Esses indicadores são baseados na demonstração do fluxo de caixa, mas confrontados com informações da DRE e do Balanço Patrimonial.

Eles são úteis para organizações que priorizaram o fluxo de caixa e não somente os resultados.

## Conversão de Caixa – Cash Conversion

Como o EBITDA é um número baseado no regime de competência, dificilmente o EBITDA de um período será convertido em caixa no mesmo período. Isso ocorre, pois as empresas concedem prazos para os clientes pagarem e ao mesmo tempo conseguem prazos para pagar os seus fornecedores, além de terem a sua própria política de estocagem.

Assim o Fluxo de Caixa das Operações, que é obtido pela soma dos Recebimentos dos Clientes (operacionais) menos os Pagamentos Operacionais (fornecedores, funcionários, impostos indiretos, imposto de renda, demais custos e despesas operacionais), geralmente está atrasado em relação ao EBITDA.

O *Cash Conversion* é calculado pela divisão do Fluxo de Caixa das Operações pelo EBITDA, e é um indicador com potencial de utilização por empresas de serviços.

Na Tabela 2.10 podem ser vistas diferentes configurações de Fluxo de Caixa das Operações.

**Tabela 2.10** Configurações do Fluxo de Caixa das Operações

|  | A | B | C | D | E | F |
|---|---|---|---|---|---|---|
| EBITDA | + | + | + | (–) | (–) | (–) |
| Variação do Investimento em Capital de Giro | (–) crescendo | (–) crescendo | + diminuindo | (–) crescendo | + diminuindo | + diminuindo |
| Pagamento de IR | (–) | (–) | (–) |  |  |  |
| = Fluxo de Caixa das Operações | + | (–) | + | (–) | (–) | + |

Para essas análises, o pagamento de IR não é importante, uma vez que reflete outras competências.

Na situação A, a empresa tem EBITDA positivo, está aumentando o investimento em capital de giro, e o fluxo de caixa das operações fica positivo. Isso quer dizer que a geração de caixa é mais que suficiente para bancar o crescimento do investimento em capital de giro. Situação desejável.

Na situação B, ocorre o contrário: apesar de ter geração de caixa positiva, esta é insuficiente para bancar o aumento do investimento em capital de giro, levando a um fluxo de caixa das operações negativo. Essa não é uma situação confortável e pode configurar o que na literatura se chama de Efeito Tesoura, quando a posição financeira de curto prazo, chamada também de Tesouraria, fica cada vez mais negativa, levando a empresa a ficar dependente de bancos de curto prazo.

Na situação C, a empresa tem geração de caixa positiva e ainda aumenta mais o fluxo de caixa, pois consegue diminuir os investimentos em capital de giro (como por exemplo diminuindo os estoques, o montante de contas a receber, ou aumentando os saldos de fornecedores).

Na situação D, a empresa consome caixa, e ainda, para piorar o fluxo de caixa, ela investe recursos para bancar o investimento em capital de giro, contribuindo para o tornar mais negativo ainda.

Já na situação E, consome caixa, mas agora ela consegue diminuir o investimento em capital de giro, minimizando o fluxo de caixa de operações, mas ainda negativo.

Por fim a situação F, apesar de consumir caixa, consegue ao final ficar com um fluxo de caixa das operações positivo. Uma situação provável é que ela esteja fazendo essa redução de investimento em capital de giro de forma artificial, isto é, prorrogando o prazo de pagamento a fornecedores, portanto não sustentável no longo prazo.

## Fluxo de Caixa Livre

Como já falado o Fluxo de Caixa de uma empresa é dividido por atividades a saber: Operações, Investimentos e Financiamentos. Operações representam o que de fato a empresa gerou ou consumiu em transações financeiras com clientes, fornecedores, gastos com pessoal, administrativos e impostos, ou seja, todas as transações operacionais. Investimentos são transações decorrentes do pagamento e recebimento por aquisições e vendas de ativos imobilizados, ativos intangíveis e participações societárias, respectivamente.

Assim, o ideal é que uma empresa tenha um Fluxo de Caixa positivo após conseguir pagar as suas transações de investimentos, de forma a poder cumprir seus compromissos com credores e distribuir dividendos aos acionistas. Mas o ponto que é necessário analisar é como esse fluxo de caixa está sendo obtido ou consumido; na seção anterior já foi feita uma análise do Fluxo de Caixa das Operações.

Considere as seguintes configurações de Fluxo de Caixa:

**Tabela 2.11** Análise do Fluxo de Caixa Livre

|  | A | B | C | D | E | F |
|---|---|---|---|---|---|---|
| Fluxo de Caixa das Operações | (–) | + | + | + | (–) | (–) |
| Fluxo de Caixa de Investimentos | (–) | (–) | (–) | + | + | + |
| = Fluxo de Caixa "livre" | (–) | + | (–) | + | (–) | + |

### Análise das diferentes configurações e conexões com ciclo de vida

Essas conexões usamos em nossas aulas, mas há um artigo que faz conexões com a teoria de ciclo de vida, usando a demonstração de fluxo de caixa, conforme proposto por Dickinson V. (2011)

Em termos de análises gerenciais, podemos tecer os seguintes comentários:

A) O fluxo de caixa das operações é negativo e a empresa tem que fazer investimentos. Provavelmente ela se encontra no início, uma *startup*.

B) Na situação B, o fluxo de caixa das operações passa para positivo e é suficiente para fazer frente aos investimentos, podendo amortizar dívidas ou distribuir dividendos. Provavelmente ela já estaria na situação de maturidade.

C) O fluxo de caixa das operações não é suficiente para fazer frente aos investimentos, nesse caso a empresa terá que usar recursos do caixa ou ainda tomar novos empréstimos ou aporte de capital de acionistas. Provavelmente ela está na fase de crescimento acelerado, que pode ser financiado com recursos de terceiros.

D) Nesse caso, apesar do FCO ser positivo, a empresa provavelmente está se desfazendo de operações que não são tão rentáveis, em uma estratégia de desinvestimento para se concentrar em algum segmento ou fazer aquisições em outro setor ou empresa. Provavelmente, mudança de foco de negócios ou priorização de rentabilidade.

E) Essa pode ser uma empresa que está em processo de reestruturação, mas, mesmo vendendo ativos, o fluxo de caixa livre ainda continua negativo, tendo que usar o caixa existente ou, caso não tivesse recursos, teria dificuldade de continuar operando.

F) A empresa também está em processo de reestruturação como a empresa D, mas ainda teria alguma condição de amortizar alguma dívida, podendo se manter viva, por exemplo dentro de um processo de recuperação judicial.

**Tabela 2.12** Indicadores financeiros: operacionalização, conceito e aplicabilidade

| Indicador | Operacionalização | Conceito | Situação Aplicável |
|---|---|---|---|
| Variação das Receitas Líquidas | $\dfrac{\text{Receita Líquida Atual}}{\text{Receita Líquida Anterior}}$ | Crescimento das Receitas | Foco em ganho de *Market-share* |
| Variação do Lucro Líquido | $\dfrac{\text{Lucro Líquido Atual}}{\text{Lucro Líquido Anterior}}$ | Crescimento do Lucro Líquido | Foco em crescimento do lucro líquido |
| Margem Bruta | $\dfrac{\text{Lucro Bruto}}{\text{Receita Líquida}}$ | Competência de precificação, produção | Investigar a competência de produção e de precificação – *mix* de valor agregado, escopo ou escala, processos de produção, poder de barganha junto aos fornecedores, volume de vendas, gestão de descontos |
| Despesas com Vendas % Receitas Líquidas | $\dfrac{\text{Despesas de Vendas}}{\text{Receita Líquida}}$ | Eficiência em gastos com vendas | Analisar a eficiência da gestão dos processos de marketing, distribuição, vendas, identificando a assertividade dos gastos com marketing, processos logísticos e eficiência e assertividade da equipe comercial, esforços de pré-venda e pós-venda e perdas de crédito |
| Despesas Gerais e Administrativas em % Receitas Líquidas | $\dfrac{\text{Despesas Gerais e Administrativas}}{\text{Receita Líquida}}$ | Eficiência em gastos com vendas | Medir a eficiência da gestão dos processos administrativos, como cobrança, RH processual, financeiro, contabilidade e controle, além de gastos com sede, diretoria e consultorias |

*(continua)*

*(continuação)*

| Indicador | Operacionalização | Conceito | Situação Aplicável |
|---|---|---|---|
| Margem EBIT | $$\frac{\text{EBIT}}{\text{Receita Líquida}}$$ | Eficiência Operacional | Medir a eficiência operacional, estimulando iniciativas no controle da margem bruta dos produtos e serviços e também da chamada SG&A – processos comerciais e administrativos |
| EBITDA em valor | EBITDA = EBIT + Depreciação ou Lucro Líquido estornando os efeitos tributários (IR e Contribuição Social), efeitos financeiros (resultado financeiro) e depreciação e amortização | Geração potencial de caixa oriunda das operações Ou geração de caixa | Mede a geração de caixa, útil para avaliar a gestão operacional de ações gerenciadas no próprio período, já que depreciação é reflexo de decisões anteriores de investimentos. Também é útil quando se tem o objetivo de vender a empresa no médio e longo prazos |
| Margem EBITDA | $$\frac{\text{EBITDA}}{\text{Receitas Líquidas}}$$ | Eficiência de geração de caixa | Indicador útil quando se quer enfatizar a eficiência de gerar caixa. Útil para comparar empresas do mesmo segmento em termos de eficiência de geração de caixa |
| EBITDA ajustado | EBITDA excluídos os itens não recorrentes como resultados na venda de imobilizado | Geração de caixa que reflete melhor a gestão da administração no período | Útil para mostrar o EBITDA mais controlável e que pode ser base para avaliação de desempenho e também para fins de projeção, pois exclui receitas e despesas não recorrentes como resultado na venda de imobilizado, ajuste por *impairment*, variação do valor justo de ativos biológicos, gastos com reestruturação, entre outros |
| Peso dos Juros | $$\frac{\text{Resultado Financeiro}}{\text{Receitas Líquidas}}$$ | Comprometimento das receitas com juros (se negativo) ou "turbina" a margem líquida, quando positivo | Quando negativo, significa quantos % das receitas líquidas são consumidos com despesas financeiras Quanto positivo, significa que a margem líquida será aumentada |

*(continua)*

*(continuação)*

| Indicador | Operacionalização | Conceito | Situação Aplicável |
|---|---|---|---|
| Cobertura de Juros | $\dfrac{\text{EBITDA}}{\text{Resultado Financeiro Negativo}}$ $\dfrac{\text{EBITDA}}{\text{Despesas Financeiras (Visão Conservadora)}}$ | Capacidade de a operação fazer frente aos juros | Significa quantas vezes a geração de caixa é cobrir os juros – não inclui o principal, por isso é comum que o mínimo seja de 2,5 x para empresas alavancadas e em crescimento – utilizado em *covenants* |
| Comprometimento do EBITDA com juros | $\dfrac{\text{Resultado Financeiro Negativo}}{\text{EBITDA}}$ $\dfrac{\text{Despesas Financeiras}}{\text{EBITDA (Visão Conservadora)}}$ | Quantos % da geração de caixa estão comprometidos com os juros | Indica o quanto a geração de caixa (potencial, uma vez que não é o fluxo de caixa) está comprometido com os juros (não inclui a amortização do principal) |
| Alíquota Efetiva | $\dfrac{\text{IR e Contribuição Social}}{\text{Lucro Antes do IR e CR}}$ | Competência tributária | Indica a competência tributária de fazer planejamentos e capacidade de conseguir incentivos fiscais – comparar com a alíquota máxima – geralmente 34% - também pode indicar um apetite maior ao risco tributário (teses agressivas) |
| Margem Líquida | $\dfrac{\text{Lucro Líquido}}{\text{Receitas Líquidas}}$ | Eficiência de transformar Receitas em Lucro Líquido (*top line* em *bottom line*) | Indica a competência de cobrir todos os recursos consumidos, exceto a remuneração do capital próprio. Empresas capitalizadas tendem a ter maior margem líquida versus empresas descapitalizadas |

*(continua)*

*(continuação)*

| Indicador | Operacionalização | Conceito | Situação Aplicável |
|---|---|---|---|
| Endividamento Geral | $$\frac{\text{Passivo Circulante + Passivo Não Circulante}}{\text{Ativo Total}}$$ | Utilização de capitais de terceiros | Indica quantos por cento dos ativos são financiados com recursos de terceiros. Por diferença se acha a participação de capital próprio no financiamento dos ativos |
| Composição do Endividamento | Passivo Circulante/(Passivo Circulante + Passivo Não Circulante) | Quantos % dos passivos vencem nos próximos 12 meses | Monitoramento do risco de curto prazo |
| Dívida Bruta | Empréstimos, Financiamentos e Debêntures de Curto e de Longo Prazo | Montante que a empresa deve aos bancos | Valor atualizado dos recursos colocados pelos bancos na empresa. Esse é o valor que está sujeito a incorrer em juros (exposição ao risco). Necessário identificar o cronograma de pagamento |
| Dívida Líquida | Dívida Bruta (Empréstimos, Financiamentos e Debêntures de Curto e de Longo Prazo) menos Caixa, Aplicações de Curto e de Longo Prazo | Montante líquido que a empresa deveria aos bancos, caso usasse os recursos aplicados para amortizar as dívidas | É um número importante a ser monitorado pelos bancos e pela administração da empresa. Montante líquido devido aos bancos. Utilizado como *covenant* pelos bancos. Muitas empresas, por risco de liquidez, preferem não amortizar as dívidas mesmo tendo caixa, outras, por questão de taxa de juros (rendimento da aplicação maior que custo da captação). Em empresas cuja dívida bruta é muito diferente da dívida líquida, é necessário ficar atento à volatilidade das aplicações financeiras e mesmo do caixa |

*(continua)*

*(continuação)*

| Indicador | Operacionalização | Conceito | Situação Aplicável |
|---|---|---|---|
| Alavancagem Tradicional | $\dfrac{\text{Dívida Líquida}}{\text{Patrimônio Líquido}}$ | Recursos de bancos em relação aos recursos próprios (acionistas) | Utilizado como *covenant* pelos bancos. Indica a estratégia financeira da empresa. Se a rentabilidade do investimento (ROI) for maior que o custo da dívida, seria aconselhável que a empresa aumentasse a alavancagem para gerar mais retorno ao capital dos acionistas |
| Liquidez Corrente | $\dfrac{\text{Ativo Circulante}}{\text{Passivo Circulante}}$ | Capacidade de pagar os passivos com os ativos realizáveis existentes no horizonte de 12 meses – curto prazo | Utilizado em *covenant* e também em licitações. Geralmente é exigido que seja maior que 1,2 ou 1,3, pois é esperado que as fontes de recursos de longo prazo (passivo não circulante e patrimônio líquido) superem os ativos de longo prazo (não circulante) |
| Liquidez Geral | $\dfrac{\text{Ativo Circulante + Ativo Realizável de Longo Prazo}}{\text{Passivo Circulante + Passivo Não Circulante}}$ | Capacidade de pagar os passivos com os ativos realizáveis existentes no horizonte de mais de 12 meses – curto e longo prazo | Liquidez de curto e longo prazo – é esperado que seja menor que 1, quando a empresa capta recursos de longo prazo para investimentos em imobilizado e intangível |
| Liquidez Seca | $\dfrac{\text{Ativo Circulante (–) Estoques}}{\text{Passivo Circulante}}$ | Capacidade de pagar os passivos de curto prazo, desconsiderando os estoques | Liquidez mais conservadora, útil para empresas cujos estoques estão mais sujeitos a perder valor e menor capacidade de converter em caixa |

*(continua)*

*(continuação)*

| Indicador | Operacionalização | Conceito | Situação Aplicável |
|---|---|---|---|
| Liquidez Imediata | Disponibilidades/Passivo Circulante | Capacidade de pagar os passivos com as disponibilidades existentes | Índice bastante conservador, útil para empresas que não têm receitas recorrentes |
| Dívida Líquida / EBITDA | Dívida Líquida = Dívida Bruta com Bancos (–) Caixa e Aplicações de Curto e Longo Prazos $$\frac{\text{Dívida Líquida}}{\text{EBITDA (Últimos 12 Meses)}}$$ | Alavancagem em termos de geração de caixa | Útil para avaliar a fragilidade financeira de uma firma – quanto maior o índice, mais frágil a situação financeira da empresa. Não deve ultrapassar um percentual em torno de 30 a 40% do valor da empresa (EV/EBITDA). Utilizado como *covenant* pelos bancos ou em contratos de diretoria com conselhoacionistas |
| Prazo Médio de Recebimento | $$\frac{\text{Contas a Receber (médio)}}{\text{Receitas Brutas (média diária)}}$$ | Quanto tempo demora para uma venda ser recebida | Útil para orientar comportamento de vendedores a pensar em receber e não somente em vender. Reflete também a qualidade do crédito |
| Prazo Médio de Estocagem | $$\frac{\text{Estoques (médio)}}{\text{Custos dos Produtos Vendidos (média diária)}}$$ | Quanto tempo demora para uma matéria-prima ser transformada em produto acabado e ser vendida | Útil para orientar o gerente de produção a pensar que a manutenção de estoque tem custos financeiros, além de custos de armazenagem. Qualidade do planejamento de produção (demanda *versus* produção) |
| Ciclo Operacional | Prazo de Estocagem + Prazo de Recebimento | Quanto tempo demora para uma matéria-prima ser convertida em caixa | Útil para orientar gerentes de produção e vendas a gerar melhoria nos processos de planejamento de vendas e produção |

*(continua)*

(continuação)

| Indicador | Operacionalização | Conceito | Situação Aplicável |
|---|---|---|---|
| Prazo Médio de Pagamento | Fornecedores (médio)<br>―――――――――――――――――――――――<br>Compras Brutas (média diária) ou CPV (média diária) | Quanto tempo demora para uma matéria-prima ser paga | Útil para orientar o gerente de compras a obter mais prazos de pagamento junto aos fornecedores. Cuidado na questão da taxa de juros cobrada pelos fornecedores |
| Ciclo de Caixa | Prazo de Estocagem + Prazo de Recebimento − Prazo de Pagamento | Quanto tempo o caixa fica exposto ou gera uma folga | Indicador base para remuneração, útil para induzir comportamentos orientados para caixa pelos gerentes de vendas, compras e de produção. Se desfavorável, investe recursos no ciclo. Se favorável, fornecedores e/ou clientes financiam o ciclo |
| *Working capital* Gerenciável | Contas a Receber + Estoques + Adiantamento a Fornecedores de Insumos (−) Fornecedores (−) Adiantamento de clientes | Quanto a empresa investe de recursos para bancar o capital de giro, ou é financiada – em valor absoluto | Indicador base para remuneração, útil para induzir comportamentos orientados para caixa pelos gerentes de vendas, compras e de produção. Se positivo, investe recursos no ciclo. Se negativo: fornecedores e/ou clientes financiam o ciclo |
| *Working capital* gerenciável em % das receitas | Contas a Receber + Estoques + Adiantamento a Fornecedores de Insumos (−) Fornecedores (−) Adiantamento de Cliente<br>―――――――――――――――――――――――<br>Receitas Líquidas | Quanto a empresa investe de recursos para bancar o capital de giro – como proporção das receitas | Indicador base para remuneração, útil para induzir comportamentos orientados para caixa pelos gerentes de vendas, compras e de produção |
| Necessidade de Capital de Giro (ampla) | Ativo Circulante Cíclico (−) Passivo Circulante Cíclico | Montante líquido de recursos investidos no giro ou fornecidos por fornecedores ou clientes | Útil para analisar os recursos em montante investidos no ciclo (giro), ou se negativo, fornecidos por fornecedores ou clientes |

(continua)

*(continuação)*

| Indicador | Operacionalização | Conceito | Situação Aplicável |
|---|---|---|---|
| ROI | $\dfrac{\text{Lucro Operacional (EBIT)} - (\text{IR \%} \times \text{EBIT})}{\text{Investimentos}}$ | Rentabilidade Operacional do Investimento | Estimular a rentabilidade operacional – no médio e longo prazo, o ROI tem que ser maior que o custo médio ponderado de capital (WACC) |
| ROI – Margem x giro | $\dfrac{\text{Lucro Operacional (EBIT)} - \text{IR \%}}{\text{Receitas Líquidas}} \times \dfrac{\text{Receitas Líquidas}}{\text{Investimentos}}$ | Alavancas da Rentabilidade Eficiência *versus* Produtividade | Útil para identificar se as oportunidades estão do lado da eficiência (margem NOPAT) ou da produtividade do investimento (gestão do *working capital* ou produtividade do imobilizado e do intangível) |
| EVA – *economic value added* | $(\text{ROI} - \text{WACC}) \times \text{Investimento}$ | Lucro Econômico | Sensibilizar os gestores do conceito de custo de oportunidade → riqueza gerada para o acionista – continua sendo um indicador de curto prazo |
| $\dfrac{\textit{Enterprise Value}}{\text{EBITDA}}$ | *Enterprise Value* = Dívida Líquida + Valor de Mercado $\dfrac{\text{EV}}{\text{EBITDA}}$ | Valor da empresa como múltiplo de EBITDA | Útil para comparar empresas do mesmo setor e estimular comportamentos de longo prazo. Indica também as empresas que estão mais precificadas |
| $\dfrac{\text{Preço}}{\text{Lucro}}$ | $\dfrac{\text{Preço da Ação}}{\text{Lucro Anual por Ação}}$ | Preço da ação como múltiplo de Lucro Líquido | Útil para comparar empresas do mesmo setor e estimular comportamentos de longo prazo. Indica também as empresas que estão mais precificadas |

## 2.8 INDICADORES NÃO MONETÁRIOS

Indicadores Não Monetários são importantes para detectar tendências no desempenho de médio e longo prazos da empresa e também para evitar que os gestores sejam orientados somente para obter desempenhos de curto prazo, com isso prejudicando a continuidade da organização. Eles são particularmente importantes em empresas com um ciclo longo de investimento ou mesmo de pesquisa e desenvolvimento, ou ainda intensivas em capital humano, pois essas empresas precisam fazer investimentos ou gastos que prejudicam o desempenho de curto prazo, mas são necessários para obter desempenho no longo prazo.

Por exemplo, se uma empresa de consultoria tem um índice de atratividade de novos funcionários, medido pela relação candidato/vaga, no médio e longo prazos ela terá problemas com a qualidade dos serviços, com impacto nas receitas e efeitos colaterais. O mesmo pode ocorrer com indústrias farmacêuticas ou empresas de celulose, cujo ciclo é em média em torno de 7 anos, entre o plantio e a colheita.

Eles podem ser alocados às perspectivas de desempenho propostas por Kaplan e Norton (1992) como aprendizagem, clientes, processos, mas também incluir outras dimensões.

**Tabela 2.13**  Exemplos de Indicadores não financeiros

| Aprendizagem e pessoas | Clientes | Processos | Sociedade |
|---|---|---|---|
| Satisfação dos colaboradores Retenção de colaboradores Desenvolvimento acadêmico e prático de colaboradores | Preferência Satisfação dos clientes Número de reclamações nas redes sociais | Tempo de atendimento % de perdas no varejo | Quantidade de dias sem acidentes de trabalho, danos e riscos ambientais, diversidade, desigualdade, imagem da empresa mensurada por pesquisa etc. |

O cuidado a ser tomado reside no dilema da quantidade-abrangência *versus* a capacidade cognitiva dos colaboradores em controlá-los.

Outra questão é que esses indicadores não monetários podem ser classificados em indicadores de processos e indicadores de resultados ou antecedentes e consequentes, também chamado de *leading* ou *lagging indicators*.

Um exemplo: para ter uma carteira de pedidos, é necessário que alguns processos anteriores tenham que ser executados, como visitas aos clientes. Outro exemplo é o nível de defeitos de produção: para que seja atingido, é necessário que a organização execute alguns processos antes como certificação de fornecedores, máquinas em condições de utilização.

EXERCÍCIO RESOLVIDO

**Indicadores de Desempenho e Situações Organizacionais**

A literatura acadêmica afirma que os indicadores variam ao longo do ciclo de vida de uma organização. Considerando que o propósito dos indicadores de desempenho é orientar/

influenciar o comportamento dos gestores, escolha para cada intenção o indicador mais apropriado, assinalando na coluna Resposta a letra da alternativa de intenção que corresponde a cada indicador.

| Característica – intenção | Resposta | Indicador |
|---|---|---|
| Estimular a perpetuidade da empresa por meio de atração de novos talentos | | EVA |
| Acionistas querem incluir uma cláusula no contrato que limite a alavancagem da empresa | | MARGEM EBIT |
| Empresa *startup* com foco em *Market-share* | | Relação candidato/vaga |
| Estimular eficiência operacional | | Crescimento das Receitas |
| Estimulara a geração de caixa em valor absoluto, pensando em vender a empresa com base em múltiplos | | $\dfrac{\text{Dívida Líquida}}{\text{EBITDA}}$ |
| Estimular redução do investimento em *working capital* | | EBITDA |
| Estimular a eficiência de gerar caixa | | Cobertura de Juros |
| Foco na geração de valor para o investidor do mercado de capitais | | *Working capital* dividido pelas Receitas Líquidas |
| Empresa quer dar autonomia aos gestores de unidades de negócios, fazendo com que eles se sintam responsáveis pela gestão dos investimentos (capital de giro e imobilizado) e resultados (receitas e despesas) | | Variação do Preço de Ação |
| Sensibilizar os gestores para o conceito de custo de capital próprio | | ROI |
| Estimular a melhoria dos processos de vendas, logísticos e marketing | | G&A % Receitas |
| Estimular a melhoria dos processos administrativos | | $\dfrac{\text{Despesas de Vendas}}{\text{Receitas}}$ |
| Uma boa base para remuneração dos vendedores para orientá-los a vendas com resultados | | Margem Bruta |
| Estimular os gestores operacionais a pensar em cobrir os juros | | Margem EBITDA |

## RESPOSTAS SUGERIDAS

| Característica – intenção | Indicador |
|---|---|
| Estimular a perpetuidade da empresa por meio de atração de novos talentos | Relação candidato/vaga, Indicações positivas em *sites* de opiniões de colaboradores e ex-colaboradores |
| Acionistas querem incluir uma cláusula no contrato que limite a alavancagem da empresa | Dívida Líquida sobre EBITDA ou dívida líquida sobre patrimônio líquido |
| Empresa *startup* com foco em *Market-share* | Crescimento das Receitas, % de regiões atendidas, quantidade de novos clientes, entre outras |
| Estimular eficiência operacional | Margem EBIT $\left( \dfrac{EBIT}{Receitas\ Líquidas} \right)$ |
| Estimular a geração de caixa em valor absoluto, pensando em vender a empresa com base em múltiplos | EBITDA (várias transações de venda de empresas utilizam o EBITDA como base para cálculo do valor da empresa) |
| Estimular redução do investimento em *working capital* | $\dfrac{Working\ Capital}{Receitas\ Líquidas}$ |
| Estimular a eficiência de gerar caixa | Margem EBITDA |
| Foco na geração de valor para o investidor do mercado de capitais | $\dfrac{Variação\ de\ Preço\ de\ Ação + Dividendos\ Recebidos}{Preço\ Pago}$ |
| Empresa quer dar autonomia aos gestores de unidades de negócios, fazendo com que eles se sintam responsáveis pela gestão dos investimentos (capital de giro e imobilizado) e resultados (receitas e despesas) | ROI (gestores são responsáveis pelo capital investido, podendo agir sobre prazos de recebimento, decisões de investimento em imobilizado, etc. e também pelo resultado, abrangendo receitas, custos e despesas, portanto, podem agir sobre diversas variáveis como volume, preços, pessoal etc.) |
| Sensibilizar os gestores para o conceito de custo de capital próprio | EVA (considera o custo de oportunidade no resultado econômico) |
| Estimular a melhoria dos processos de vendas, logísticos e marketing | $\dfrac{Despesas\ de\ Vendas}{Receitas\ Líquidas}$ (abrange gastos com logística, marketing e equipe de vendas) |
| Estimular a melhoria dos processos administrativos | G&A % Receitas (despesas gerais e administrativas em % das receitas) |

*(continua)*

(*continuação*)

| Característica – intenção | Indicador |
|---|---|
| Uma boa base para remuneração dos vendedores para orientá-los a vendas com resultados | Margem Bruta (se o vendedor, para vender, der descontos, isso irá diminuir o lucro bruto e a margem bruta) |
| Estimular os gestores operacionais a pensar em cobrir os juros | Cobertura de Juros $\left( \dfrac{EBITDA}{Despesas\ Financeiras} \right)$ |

### PARA REFLETIR UM POUCO MAIS

Quais seriam os indicadores mais aplicáveis para estimular o comportamento dos gestores de produção, compras e vendas, a pensar em fluxo de caixa?

Por que apesar das críticas o EBITDA é ainda bastante utilizado pelas empresas?

# 3 ANÁLISE DA EMPRESA

uqr.to/19yaf

Assista ao vídeo *Análise da empresa*.

## MINICASO

A chefe da Catarina pediu a ela uma análise evolutiva da empresa, em relação ao ano passado.

– Cat – disse ela amistosamente –, as demonstrações contábeis necessárias para você fazer a análise estão na pasta compartilhada. Por favor, preciso de uma análise dos principais aspectos para apresentar ao conselho. Mande antes para mim, que preciso revisar e complementar, caso seja necessário.

## QUESTÕES

No seu entendimento, o que significa analisar uma demonstração contábil? Qual o objetivo dessa análise?

## OBJETIVOS DE APRENDIZAGEM

Ao final deste capítulo, é esperado que o leitor possa:
- entender como analisar diferentes aspectos da empresa utilizando as demonstrações contábeis;
- analisar criticamente a evolução do lucro, caixa, rentabilidade, endividamento e liquidez de uma empresa;
- entender como aspectos de gestão (operações, estratégia, mercado), influenciam as demonstrações contábeis.

## 3.1 ROTEIRO DE ANÁLISE

Desenvolvemos uma sequência que pode ser utilizada para analisar as demonstrações contábeis de uma empresa.

**1) Aproximação inicial**

Identifique a empresa em termos de setor, produtos, mercados e tamanho e verifique se as demonstrações contábeis não têm ressalvas no parecer dos auditores independentes, quando aplicável.

**2) Analise o Balanço Patrimonial – Ativo**

Identifique quais contas são mais relevantes – análise vertical –, considere o ativo total em 100%.

Identifique quais contas sofreram maiores variações – de um período para o outro, para identificar crescimento ou declínio.

Entenda se a empresa é mais investidora em *working capital*, em capital fixo, ou em ambos. Verifique.

**3) Analise o Balanço Patrimonial – Passivo e Patrimônio Líquido**

Identifique quais contas são mais relevantes – análise vertical –, considere a soma do passivo e do patrimônio líquido como 100%.

Identifique quais contas sofreram maiores variações – de um período para o outro, para identificar crescimento ou declínio.

Entenda se a empresa tem como estratégia se financiar com terceiros ou com capital próprio.

Entenda se a empresa se financia com recursos de terceiros de curto ou de longo prazo.

**4) Identifique *gaps* de recursos**

Volte para o Ativo e analise se há algum descasamento entre os investimentos de longo prazo e as fontes de recursos de longo prazo (nesse caso, considere o passivo não circulante e o Patrimônio Líquido como fonte de recursos de longo prazo)

Em linhas gerais, o ativo circulante deveria ser maior que o passivo circulante.

## 5) Monte o Balanço sob a ótica financeira

É mais fácil calcular os Investimentos pelo lado das Fontes, já que existe a igualdade entre esses dois grupos. Sempre que possível utilize 3 anos para efeito de comparação.

**Tabela 3.1** Cálculo dos Ativos Líquidos e das Fontes de Financiamento

| | | |
|---|---|---|
| Ativo total | | |
| (–) Caixa, Aplicações Financeiras de Curto e Longo prazo | | |
| = Ativo Líquido | | |
| Passivo Circulante + Passivo Não Circulante | | |
| (–) Empréstimos de Curto e Longo Prazo | | |
| = Passivo Operacional | | |
| Investimentos = Ativo Líquido (–) Passivo Operacional | | |
| Empréstimos de Curto Prazo | | |
| + Empréstimos de Longo Prazo | | |
| (–) Caixa, Aplicações Financeiras de Curto e Longo Prazo | | |
| = Dívida Líquida | | |
| + Patrimônio Líquido | | |
| | | |
| Fontes = Dívida Líquida + Patrimônio Líquido | | |

## 6) Calcule o Lucro Operacional Líquido de IR

**Tabela 3.2** Cálculo do NOPAT

| | | |
|---|---|---|
| EBIT | | |
| (–) IR % – alíquota efetiva<br><br>Alíquota efetiva = $\dfrac{\text{IR e CS}}{\text{LAIR}}$ | | |
| = Lucro Operacional Líquido de IR<br>Ou *Net Operating Profit After Tax* (NOPAT) | | |

7) Calcule o ROI e no Modelo Du Pont

**Tabela 3.3**  Cálculo do ROI com base do NOPAT

| NOPAT | | |
|---|---|---|
| Dividido pelas Receitas Líquidas | | |
| = Margem NOPAT | | |
|  | | |
| Receitas Líquidas | | |
| Dividido pelos Investimentos | | |
| = Giro | | |
| ROI = Margem × Giro | | |
|  | | |
| NOPAT | | |
| Dividido pelos Investimentos | | |
| = ROI | | |

8) Calcule o ROE

**Tabela 3.4**  Cálculo do ROE

| Lucro Líquido | | |
|---|---|---|
| Dividido pelo Patrimônio Líquido | | |
| = ROE | | |

Compare com o ROI e com alguma rentabilidade de algum ativo financeiro como Títulos da Dívida Pública, por exemplo.

9) Calcule o Custo Financeiro da Dívida

**Tabela 3.5**  Cálculo do Custo da Dívida

| Resultado Financeiro Negativo | | |
|---|---|---|
| (–) Economia Fiscal dos Juros – IR % | | |
| Resultado Financeiro Líquido de Impostos | | |
| Dividido pela Dívida Líquida | | |
| = Custo Financeiro da Dívida em % | | |

## 10) Concilie o ROE a partir do ROI

**Tabela 3.6** Cálculo do ROE a partir do ROI

| | | |
|---|---|---|
| ROI | | |
| + Resultado da Diferença entre ROI (–) Custo Financeiro da Dívida | | |
| × Alavancagem (Dívida Líquida dividido pelo Patrimônio Líquido) Financeiro Líquido de Impostos | | |
| = ROE | | |

## 11) Apure o Custo Médio Ponderado de Capital

**Tabela 3.7** Cálculo do Custo Médio Ponderado de Capital

| | | |
|---|---|---|
| Custo da Dívida | | |
| $\times \left[ \dfrac{\text{Dívida Líquida}}{(\text{Dívida Líquida} + \text{Patrimônio Líquido})} \right]$ | | |
| = Peso Ponderado do Custo da Dívida | | |
| Custo do Capital Próprio | | |
| $\times \left[ \dfrac{\text{Patrimônio Líquido}}{(\text{Dívida Líquida} + \text{Patrimônio Líquido})} \right]$ | | |
| = Peso Ponderado do Custo de Capital Próprio | | |
| = Custo Médio Ponderado de Capital (*Weighted Average Cost of Capital*) | | |

## 12) Calcule o Lucro Econômico

**Tabela 3.8** Cálculo do Lucro Econômico

| | | |
|---|---|---|
| ROI | | |
| (–) WACC | | |
| = Diferença | | |
| × Investimentos | | |
| = Lucro Econômico | | |
| Ou de outra forma | | |
| Lucro Líquido | | |
| (–) Custo do Capital Próprio em $ % × Patrimônio Líquido | | |
| = Lucro Econômico ou EVA | | |

## 12) Calcule o MVA e o Valor de Mercado a partir dos dados contábeis

**Tabela 3.9** Cálculo do MVA e do Valor de Mercado

| | | |
|---|---|---|
| Lucro Econômico ou EVA | | |
| Dividido pelo WACC | | |
| = *Market Value Added* (a partir de valores históricos) | | |
| + Patrimônio Líquido | | |
| = Valor de Mercado (*Market Capitalization* ou *Market Cap*) | | |
| Compare com o Valor de Mercado (preço das ações na Bolsa × quantidade de ações) *Market Capitalization* | | |

## 13) Calcule o *Enterprise Value* e o EV/EBITDA

**Tabela 3.10** Cálculo do *Enterprise Value* em valor e em múltiplo do EBITDA

| | | |
|---|---|---|
| Valor de Mercado (*Market Capitalization* ou *Market Cap*) | | |
| + Dívida Líquida | | |
| = *Enterprise Value* | | |
| dividido pelo EBITDA | | |
| $\dfrac{EV}{EBITDA}$ | | |

## 14) Análise do DRE

**Tabela 3.11**   Análise do DRE

| Evolução | Análise | | |
|---|---|---|---|
| Receitas Líquidas | Comparar com PIB e Inflação, Setor, Crescimento Físico | | |
| Lucro Líquido | Geralmente oscila mais que a variação das receitas | | |
| Margem Líquida | Reflete a eficiência de remunerar todos os recursos (exceto capital próprio) | | |
| Hipótese Tributária | Verificar se houve alteração na alíquota efetiva | | |
| Alíquota efetiva de IR e CS $$\frac{\text{IR e CS}}{\text{LAIR}}$$ | Comparar com alíquota máxima 34% (exceto bancos) – indica planejamento tributário | | |
| Hipótese Financeira | Verificar se foi o peso dos juros que explica a variação na margem líquida | | |
| $$\frac{\text{Peso dos Juros – Resultado Financeiro}}{\text{Receitas Líquidas}}$$ | Indica quantos % da receita estão comprometidos com os encargos financeiros – se positivo, aumenta a margem líquida | | |
| EBITDA = EBIT + Depreciação (Demonstração do Fluxo de Caixa) | Geração Potencial de Caixa originada pela operação da empresa ou simplesmente Geração de caixa | | |
| $$\frac{\text{Cobertura de Juros – EBITDA}}{\text{Resultado Financeiro}}$$ | Indica a capacidade de a operação fazer frente aos juros (aplicável somente se resultado financeiro for negativo) | | |

*(continua)*

(*continuação*)

| Evolução | Análise | | |
|---|---|---|---|
| Margem EBITDA $$\frac{\text{EBITDA}}{\text{Receitas Líquidas}}$$ | Eficiência de Gerar Caixa | | |
| Hipótese Operacional | Verificar se a eficiência operacional explica a variação na margem líquida | | |
| Margem EBIT $$\frac{\text{EBIT}}{\text{Receitas Líquidas}}$$ | Eficiência Operacional | | |
| Hipótese Produção, Vendas, *Mix*, Preços | Verificar se a variação na eficiência operacional é explicada pelos produtos | | |
| Margem Bruta $$\frac{\text{Lucro Bruto}}{\text{Receitas Líquidas}}$$ | Competência de *Mix*, Preços, Produção | | |
| Hipótese Processos | Verificar se a variação na eficiência operacional é explicada pelas despesas operacionais | | |
| Despesas Operacionais (*Selling, General and Administrative* – SG&A % Receitas) | Gestão das Despesas (processos logísticos, comerciais, administrativos) | | |
| $$\frac{\text{Despesas com Vendas}}{\text{Receitas Líquidas}}$$ | Processos logísticos e comerciais | | |
| $$\frac{\text{Despesas Administrativas}}{\text{Receitas Líquidas}}$$ | Processos administrativos | | |
| $$\frac{\text{Outras Receitas e Despesas}}{\text{Receitas Líquidas}}$$ | Itens não recorrentes que afetaram o resultado | | |

## 15) Análise do Endividamento

**Tabela 3.12** Análise do Endividamento

| Endividamento | | | |
|---|---|---|---|
| Passivo Circulante | | | |
| + Passivo Não Circulante | | | |
| = Total de Passivo | | | |
| Dividido pelo Ativo Total | | | |
| **= Endividamento geral** | Quantos % dos ativos são financiados por capital de terceiros | | |
| | | | |
| Empréstimos de Curto Prazo | | | |
| Debêntures de Curto Prazo | | | |
| **= Dívida de Curto Prazo** | Dívida com bancos vencíveis até 360 dias | | |
| Empréstimos de Longo Prazo | | | |
| Debênture Longo Prazo | | | |
| **= Dívida de Longo Prazo** | Dívida com bancos vencíveis após 360 dias | | |
| **= Dívida Bruta** | Total da dívida com mercado financeiro | | |
| (–) Caixa e Equivalentes | | | |
| (–) Aplicações Financeiras – Curto Prazo | | | |
| (–) Aplicações Financeiras – Longo Prazo | | | |
| **= Dívida Líquida** | Dívida líquida com mercado financeiro | | |
| **dividido pelo Patrimônio Líquido** | | | |
| $= \dfrac{\text{Dívida Líquida}}{\text{PL}}$ | Tradicional Alavancagem – recursos de bancos versus recursos aportado por acionistas | | |

16) Análise da Liquidez e Solvência

**Tabela 3.13** Análise da Liquidez

| Liquidez Corrente | Capacidade de pagar os passivos de curto prazo | | |
|---|---|---|---|
| Ativo Circulante | | | |
| Dividido pelo Passivo Circulante | | | |
| Liquidez Geral $\left(\dfrac{\text{Ativos Realizáveis}}{\text{Passivos Exigíveis}}\right)$ | Capacidade de pagar os passivos de curto e longo prazo | | |
| Ativo circulante | | | |
| + Ativo Realizável a Longo Prazo | | | |
| = Ativos Realizáveis | | | |
| Passivo Circulante | | | |
| + Passivo Não Circulante | | | |
| = Passivo Exígivel | | | |
| "Alavancagem" $\left(\dfrac{\text{Dívida Líquida}}{\text{EBITDA}}\right)$ | Quantos EBITDAs estão comprometidos com os bancos | | |
| Dívida Líquida | | | |
| dividido por EBITDA (últimos 12 meses) | | | |

17) Análise da Gestão do *Working Capital* e do Ciclo de Caixa

**Tabela 3.14** Análise da Gestão do *Working Capital* e do Ciclo de Caixa

| Contas a Receber | | | |
|---|---|---|---|
| Dividido Receitas Brutas Diárias | | | |
| **= Prazo Médio de Recebimento** | | | |
| Estoques | | | |
| Dividido pelo CPV diário | | | |
| **= Prazo Médio de Estocagem** | | | |
| **= Ciclo Operacional (recebimento + estocagem)** | | | |
| Fornecedores | | | |
| Dividido CPV diário ou compras brutas diárias | | | |
| **= Prazo Médio de Pagamento** | | | |

(continua)

(continuação)

| = Ciclo de Caixa ou Ciclo Financeiro (Prazo de recebimento + Prazo de estocagem – Prazo de pagamento) | | | |
|---|---|---|---|
| | | | |
| Contas a Receber | | | |
| + Estoques | | | |
| (–) Fornecedores | | | |
| **= Investimento em Capital de Giro ou Necessidade de Capital de Giro (NCG)** | | | |
| Dividido pelas Receitas Líquidas | | | |
| **= NCG em % das Receitas Líquidas** | | | |
| | | | |
| Ativo Circulante | | | |
| (–) Caixa e Aplicações Financeiras | | | |
| = Ativo Circulante Cíclico | | | |
| Passivo Circulante | | | |
| (–) Empréstimos de Curto Prazo | | | |
| = Passivo Circulante Cíclico | | | |
| **= NCG ampla = Ativo Circulante Cíclico – Passivo Circulante Cíclico** | | | |

18) Análise do Fluxo de Caixa

**Tabela 3.15** Análise do Fluxo de Caixa

| *Cash Conversion* | | | |
|---|---|---|---|
| Fluxo de Caixa das Operações (excluído efeito de juros de empréstimos e financiamentos) | | | |
| Dividido pelo EBITDA | | | |
| = *Cash Conversion* | Indica a capacidade de a empresa converter em caixa a geração potencial de caixa | | |
| **Análise do Fluxo de Caixa das operações** | Mostra como o fluxo de caixa das operações foi gerado, incluindo o efeito da gestão da NCG ou *working capital* | | |

(continua)

(continuação)

| | |
|---|---|
| **EBITDA** | |
| **Variação da NCG ou *working capital*** | Se o *working capital* aumentou, inverte-se o sinal e vice-versa |
| **Pagamento de IR** | |
| **Outras variações** | |
| **= Fluxo de Caixa das Operações** | |
| **Análise Gerencial do Fluxo de Caixa** | Mostra possíveis estágios do ciclo de vida da empresa |
| **Fluxo de Caixa das Operações** | |
| **Fluxo de Caixa de Investimentos** | |
| **= "Fluxo de Caixa Livre"** | |
| **Fluxo de Caixa de Financiamentos**<br>Pagamento de Dividendos<br>Aporte ou Devolução de Capital<br>Novos Empréstimos<br>Pagamento de Empréstimos | |

## EXERCÍCIO RESOLVIDO

Análise das Demonstrações EMPRESA INDUSTRIAL BRASILEIRA (EIB) – empresa fictícia

**Demonstrações contábeis**

**Tabela 3.16** Demonstrações Contábeis

EMPRESA INDUSTRIAL BRASILEIRA

| DRE | X10 | X11 |
|---|---|---|
| Receitas Líquidas | $ 3.168 | $ 3.643 |
| Custos dos Produtos Vendidos | $ 1.992 | $ 2.144 |
| Lucro Bruto | $ 1.176 | $ 1.499 |
| Despesas Operacionais | $ 684 | $ 971 |
| EBIT | $ 492 | $ 528 |
| Despesas Financeiras Líquidas | $ 173 | $ 255 |
| LAIR | $ 319 | $ 273 |
| IR e CSLL | $ 96 | $ 82 |
| Lucro Líquido | $ 224 | $ 191 |

**Tabela 3.17** Balanço

| BALANÇO | X10 | X11 |
|---|---|---|
| Disponibilidades | $ 158 | $ 180 |
| Contas a Receber | $ 634 | $ 1.011 |
| Estoques | $ 498 | $ 472 |
| **Ativo Circulante** | **$ 1.290** | **$ 1.663** |
| **Imobilizado** | **$ 3.000** | **$ 3.100** |
| **Total Ativo** | **$ 4.290** | **$ 4.763** |
| Fornecedores | $ 299 | $ 360 |
| Empréstimos Curto Prazo | $ 100 | $ 300 |
| IR a Pagar | $ 57 | $ 49 |
| **Passivo Circulante** | **$ 456** | **$ 709** |
| Empréstimos Longo Prazo | $ 1.284 | $ 1.400 |
| **Passivo Não Circulante** | **$ 1.284** | **$ 1.400** |
| **Patrimônio Líquido** | **$ 2.550** | **$ 2.654** |
| **Total Passivo e Patrim. Líquido** | **$ 4.290** | **$ 4.763** |

**Estratégia de financiamento e liquidez e solvência**

**Tabela 3.18** Estratégia de Financiamento e Liquidez e Solvência

| | X10 | X11 |
|---|---|---|
| Empréstimos curto prazo | $ 100 | $ 300 |
| + Empréstimos longo prazo | $ 1.284 | $ 1.400 |
| = DEBT | $ 1.384 | $ 1.700 |
| (–) Disponibilidades | $ 158 | $ 180 |
| = NET DEBT ou dívida líquida | $ 1.226 | $ 1.520 |
| Patrimônio Líquido (*equity*) | $ 2.550 | $ 2.654 |
| $\dfrac{\text{dívida líquida}}{\text{patrimônio líquido}}$ ou $\dfrac{\text{NET DEBT}}{\text{EQUITY}}$ | 48% | 57% |
| Composição do Endividamento | 7% | 17% |
| Empréstimos curto prazo | $ 100 | $ 300 |
| Dividido por total de empréstimos | $ 1.384 | $ 1.700 |
| Ativo Crculante | $ 1.290 | $ 1.663 |
| Dividido por Passivo Circulante | $ 456 | $ 709 |
| **Liquidez Corrente** | **2,8** | **2,3** |
| *NET DEBT* ou dívida líquida | $ 1.226 | $ 1.520 |
| EBITDA | $ 792 | $ 838 |
| $\dfrac{\text{dívida líquida}}{\text{EBITDA}}$ | **1,5X** | **1,8X** |

## Memória de cálculo do EBITDA

**Tabela 3.19** Memória de cálculo do EBITDA

| EBIT | $ 492 | $ 528 |
|---|---|---|
| + Depreciação (inf. da DFC*) | $ 300 | $ 310 |
| EBITDA | $ 792 | $ 838 |

*não fornecida

## Análise das margens

**Tabela 3.20** Análise das Margens

|  | X10 | X11 |  |
|---|---|---|---|
| **Receitas Líquidas** | $ 3.168 | $ 3.643 | 15% |
| Lucro Bruto | $ 1.176 | $ 1.499 |  |
| Receitas Líquidas | $ 3.168 | $ 3.643 |  |
| **= MARGEM BRUTA** | 37% | 41% | 4% |
| Despesas Operacionais | $ 684 | $ 971 |  |
| Receitas Líquidas | $ 3.168 | $ 3.643 |  |
| DESPESAS / RECEITAS | 22% | 27% | 5% |
| EBIT | $ 492 | $ 528 |  |
| Receitas Líquidas | $ 3.168 | $ 3.643 |  |
| **MARGEM EBIT** | 16% | 15% | – 1% |
| **EBITDA** | $ 792 | $ 838 |  |
| **Receitas Líquidas** | $ 3.168 | $ 3.643 |  |
| **MARGEM EBITDA** | 25% | 23% | – 2% |
| Lucro Líquido | $ 224 | $ 191 |  |
| Receitas Líquidas | $ 3.168 | $ 3.643 |  |
| **MARGEM LÍQUIDA** | 7% | 5% | – 2% |

**Tabela 3.21** Cobertura de Juros

| cobertura de juros: EBITDA / Despesas financeiras |  |  |
|---|---|---|
|  | 4,58 | 3,29 |

## Análise da rentabilidade

**Tabela 3.22**  Análise da rentabilidade

| ROE (LL/PL) | 9% | 7% |
|---|---|---|
| Lucro Líquido | $ 224 | $ 191 |
| PATRIMÔNIO LÍQUIDO | $ 2.550 | $ 2.654 |

**Tabela 3.23**  Cálculo do NOPAT

| EBIT | $ 492 | $ 528 |
|---|---|---|
| (–) IR 30% | $ 148 | $ 159 |
| = NOPAT | $ 345 | $ 370 |

**Tabela 3.24**  Cálculo do ROI ou *Return on Invested Capital*

| DÍVIDA LÍQUIDA | $ 1.226 | $ 1.520 |
|---|---|---|
| + *EQUITY* | $ 2.550 | $ 2.654 |
| = *INVESTED CAPITAL* | $ 3.775 | $ 4.174 |
| $ROIC = \dfrac{NOPAT}{INVESTED\ CAPITAL}$ | 9,1% | 8,9% |

## Análise da dinâmica financeira

**Tabela 3.25**  Análise da dinâmica financeira

| Prazo médio de recebimento | 72 | 100 | variação 28 |
|---|---|---|---|
| Contas a receber | $ 634 | $ 1.011 | |
| Receitas líquidas | $ 3.168 | $ 3.643 | |
| Prazo médio de estocagem | 90 | 79 | – 11 |
| Estoques | $ 498 | $ 472 | |
| CPV | $ 1.992 | $ 2.144 | |
| Prazo médio de pagamento | 4 | 60 | 6 |
| Fornecedores | $ 299 | $ 360 | |
| CPV | $ 1.992 | $ 2.144 | |
| = Ciclo de caixa | 108 | 119 | 11 |
| | | | |
| NCG (contas a receber + estoques – fornecedores) | $ 833 | $ 1.123 | |
| $\dfrac{NCG}{Receitas\ Líquidas}$ | 26% | 31% | |
| Ciclo de caixa em dias de receitas líquidas | 95 | 111 | 16 |

## Comentários e análises

As receitas cresceram 15%, o que representa um crescimento real da ordem de 10%, descontada a inflação, enquanto o PIB cresceu somente 2%, indicando um aumento real de vendas.

Por conta de possíveis melhorias nos custos de produção, melhor *mix* de produtos, redução dos descontos, ou repasse de aumento de preços acima dos custos, a margem bruta subiu 4%, passando de 37% para 41%.

Já a gestão das despesas operacionais teve um crescimento em porcentagem das receitas de 5%. Isso é justificado por aumento da estrutura administrativa (que estava defasada) e também por aumento das despesas com logística e força de vendas.

Com isso a margem EBIT caiu 1%, mas, anulado o efeito da depreciação, o EBITDA da empresa cresceu 6%, contudo não acompanhou o crescimento das receitas, o que acarretou uma piora da eficiência em gerar caixa da ordem de 2%. Mesmo assim, estamos entre as três melhores margens EBITDAs do setor.

Por conta do maior endividamento com bancos para suportar o aumento de imobilizado e da NCG, as despesas financeiras líquidas cresceram 47%, e passaram a representar 7% das receitas líquidas, contra 5,5% no ano anterior.

Podemos concluir que a eficiência operacional piorou e que foi agravada pelo aumento das despesas financeiras, com isso, o Lucro Líquido caiu 15%, e a Margem Líquida caiu 2 p.p.

A empresa investiu cerca de $ 400 contra uma depreciação de $ 300 e isso a levou a buscar mais recursos com bancos, aumentando a participação de bancos em relação ao capital próprio (*net debt/equity* aumentou de 48% para 57%, e o *net debt* aumentou cerca de $ 300. A relação *net debt* sobre EBITDA subiu de 1,5 para 1,8 por dois efeitos, aumento da dívida e redução do EBITDA, mesmo assim a relação ainda não é preocupante (empresas do mesmo setor devem em média 2,5 EBITDAs, e o *covenant* com os bancos fixa um teto máximo de 3 EBITDAs).

Em termos de liquidez corrente, a empresa ainda possui um índice de 2,3, o que é bastante confortável, mas houve um relativo aumento do endividamento bancário de curto prazo.

O ciclo de caixa passou de 108 para 119 dias, sendo influenciado pelo aumento do prazo de recebimento (foi preciso dar mais prazo para aumentar as vendas), o que foi compensado por uma redução no prazo de estoques e aumento no prazo de pagamento aos fornecedores. A NCG gerenciável mostra que a empresa investe cerca de 31% das receitas líquidas, contra 26% no ano passado.

Esse aumento da NCG, combinado com uma queda no EBITDA e aquisição de imobilizado, fez a empresa aumentar o endividamento bancário, e, ainda, com uma parcela maior no curto prazo.

O que preocupa é a Rentabilidade Operacional dos Investimentos, que é baixa, em torno de 9%, se comparada com o custo de capital no Brasil. Isso acaba afetando a Rentabilidade na ótica dos acionistas, pois o ROE caiu de 9% para 7%, por conta da queda no ROI (motivado pela piora na margem operacional (NOPAT) e aumento do capital empregado (NCG) e imobilizado).

Podemos concluir que a empresa tem uma situação financeira confortável, pois o seu endividamento é baixo em proporção do capital próprio e baixo em proporção de EBITDA. Não há problema estrutural financeiro, pois o CDG é positivo.

Quanto à operação, esses aumentos das despesas são pontuais e entendemos que tais valores agora não sofrerão aumentos, visto que a projeção é de aumento de vendas, então projetamos aumento do EBITDA em valor e em margem. Com isso esperamos que os indicadores de rentabilidade possam ser melhorados.

**PARA REFLETIR UM POUCO MAIS**

Os gestores da sua organização conseguem enxergar quais iniciativas são necessárias para melhorar determinadas dimensões do desempenho da sua organização?

Quais os riscos para o desempenho de longo prazo de uma organização que só utiliza o ROI como indicador de desempenho?

# 4 ANÁLISE DOS SEGMENTOS DE NEGÓCIOS

Assista ao vídeo *Análise dos segmentos de negócios*.

### MINICASO

O Conglomerado AtoZ S/A é organizado pelo conceito de unidades de negócios, mas também possui um centro de serviços compartilhados (o qual processa todas as atividades transacionais demandadas pelas unidades de negócio, como processamento de folha de pessoal, cobrança, TI etc.), além de um centro corporativo (onde fica a diretoria do grupo e outros departamentos, como relações com investidores, relações com órgãos de regulação, entre outros). Nos últimos dois anos a rentabilidade da AtoZ S/A tem caído, e o conselho deseja um estudo de quais segmentos são mais lucrativos e quais são mais rentáveis. A ideia é, se for o caso, vender as operações de alguns segmentos, pois há preocupação com a rentabilidade e principalmente com a dívida do grupo.

### QUESTÕES

Neste contexto, é importante analisar separadamente as receitas e despesas que são exclusivas de cada unidade. Elas fornecem indicações para uma decisão sobre o desempenho das unidades? Se for esse o caso, o que fazer com os departamentos que não geram receitas?

## OBJETIVOS DE APRENDIZAGEM

Ao final deste capítulo é esperado que o leitor possa:
- entender por que uma empresa tem vários segmentos de negócio;
- entender como as grandes organizações estruturam os seus segmentos de negócio, incluindo centros de serviços compartilhados, centros corporativos;
- mensurar os resultados desses segmentos de modo a suportar decisões, tais como: quais segmentos devem ser encerrados, quais são mais lucrativos, quais são mais rentáveis.

## 4.1 INTRODUÇÃO

As organizações atuam em mais de um segmento por questão de sinergias e especializações e também por diluição de riscos (ditado popular de não colocar todos os ovos numa cesta só). É certo que, quando possui segmentos que podem ter correlações negativas, isso ajuda a diminuir a volatilidade dos lucros da corporação, como é o caso da Embraer, que tem segmentos como aviação comercial, defesa, jatos corporativos e manutenção. Uma concessionária de veículos também tem diversos segmentos, venda de novos, seminovos, oficina, revenda de peças etc. Também é sabido que muitos segmentos existem por questões estratégicas, como para impedir que um concorrente entre no mercado atendido por esse segmento de negócio, ou mesmo de uma grande multinacional operar no vermelho em um país para depois comprar a empresa local de forma mais vantajosa.

Toda organização de grande porte geralmente se organiza em termos de segmentos de negócios. Um segmento de negócio pode ser definido como uma unidade de negócio, ou mesmo uma linha de produtos, sob o qual os gestores tomam decisões. As principais decisões dizem respeito a identificar quais segmentos são os mais lucrativos e rentáveis, quais são os mais importantes para a empresa, quais estão sujeitos a iniciativas de melhoria, entre outros aspectos. Por exemplo, é comum que a alta administração por vezes faça os chamados *spin-off* de segmentos da empresa, isto é, transforme um segmento em uma empresa e até faça a abertura de capital dessa nova empresa.

Um modelo bastante adotado é que agrupa os resultados separando-os em unidades de negócio (que vendem para clientes externos ou mesmo para clientes internos), centros de serviços compartilhados (que processam serviços transacionais como processamento de folha de pagamento, pagamentos, contratações, contabilidade etc.) e centros de custos corporativos (geralmente onde ficam os processos mais voltados para o grupo econômico, como a diretoria do grupo, a área de finanças e relações com investidores, a área que cuida de temas regulatórios, entre outros). A divulgação de informações por segmentos está prevista nas normas IFRS.

### Unidades de Negócio

Na busca por maior agilidade nas decisões se dividiram em Unidades de Negócio (UN). Essa divisão normalmente é feita tendo em vista aspectos geográficos, tipos de produtos e serviços, ou mesmo por categoria de clientes e evidentemente aspectos de gestão.

**Possíveis visões sobre o resultado por segmentos**

Segmento é um agrupamento de resultados sobre os quais a administração gerencia e toma decisões

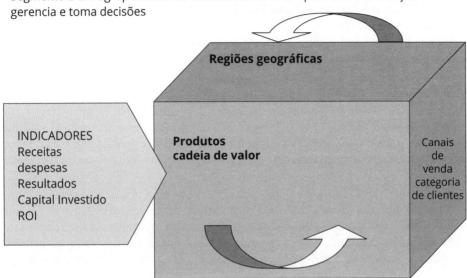

**Figura 4.1** Resultado por segmentos.

As UNs também possuem um gestor responsável, o qual tem autonomia para tomada de decisões sobre preços, custos e estrutura, embora siga normas corporativas.

Além das UNs que obtêm receitas com clientes externos, muitas vezes algumas áreas que fornecem produtos ou serviços internamente também são vistas como UNs e passam a ter o mesmo tratamento em termos de medição de desempenho das UNs que têm receitas com clientes externos. Para essas UNs é necessário o uso do mecanismo de Preço de Transferência.

### Centros de Serviços Compartilhados (CSC)

Os CSCs agrupam por questões de ganho de escala e de uniformização de procedimentos todos os processos necessários para que uma unidade de negócio possa funcionar, mas que não são a essência dessas áreas de negócio. Esse fenômeno é permitido principalmente pela utilização da tecnologia da informação, a computação na nuvem e a tecnologia de comunicação.

Normalmente, a alocação dos centros de custos de serviços compartilhados é baseada no consumo das transações pelas unidades de negócio. A ideia básica é transferir os custos, com o centro de serviços compartilhados ficando com resultado zero, após a alocação dos custos às unidades de negócio. Aqui geralmente há alguma discussão principalmente quando os gestores das unidades de negócio questionam o custo unitário da transação, alegando que é mais barato contratar esses serviços no mercado. Normalmente a técnica utilizada para mensurar o custo unitário de cada serviço é o ABC (*Activity Based Costing*).

Por outro lado, a alocação com base no consumo pode, no início de operações do CSC, não estimular a utilização dos serviços prestados pelo CSC, assim, é comum que, no início, a alocação seja com base no acordo de nível de serviço, o qual contempla a alocação de um montante mesmo que a unidade de negócio não faça uso efetivo do CSC.

## Centros de Custos Corporativos

Esses centros agrupam todos os processos e as áreas que são necessárias para o grupo, mas que de certa forma não são transacionais, isto é, não há requisição desses recursos para que as Unidades de Negócio funcionem.

Geralmente abrangem as áreas como diretoria, conselho, relações com investidores, finanças, pesquisa e desenvolvimento – corporativo, fusões e aquisições, assuntos regulatórios, entre outros.

A alocação desses custos às Unidades de Negócio é controversa, mas geralmente é feita com base nas Receitas de cada Unidade de Negócio, assumindo que há uma relação causal entre consumo desses recursos e as UNs medidas pelas receitas. Esse critério pode estimular os gestores das unidades de negócio a estimularem as vendas de outras UNs, para que todas as unidades de negócio tenham mais receita, o que diminuiria o peso dos custos corporativos para todos.

Algumas organizações concedem um tempo para que uma unidade de negócio comece a receber a alocação dos centros de custos corporativos, talvez com a tentativa de estimular a inovação. Por outro lado, quando a alocação dos custos corporativos é feita com base na participação das receitas, pode haver o estímulo para que os gestores das unidades de negócio torçam para que todas as unidades de negócio tenham mais receita, o que diminuiria o peso dos custos corporativos para todos.

Na Figura 4.2, é possível visualizar essa abordagem.

### Modelo de apuração de resultado por segmentos

|  | Unidades de Negócio | Serviços Compartilhados | Corporativos |
|---|---|---|---|
|  | Unidades de Negócio que vendem para clientes externos ou clientes internos | Serviços transacionais (Contabilidade, Recrutamento, Compras, TI etc.) | Necessários para o grupo, mas não requisitados pelas UNs |
| Receitas | XXXXXXXXXXXX |  |  |
| Custos variáveis | XXXXXXXXXXXX | XXXXXXXXXXXX | XXXXXXXXXXXX |
| Custos e despesas identificadas | XXXXXXXXXXXX | XXXXXXXXXXXX | XXXXXXXXXXXX |
| Alocação compartilhados | Alocação com base em consumo ou contrato |  |  |
| Alocação corporativos | Alocação com base geralmente na receita |  |  |

**Figura 4.2** Apuração do resultado por segmentos.

## 4.2 MODELO DE MENSURAÇÃO DOS RESULTADOS POR SEGMENTOS

As receitas líquidas das Unidades de Negócio são mensuradas de acordo com os princípios contábeis adotados pela corporação. Já os custos e despesas variáveis são diretamente identificados aos segmentos, em termos de produtos ou linha de produtos, o mesmo concorrendo para os custos e despesas fixas vinculáveis, que são diretamente identificadas aos segmentos, não necessitando de nenhum critério de alocação. Por sua vez a alocação dos centros de serviços compartilhados pode ser feita pelo consumo das atividades × uma taxa padrão ou mesmo real. Feito isso é apurado o Resultado após a alocação dos centros de serviços compartilhados, o que significa dizer que as Unidades de Negócio já teriam "pago" os custos de transações necessárias para operarem no mercado. Por fim, a Alocação dos Centros de Custos Corporativos normalmente é feita com base na participação da receita, seja pela realizada ou pela orçada. Com isso, é possível calcular o Resultado Operacional de cada segmento e identificar os mais lucrativos. Caso seja possível calcular o investimento feito pela empresa em cada segmento, como, por exemplo, o investimento em *working capital* e o investimento em capital fixo (ativo imobilizado, intangível e investimentos), será possível calcular o ROI de cada segmento, conforme a Figura 4.3.

### Avaliação de Rentabilidade dos Segmentos

|  | A | B | N |
|---|---|---|---|
| = EBIT do segmento |  |  |  |
| (–) IR (EBIT × % ALÍQUOTA DE IR E CONTRIB. SOCIAL) |  |  |  |
| **= NOPAT do segmento** |  |  |  |
|  |  |  |  |
| **INVESTIMENTOS identificáveis com o segmento** |  |  |  |
| *WORKING CAPITAL*/NECESSIDADE DE CAPITAL DE GIRO IDENTIFICADO OU ESTIMADO (EM % DAS RECEITAS LÍQUIDAS) |  |  |  |
| + IMOBILIZADO E INTANGÍVEL (CASO IDENTIFICÁVEL) |  |  |  |
| = INVESTIMENTO TOTAL |  |  |  |
|  |  |  |  |
| **ROI por segmento** |  |  |  |

**Figura 4.3** Cálculo da rentabilidade por segmentos.

Na Figura 4.4, é possível ver um modelo de agregação de resultados em que se parte do produto para a linha de produtos, depois a divisão, depois a empresa. Note que ela foi feita no formato de custos por comportamento.

## Esquema de agregação de resultados

| | Produto | Linha | Divisão | Empresa |
|---|---|---|---|---|
| Receitas Líquidas | X | | | |
| Custos e Desp. Variáveis (CDV) | X | | | |
| = Margem de contribuição | X | | | |
| Custos e Despesas Fixas (CDF) vinculáveis (diretas) | X | | | |
| = Resultado direto produto | X | Soma | | |
| Custos e Desp. Fixas vinculáveis à linha | | X | | |
| = Res. direto linha | | X | Soma | |
| CDF vinculáveis divisão | | | X | |
| = Res. divisão | | | X | |
| Alocação dos compartilhados | | | X | |
| = Res. após compartilhados | | | X | Soma |
| Alocação corporativos | | | X | X |
| = EBIT | | | X | Soma |

**Figura 4.4** Agregação de resultados.

### Principais decisões utilizando a mensuração dos resultados por segmentos

Saber diagnosticar os segmentos com mais oportunidades de melhoria requer que a informação seja corretamente mensurada e organizada de forma a facilitar essa análise.

Na Figura 4.5, pode ser vista uma sequência de segmentos que foram nomeados por letras, mas na realidade podem ser vários.

Os segmentos tipo A são os melhores, lucrativos até a última linha operacional, operam com EBIT positivo. Para classificá-los, seria necessário calcular a margem EBIT, o montante e também o ROI por segmento, à medida que seja possível quantificar o capital investido em cada segmento.

Já os segmentos tipo B não conseguem cobrir os custos corporativos, embora "paguem" os compartilhados, portanto certamente não deveriam ser encerrados no curto prazo.

Os segmentos tipo C já não conseguem cobrir os custos compartilhados, assumindo que esses custos são menores do que se fossem contratar no mercado. Muito provavelmente esses segmentos não sobreviveriam como unidades autônomas ou mesmo dentro de outro conglomerado.

Certamente os segmentos tipo D, numa perspectiva de curto prazo, são fortes candidatos a encerrar, ou sua continuidade deve ser justificada no contexto mais estratégico, de longo prazo.

Os segmentos tipo E podem ser segmentos ainda no início, com problemas de volume para diluição dos custos fixos.

Por fim, os segmentos tipo F, provavelmente, têm problemas já na definição e viabilidade do produto, pois operam com margem de contribuição dos produtos negativa.

**Diagnóstico dos produtos/segmentos**

|  | A | B | C | D | E | F |
|---|---|---|---|---|---|---|
| Receitas | + | + | + | + | + | + |
| Custos e desp. variáveis | (-) | (-) | (-) | (-) | (-) | (-) |
| **Margem de contribuição dos produtos** | + | + | + | + | + | (-) |
| Custos e despesas fixas vinculáveis aos produtos | (-) | (-) | (-) | (-) | (-) | (-) |
| **Resultado direto de produtos** | + | + | + | + | (-) | (-) |
| Custos e despesas fixas vinculáveis à divisão | (-) | (-) | (-) | (-) | (-) | (-) |
| **Resultado direto da divisão** | + | + | + | (-) | (-) | (-) |
| Custos – centro de serviços compartilhados | (-) | (-) | (-) | (-) | (-) | (-) |
| **Resultado da divisão após compartilhados** | + | + | (-) | (-) | (-) | (-) |
| Custos corporativos | (-) | (-) | (-) | (-) | (-) | (-) |
| **Resultado da divisão** | + | (-) | (-) | (-) | (-) | (-) |

**Figura 4.5** Diagnóstico dos produtos/segmentos.

### Análise Estratégica dos Segmentos

Como foi falado na introdução, as empresas muitas vezes mantêm determinados segmentos por questões de natureza estratégica, isto é, pensando no desempenho de longo prazo e nas interações sinérgicas entre os segmentos.

Na Figura 4.6, dividimos os segmentos em quatro quadrantes, na horizontal confrontamos o desempenho de curto prazo, isto é, compara-se o ROI *versus* o custo médio ponderado de capital (WACC) do segmento, com isso podemos ter segmentos com EVA negativo, ou seja, lucro econômico negativo, ou EVA positivo, que é quando o ROI supera o custo de capital. Na vertical, a perspectiva é de longo prazo, isto é, se o desempenho tem potencial de crescimento alto ou baixo no longo prazo, cuja análise possa ser determinada pela área de marketing, como o potencial de consumo, pelo potencial de consolidação ou de especialização que um participante no mercado possa obter.

Com isso podemos classificar os segmentos da firma, usando uma metodologia utilizada pelas empresas denominada KIND, que é uma sigla para *Keep, Improve, New* e *Delete*.

Elevado Potencial e com ROI maior que WACC: nesse caso, a estratégia pode ser até sacrificar um pouco a rentabilidade, via controle de preços ou mais gastos em marketing para construir marcas ou inovação de produtos. Usando a metodologia KIND, a recomendação seria *Improve* (coloque os melhores esforços e pessoas).

Elevado potencial, mas com ROI menor que WACC: nesse caso, a estratégia é manter o segmento, mesmo que no curto prazo os resultados sejam negativos. Usando a metodologia KIND, esse segmento poderia ser classificado como *New*.

Baixo potencial, mas com ROI maior que WACC: este é um segmento para manter temporariamente, uma vez que se a estratégia for buscar mercados com altas taxas de crescimento, este segmento não atende a esses objetivos. Usando a metodologia KIND, esse segmento poderia ser classificado como *Keep* (mantenha).

Baixo potencial e com ROI menor que WACC: a tendência é pela eliminação ou venda desse segmento, pois no curto prazo já não atende do ponto de vista econômico e ainda não tem grandes perspectivas. Usando a metodologia KIND, esse segmento poderia ser classificado como *Delete* (venda).

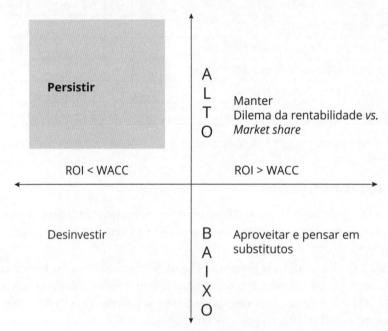

**Figura 4.6** Análise dos segmentos – rentabilidade *versus* potencial de crescimento.

## ✓ EXERCÍCIOS RESOLVIDOS

Em relação ao DRE por segmento do Conglomerado Abrangente

**Tabela 4.1**   Resultado por segmento

|  | A | B | C | D | E |
|---|---|---|---|---|---|
| RECEITAS | 100 | 100 | 100 | 100 | 100 |
| CUSTOS VARIÁVEIS | – 30 | – 40 | – 60 | – 60 | – 70 |
| **MARGEM DE CONTRIBUIÇÃO** | 70 | 60 | 40 | 40 | 30 |
| CUSTOS FIXOS IDENTIFICADOS COM PRODUTOS | – 30 | – 20 | – 30 | – 30 | – 40 |
| **RESULTADO DIRETO DE PRODUTOS** | 40 | 40 | 10 | 10 | – 10 |
| CUSTOS FIXOS VINCULÁVEIS À DIVISÃO | – 18 | – 30 | – 2 | – 12 | – 4 |
| **RESULTADO DIRETO DA DIVISÃO** | 22 | 10 | 8 | – 2 | – 14 |
| CUSTOS – CENTRO DE SERVIÇOS COMPARTILHADOS | – 4 | – 6 | – 12 | – 4 | – 2 |
| **RESULTADO DA DIVISÃO APÓS COMPARTILHADOS** | 18 | 4 | – 4 | – 6 | – 16 |
| CUSTOS CORPORATIVOS | – 7 | – 7 | – 3 | – 3 | – 2 |
| **RESULTADO DA DIVISÃO** | 11 | – 3 | – 7 | – 9 | – 18 |

| Assertiva | Empresa |
|---|---|
| A divisão, apesar de ter resultado direto positivo, não conseguiria sobreviver como uma unidade autônoma no mercado, pois teria de contratar serviços de terceiros. |  |
| A divisão é candidata a ser eliminada, pois sequer cobre os seus custos vinculáveis, embora tenha resultado direto dos produtos positivo. |  |
| A divisão é lucrativa e consegue "pagar" todos os custos compartilhados e corporativos. |  |
| A divisão não é lucrativa, mas não deve ser eliminada, pois consegue "pagar" os custos compartilhados, ou seja, ela conseguiria sobreviver como unidade autônoma no mercado. |  |
| A divisão tem fortes evidências de que deve ser eliminada, pois o resultado direto dos produtos é negativo. |  |

**Resposta:** C, D, A, B, E

## Análise dos Segmentos

A empresa B é dividida em 3 segmentos de negócios, conforme Tabela 4.2.

**Tabela 4.2** DRE por Segmento – Empresa D

| DRE | | SB1 | SB2 | SB3 |
|---|---|---|---|---|
| Receitas Líquidas | 1.200 | 400 | 400 | 400 |
| (–) Custos dos Produtos Vendidos | 540 | – 180 | – 160 | – 200 |
| = Lucro Bruto | 660 | 220 | 240 | 200 |
| (–) Despesas identificadas aos segmentos | – 276 | – 80 | – 18 | – 178 |
| = resultado direto do segmento | 384 | 140 | 222 | 22 |
| alocação dos centros de custos compartilhados | – 90 | – 30 | – 40 | – 20 |
| = resultado do segmento após "pagar" os compartilhados | | 110 | 182 | 2 |
| alocação dos centros de custos corporativos | – 30 | – 10 | – 10 | – 10 |
| = EBIT | 264 | 100 | 172 | – 8 |
| | | | | |
| Investimento em Capital de Giro | 120 | 40 | 60 | 20 |
| Imobilizado | 1.440 | 240 | 800 | 400 |
| Intangível | 288 | 100 | 88 | 100 |
| Investimento total | 1.848 | 380 | 948 | 520 |

**Qual seria sua análise e recomendação em relação aos segmentos?**

O SB3 tem EBIT negativo; apesar de ter um ínfimo resultado direto do segmento, consegue cobrir os custos compartilhados. Mas se fizermos a conta do ROI por segmento iremos descobrir que, mesmo utilizando o resultado direto do segmento, a rentabilidade seria inferior a 5%. Necessário investigar por que o SB3 tem tantas despesas identificadas ao segmento, pode ser um problema de estrutura administrativa.

Já o SB1 é o melhor segmento em rentabilidade pois tem um ROI de 26%, enquanto o SB2, apesar de ter o melhor EBIT, tem uma rentabilidade um pouco inferior. Necessário confrontar com o custo de capital.

**PARA REFLETIR UM POUCO MAIS**

Você conhece quais segmentos de negócios são os mais importantes para sua organização?

Por que geralmente os segmentos de negócio deficitários são chamados de estratégicos?

# 5 ANÁLISE DA LUCRATIVIDADE DE PRODUTOS E SERVIÇOS

Assista ao vídeo *Análise da lucratividade de produtos e serviços.*

### MINICASO

Eugênio é analista de controladoria e o chefe dele pediu para fazer um relatório sobre a margem bruta dos produtos. O relatório servirá de base para discussão com a equipe de produção e comercial, para elencar ações de vendas e também na área de custos. Eugênio está um pouco receoso, pois recentemente ouviu alguém da área de custos dizer que o critério de alocação dos custos indiretos precisava ser revisto.

### QUESTÃO PARA DISCUSSÃO

Considere que você é o Eugênio; como faria esse relatório? Incluiria valores em % ou também em valores absolutos? Quais condições seriam necessárias para que as informações sobre margem bruta fosse úteis para tomada de decisão?

## OBJETIVOS DE APRENDIZAGEM

Ao final deste capítulo, é esperado que o leitor possa:
- entender como analisar a lucratividade de produtos;
- entender como alocar os custos indiretos aos produtos;
- calcular o lucro bruto e a margem bruta dos produtos;
- entender o conceito de custeio por absorção.

## 5.1 INTRODUÇÃO

A análise da margem bruta de produtos é utilizada nas decisões de precificação e também de substituição de produtos.

## 5.2 CONCEITOS FUNDAMENTAIS

Lucro Bruto: representa o quanto cada produto é capaz de gerar para cobrir as Despesas Operacionais como Despesas com Vendas e Administrativas. É calculado pela diferença entre o preço líquido de impostos e o custo total do produto.

Margem Bruta do Produto: representa uma espécie de eficiência, é calculado pela divisão do lucro bruto em relação ao preço de venda líquido de impostos.

Custo total do produto: na indústria, inclui os custos de matérias-primas e embalagens, mão de obra direta e custos indiretos de fabricação.

Materiais Diretos (fazem parte da composição dos produtos)

- Incluem os valores pagos aos fornecedores, descontados os impostos recuperáveis mais os custos para deixar os itens à disposição.

Mão de Obra Direta (transforma matéria-prima em produtos)

- Inclui os valores pagos a funcionários, mais todos os encargos sociais (férias, adicional de férias, décimo terceiro salário, INSS, FGTS, encargos sobre décimo terceiro e férias) e benefícios concedidos aos funcionários (vale-refeição, plano de saúde, vale-transporte etc.).
- % de encargos varia em função do sistema de tributação (lucro real, lucro presumido, simples, lei da desoneração) e das especificidades das categorias profissionais (sindicatos, periculosidade etc.).

Custos Indiretos de Produção ou Custos Indiretos de Fabricação ou *Overhead* (recursos necessários para produção, mas não identificáveis de forma direta aos produtos)

- São compostos pelos recursos que, apesar de identificáveis com a produção, operação ou prestação de serviços, necessitam de um ou mais critérios de alocação para atribuição aos produtos.

- Mão de Obra Indireta (pessoal de supervisão, manutenção, controle de qualidade, almoxarifado etc.), Aluguel, Depreciação de equipamentos de produção, manutenção industrial.

Custeio por Absorção: método de custeio que aloca os custos indiretos à produção, e estes ficam estocados na forma de semiacabados e produtos acabados. É obrigatório pelo fisco e pelos princípios de contabilidade.

## 5.3 ACUMULAÇÃO DE CUSTOS – PLANO DE CONTAS E CENTROS DE CUSTOS

Para evitar duplicação de contas e conseguir agrupar os custos e despesas de forma a poder fazer análises, e evidentemente o custeio por absorção, as empresas utilizam os centros de custos, com isso evitam também a duplicação de contas.

Enquanto o plano de contas agrupa os recursos por categoria, por exemplo, salários, encargos, benefícios, utilidades, comunicações, impostos, etc., os centros de custos são unidades de acumulação considerando a estrutura organizacional (departamentos) ou mesmo de projetos.

Veja a Figura 5.1.

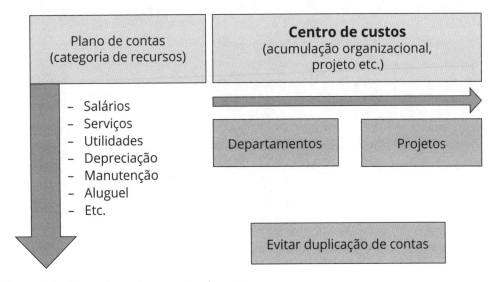

**Figura 5.1** Plano de contas e centro de custos.

## 5.4 OPERACIONALIZAÇÃO DO CUSTEIO POR ABSORÇÃO

O custeio por absorção requer que custos apropriados aos produtos acompanhem o ambiente físico, isto é, sigam uma sequência lógica respeitando o fluxo físico de produção.

A matéria-prima enquanto permanece no almoxarifado fica contabilizada na conta estoques de matérias-primas no ativo. Depois, ao ser requisitada no ambiente físico, vai para produção, e aí são aplicados os recursos de transformação, tais como pessoal que transforma matéria-prima em produto acabado (mão de obra direta), e também pessoas que apoiam a produção (mão de obra indireta) e outros recursos consumidos na utilização de máquinas, como depreciação e energia elétrica, utilização de espaço físico como aluguel e depreciação das instalações, (demais custos indiretos).

Caso fique algo que não tenha sido terminado, fisicamente fica na área de produção e contabilmente na conta Estoques em Elaboração.

Os lotes de produção, quando terminados, fisicamente são transferidos ao armazém de produtos acabados e contabilmente vão para a conta de ativo Estoques de Produtos Acabados.

Posteriormente, quando os produtos são retirados do armazém para entrega aos clientes, saem da conta contábil Estoques de Produtos Acabados e vão para conta contábil de Resultado – Custos dos Produtos Vendidos.

Na Figura 5.2, é possível visualizar o fluxo de recursos no ambiente físico e nas contas contábeis.

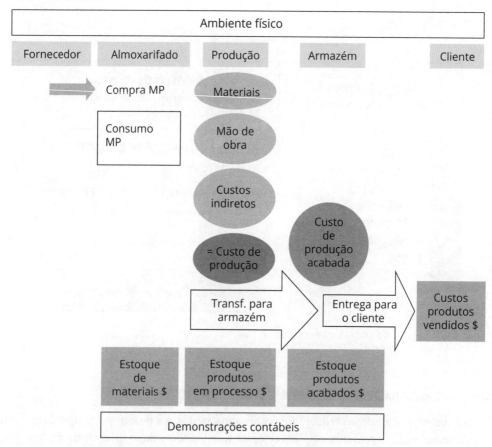

**Figura 5.2**  Fluxo de custos.

## Exemplo simples

A empresa tinha $ 100 de estoques de matérias-primas, comprou $ 240 e consumiu $ 70. O estoque de semiacabados era de $ 30. No período, a empresa teve um custo de mão de obra direta de $ 50, e os custos indiretos de fabricação foram de $ 45; no final do mês ficaram $ 25 de estoques em elaboração. No armazém havia 12 peças a um custo unitário de $ 15, e no período foram produzidas 10 e vendidas 17 peças.

**Tabela 5.1**   Fluxo de custos

| Almoxarifado | | Fábrica | | Armazém | | $ Total | Qtde. | Unitário |
|---|---|---|---|---|---|---|---|---|
| estoques de matérias-primas | | estoque de semiacabados | | estoques de produtos acabados | | | | |
| saldo inicial | 100 | saldo inicial | 30 | saldo inicial | 180 | 12 | 15,00 |
| + compras | 240 | **+ custo de produção** | **165** | + custo da produção acabada | 170 | 10 | 17,00 |
| (–) consumo | – 70 | Matérias-primas | 70 | = saldo parcial | 350 | 22 | 15,91 |
| = saldo final | 270 | mão de obra direta | 50 | (–) vendas | – 270 | – 17 | 15,91 |
| | | custos indiretos de fabricação | 45 | = saldo final | 80 | 5 | |
| | | = saldo parcial | 195 | | | | |
| | | (–) custo da produção acabada | – 170 | | | | |
| | | saldo final de semiacabados | 25 | | | | |

## Como alocar os custos indiretos aos produtos?

Os custos indiretos precisam ser alocados aos produtos, e, para isso, é necessário que seja escolhido o critério de alocação dos custos indiretos. Na Figura 5.3, é apresentado o modelo macro de alocação de custos indiretos.

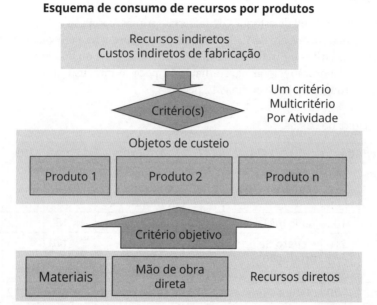

**Figura 5.3** Locação dos custos indiretos.

Podemos dizer que existem três critérios de alocação de custos indiretos: (1) taxa única; (2) taxa dupla; (3) taxas múltiplas.

A Figura 5.4 demonstra alguns exemplos de taxa única, a qual deve prevalecer em empresas com uma única grande etapa do processo produtivo, podendo ser baseada em hora-máquina, caso o processo produtivo seja mecanizado, hora-homem, caso o processo produtivo seja intensivo em pessoas, custo por hora-homem, caso o processo produtivo seja intensivo em pessoas, mas com salários bastante heterogêneos, ou, ainda, em uma taxa baseada no custo da matéria-prima, nesse caso, quando os custos indiretos estão associados aos valores de matérias-primas.

## Taxa dupla

O critério taxa dupla é mais aplicável às empresas com duas grandes etapas de produção, por exemplo, montagem e acabamento. Nesse caso, faz-se necessário identificar os custos indiretos por etapa de produção, escolher um critério de alocação (*cost driver*) para cada etapa e atribuir esses custos indiretos aos produtos, considerando o consumo destes em cada etapa de produção.

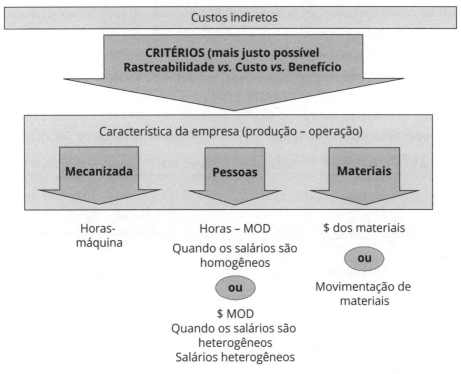

**Figura 5.4** Alocação dos custos indiretos por taxa única.

## Taxas Múltiplas

Esse critério de alocação é mais aplicável quando a empresa possui um processo produtivo caracterizado por várias etapas. Nesse caso, os custos indiretos são apropriados às etapas e depois alocados aos produtos, considerando os diferentes critérios de alocação de cada etapa.

**Critérios de alocação de custos indiretos – taxas múltiplas**

**Custos indiretos**

**Por Departamento**

| Depto 1 | Depto 2 | Depto n |
|---|---|---|

**Por Seção**

| Seção 1 | Seção 2 | Seção n |
|---|---|---|

Taxas múltiplas (ideal para empresa com várias etapas de produção, com os produtos consumindo recursos de cada etapa de forma diferenciada (complexidade, variedade)

**Figura 5.5** Alocação dos custos indiretos por taxa múltipla.

O critério taxas múltiplas pode, ainda, ter uma variação de quando a empresa aloca os custos indiretos aos departamentos chamados de serviços, e depois esses departamentos têm seus custos transferidos aos departamentos produtivos, para, assim, finalizar o processo alocando os custos aos produtos.

**Taxas Múltiplas e Departamentos de Serviços**

**Custos indiretos**

| Departamentos Produtivos | Departamentos de Serviços |
|---|---|
| Depto 1 | Depto 2 | Depto n | Serviço 1 | Serviço 2 | Serviço n |

Alocação aos produtos

Alocação para departamentos produtivos

**Produtos**

**Figura 5.6** Alocação dos custos dos departamentos de serviços aos departamentos produtivos.

### Escolha dos critérios de alocação (*cost drivers*)

A escolha dos critérios de alocação dos custos indiretos e mesmo das despesas é crucial, pois um critério que não reflita o consumo físico dos recursos irá distorcer a apuração dos custos.

Geralmente, no caso dos departamentos produtivos, há que se observar a ficha técnica dos produtos, pois nesta constará o consumo de recursos de cada etapa de produção.

Dois passos são sugeridos:

- Identificar o *output* da atividade ou do departamento
    - Qual é a unidade em termos físicos do que é gerado pelo departamento, por exemplo:
        - Requisições.
        - Horas de MOD.
        - Horas de utilização de máquinas.
        - Ordens de compra.
        - Pedidos embarcados.
        - Etc.
- Identificar o evento que tenha uma relação causal com o comportamento dos custos

Sempre haverá o dilema da acurácia, em que se busca fazer a rastreabilidade dos recursos consumidos pelos produtos *versus* a relação custo × benefício da escolha do critério de alocação, pois há que se considerar que quanto mais granular a informação, maior deve ser a capacidade de processar as informações.

Smith (2005, p. 87) argumenta que muitas pesquisas mostram que a alocação incorreta dos custos indiretos é responsável por informações não confiáveis sobre lucratividade de produtos.

**Tratamento dos custos indiretos quando a empresa está com um elevado nível de ociosidade**

Quando a empresa está com um elevado nível de ociosidade, ela pode entrar no problema da "espiral da morte dos custos"; como o volume está baixo, o custo unitário aumenta, e aí aumenta-se o preço, depois cai o volume, e o custo unitário aumenta, formando um *looping*.

Evidentemente que a formação de preços não deve ser feita somente baseada nos custos, mas o fato é que, se alocarmos os custos indiretos totais ao nível de produção, com grande ociosidade, os custos unitários dos produtos ficarão muito distorcidos, podendo impactar na formação de preços, além das análises das margens brutas, prejudicadas.

O mais adequado, e até a própria norma contábil aborda isso, é que os custos relacionados à ociosidade sejam contabilizados no resultado, sem passar pelo custo dos produtos.

**Análise da Margem Bruta**

Os produtos e também os serviços devem ser analisados não só pela margem bruta, mas também pela relevância em termos de capacidade de cobrir as despesas operacionais e financeiras, medida pela participação do lucro bruto de cada produto no lucro bruto total da empresa.

Veja a Figura 5.7.

**Análise da margem bruta por produtos ou famílias**

|  | Abaixo da média | Acima da média | Na média |
|---|---|---|---|
| Receita Líquida |  |  |  |
| (–) Custos dos Produtos Vendidos |  |  |  |
| Lucro Bruto |  |  |  |
| Margem Bruta % | Pode indicar problema de precificação ou de custo | | |
| % Lucro Bruto Total | Relevância do produto | | |

• Gestão de preços e descontos
• Revisão do nível de serviço ou ficha técnica do produto
• Análise do processo de produção

**Figura 5.7** Análise da margem bruta por produto ou famílias.

Pensando num extremo, podemos ter produtos com alta margem bruta, mas pouco representativos, ou, em outro extremo, baixa margem bruta, mas muito representativos. Esse tipo de relatório é útil para analisar para quais produtos vale a pena fazer ações de marketing ou mesmo de revisão de preços e custos.

Pode-se classificar os produtos com a margem bruta abaixo ou acima da média, ou ainda de um número % que se entenda ser o mínimo. Faça a análise dos produtos com a margem bruta abaixo da média e veja se há algum problema de precificação ou mesmo de custo; considere ainda o ciclo de vida dos produtos e os diferentes mercados em relação à intensidade de concorrência.

Uma outra análise, entre tantas, pode ser feita observando o comportamento das vendas. Veja a Figura 5.8.

**Margem bruta *versus* crescimento de vendas**

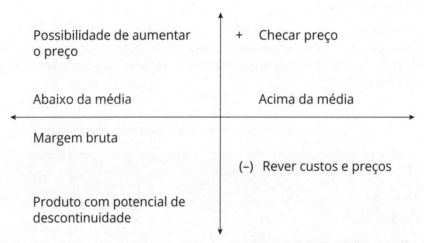

**Figura 5.8** Análise do comportamento da Margem Bruta com o crescimento das vendas.

Se a margem bruta é muito abaixo da média e as vendas só caem, é possível que esses produtos sejam candidatos a serem descontinuados. Por outro lado, se as vendas estão crescendo, é necessário analisar os preços cobrados pelos concorrentes.

Se a margem bruta é acima da média e as vendas crescem, é possível que o seu produto ainda não tenha um grande concorrente, e, nesse caso, a escolha fica entre administrar o preço para afastar um potencial concorrente ou, ao contrário, aproveitar para elevar o preço. Caso as vendas estejam caindo, além do preço, faz-se necessário rever o custo e, especialmente, o produto em si.

## EXERCÍCIOS RESOLVIDOS

### Análise da Margem Bruta de Produtos

Observando o Segmento, pode-se analisar a lucratividade dos produtos P1, P2 e P3.

**Tabela 5.2**   DRE por produto

| DRE | SB3 | P1 | P2 | P3 |
|---|---|---|---|---|
| Receitas Líquidas | **400** | 80 | 80 | 240 |
| (–) Custos dos Produtos Vendidos | **– 200** | – 50 | – 40 | – 110 |
| = Lucro Bruto | **200** | 30 | 40 | 130 |

**Pergunta-se:**
Quais produtos têm maior eficiência e maior representatividade em termos de capacidade de cobrir despesas operacionais?

**Tabela 5.3**   Contribuição de cada produto para o lucro bruto do segmento

| DRE | SB3 | P1 | P2 | P3 |
|---|---|---|---|---|
| Receitas Líquidas | **400** | 80 | 80 | 240 |
| = Lucro Bruto | **200** | 30 | 40 | 130 |
| Margem Bruta (lucro bruto/receitas líquidas) → lucratividade | **50%** | 37,5% | 50% | 54,2% |
| Lucro Bruto do Produto/Lucro Bruto Total → representatividade em termos de capacidade de cobrir despesas operacionais |  | 15% | 20% | 65% |

**O P3 é o mais lucrativo e mais representativo.**
Faria sentido investigar a margem bruta do P1, pois tem a pior margem bruta, muito embora não seja o mais representativo.

**Qual pergunta relacionada às informações de Custos Indiretos você faria ao *controller* antes de fazer qualquer tipo de análise e tomada de decisão? Justifique.**
Perguntaria se a alocação dos custos indiretos é aderente ao processo físico, por exemplo, se a produção envolve diferentes etapas, se a alocação dos custos indiretos é feita por taxas múltiplas.

Também questionaria se há muita ociosidade, e, em havendo, se os custos da ociosidade não estão sendo considerados no cálculo do custos dos produtos.

Por último, perguntaria se a empresa faz o custeio por absorção, o que é ainda mais importante, quando há grande flutuação no nível de estoques de produtos acabados e em processo.

### Movimentação de estoques - Custeio por Absorção

A empresa tinha $ 80 de estoques de matérias-primas, comprou $ 200, e consumiu $ 120. O estoque de semiacabados era de $ 60. No período, a empresa teve um custo de mão de obra direta de $ 80, e os custos indiretos de fabricação foram de $ 160; no final do mês ficaram $ 40 de estoque em elaboração. No armazém, havia 40 peças a um custo unitário de $ 20, e no período foram produzidas 20 e vendidas 50 peças.

**Tabela 5.4** Fluxo de custos

| Almoxarifado | | Fábrica | | Armazém | | $ Total | Qtde. | Unitário |
|---|---|---|---|---|---|---|---|---|
| estoques de matérias-primas | | estoque de semiacabados | | estoques de produtos acabados | | | | |
| saldo inicial | 80 | saldo inicial | 60 | saldo inicial | 800 | 40 | 20 | |
| + compras | 200 | **+ custo de produção** | **360** | + custo da produção acabada | 380 | 20 | 19,00 | |
| (–) consumo | – 120 | matérias-primas | 120 | = saldo parcial | 1.180 | 60 | 19,67 | |
| = saldo final | 160 | mão de obra direta | 80 | (–) vendas | – 983 | – 50 | 19,67 | |
| | | custos indiretos de fabricação | 160 | = saldo final | 197 | 10 | | |
| | | = saldo parcial | 420 | | | | | |
| | | (–) custo da produção acabada | – 380 | | | | | |
| | | saldo final de semiacabados | 40 | | | | | |

### Diferentes Critérios de Alocação de Custos Indiretos

A Cia de Barcos Forte Brasil produz dois tipos de barcos. O barco amador é uniforme em suas dimensões e estilo, enquanto o barco de competição é desenhado sob medida para ajustar-se às necessidades do usuário. Abaixo as informações do último ano.

**Tabela 5.5** Composição dos custos diretos por produto

| | barco amador | barco competição |
|---|---|---|
| Volume de vendas | 900 | 100 |
| Preço venda bruto unitário com ICMS e IPI | 600,00 | 660,00 |
| ICMS SOBRE PREÇO DE VENDA 18% | | |

(continua)

(continuação)

| | | |
|---|---|---|
| IPI | 10% | 15% |
| MATERIAIS UNITÁRIO COM ICMS (ICMS 18%) | 180,00 | 220,00 |
| QUANTIDADE DE HORAS DE MOD para produzir uma unidade | 10 | 20 |
| horas-máquina para produzir uma unidade | 3.400 | 600 |
| Custo por hora MOD | 15,00 | 15,00 |
| Custos Indiretos de Fabricação montam em $ 142.000 | | |

Pede-se:

1) Calcule o Lucro bruto apropriando os custos indiretos de fabricação por horas de mão de obra.

Tabela 5.6  Apropriação dos CIF com base na quantidade de horas de MOD utilizada

| Apropriação do CIF | barco amador | barco competição | TOTAL |
|---|---|---|---|
| Horas MOD por unidade | 10 | 20 | |
| (x) volume de vendas | 900 | 100 | |
| **Total de horas MOD** | **9.000** | **2.000** | **11.000** |
| TAXA CIF = CIFTOTAL DE HORAS MOD = | 142.000 | 12,91 | p/ hora MOD |
| | 11.000 | | |

Tabela 5.7  Cálculo da Taxa Unitária de CIF

| CIF por unidade | barco amador | barco competição |
|---|---|---|
| Horas MOD por unidade | 10 | 20 |
| (x) Taxa CIF | 12,91 | 12,91 |
| **(=) Custo Indireto de Fabricação por Unidade** | **129,09** | **258,18** |

Tabela 5.8  Custo dos materiais

| Custo dos materiais | barco amador | barco competição | TOTAL |
|---|---|---|---|
| **MATERIAIS UNITÁRIO COM ICMS (ICMS 18%)** | 180,00 | 220,00 | |
| (x) ICMS 18% | – 32,40 | – 39,60 | |
| **(=) Custo dos Materiais** | **147,60** | **180,40** | |

**Tabela 5.9**  Custo da Mão de Obra Direta

| Custo da Mão de Obra Direta | barco amador | barco competição | TOTAL |
|---|---|---|---|
| Horas MOD por unidade | 10 | 20 | |
| (x) Custo por hora MOD | 15,00 | 15,00 | |
| (=) Custo da MOD por unidade | 150,00 | 300,00 | |

**Tabela 5.10**  Cálculo do ICM e do IPI

| Imposto sobre vendas | barco amador | barco competição |
|---|---|---|
| preço venda bruto unitário com ICMS e IPI | 600,00 | 660,00 |
| (÷) 1+ Alíquota de IPI | 1,10 | 1,15 |
| Base de Cálculo de Impostos (*) | 545,45 | 573,91 |
| (x) Alíquota de ICMS | 18% | 18% |
| (=) Valor do ICMS | 98,18 | 103,30 |
| Base de Cálculo de Impostos (*) | 545,45 | 573,91 |
| (x) Alíquota de IPI | 10% | 15% |
| (=) Valor do IPI | 54,55 | 86,09 |

**Tabela 5.11**  DRE por produto

| DRE – DEMONSTRAÇÃO DO RESULTADO | barco amador | barco competição |
|---|---|---|
| Preço venda bruto unitário com ICMS e IPI | 600,00 | 660,00 |
| (–) IPI | – 54,55 | – 86,09 |
| Preço venda bruto unitário com ICMS | 545,45 | 573,91 |
| (–) ICMS | – 98,18 | – 103,30 |
| (=) Preço venda líquido | 447,27 | 470,61 |
| (–) Custo dos Produtos Vendidos | | |
| Materiais | – 147,60 | – 180,40 |
| Mão de obra direta | – 150,00 | – 300,00 |
| Custo Indireto de Fabricação | – 129,09 | – 258,18 |
| (=) Lucro Bruto | 20,58 | – 267,97 |

(*) **Base de Cálculo de Impostos** = Preço de Venda c/IPI(1+IPI)

**Valor do ICMS** = Base de Cálculo de Impostos x Alíquota de ICMS

**Valor do IPI** = Base de Cálculo de Impostos x Alíquota de IPI

2) **Calcule o Lucro bruto apropriando os custos indiretos de fabricação por horas-máquina.**

**Tabela 5.12** Cálculo da Taxa CIF com base em horas-máquina

| Apropriação do CIF | barco amador | barco competição | TOTAL |
|---|---|---|---|
| Total Horas-máquina | 3.400 | 600 | 4.000 |
| TAXA CIF = CIF TOTAL DE HORAS-MAQ = | 142.000 | 35,50 | p/Horas-máquina |
|  | 4.000 |  |  |

**Tabela 5.13** Apropriação do CIF em cada produto

| CIF por unidade | barco amador | barco competição | TOTAL |
|---|---|---|---|
| Total Horas-máquina | 3.400 | 600 |  |
| (x) Taxa CIF | 35,50 | 35,50 |  |
| (=) Custo Indireto de Fabricação Total | 120.700,00 | 21.300,00 | 142.000,00 |
| (÷) Volume de Vendas | 900 | 100 |  |
| (=) Custo Indireto de Fabricação por unidade | 134,11 | 213,00 |  |

**Tabela 5.14** Cálculo do Lucro Bruto por produto

| DRE – DEMONSTRAÇÃO DO RESULTADO | barco amador | barco competição |
|---|---|---|
| Preço venda bruto unitário com ICMS e IPI | 600,00 | 660,00 |
| (–) IPI | – 54,55 | – 86,09 |
| Preço venda bruto unitário com ICMS | 545,45 | 573,91 |
| (–) ICMS | -98,18 | – 103,30 |
| (=) Preço venda líquido | 447,27 | 470,61 |
| (–) Custo dos Produtos Vendidos |  |  |
| Materiais | – 147,60 | – 180,40 |
| Mão de obra direta | – 150,00 | – 300,00 |
| Custo Indireto de Fabricação | – 134,11 | – 213,00 |
| (=) Lucro Bruto | 15,56 | – 222,79 |

**Tabela 5.15** Análise comparativa do Lucro Bruto conforme o critério de apropriação do CIF

| COMPARAÇÃO DO LUCRO BRUTO | barco amador | barco competição |
|---|---|---|
| (=) Lucro Bruto (CIF POR HORAS MOD) | 20,58 | – 267,97 |
| (=) Lucro Bruto (CIF POR HORAS-MÁQUINA) | 15,56 | – 222,79 |

3) Considere agora que os Custos Indiretos de Fabricação estão divididos em três departamentos produtivos, conforme a Tabela 5.16.

**Tabela 5.16** Custos indiretos de fabricação por departamentos

|  | MONTAGEM | PINTURA | ACABAMENTO | TOTAL |
|---|---|---|---|---|
| CUSTOS INDIRETOS | 40.000 | 60.000 | 42.000 | 142.000 |
| CRITÉRIO DE ALOCAÇÃO | HORAS MOD | HORAS-MÁQUINA | HORAS MOD |  |
| TOTAL BARCO AMADOR | 5.400 | 3.400 | 3.600 |  |
| TOTAL BARCO COMPETIÇÃO | 500 | 600 | 1.500 |  |
| **TOTAL** | **5.900** | **4.000** | **5.100** |  |

| Depto Montagem | | | |
|---|---|---|---|
| Taxa CIF p/ Horas-MOD = | 40.000 | **6,78** | p/Hora MOD |
|  | 5.900 |  |  |

**Tabela 5.17** Custos Indiretos de Fabricação – departamento de montagem

| CIF por unidade – Montagem | barco amador | barco competição | TOTAL |
|---|---|---|---|
| Total Horas MOD | 5.400 | 500 |  |
| (x) Taxa CIF | 6,78 | 6,78 |  |
| **(=) Custo Indireto de Fabricação Total** | **36.610,17** | **3.389,83** | **40.000,00** |
| (÷) Volume de Vendas | 900 | 100 |  |
| **(=) Custo Indireto de Fabricação por unidade** | **40,68** | **33,90** |  |

| Departamento Pintura | | | |
|---|---|---|---|
| Taxa CIF p/ Horas-Máquina | 60.000 | **15,00** | p/Horas-máquina |
|  | 4.000 |  |  |

**Tabela 5.18** Custos Indiretos de fabricação – departamento de pintura

| CIF por unidade – Pintura | barco amador | barco competição | TOTAL |
|---|---|---|---|
| Total Horas-Máquina | 3.400 | 600 | |
| (x) Taxa CIF | 15,00 | 15,00 | |
| (=) Custo Indireto de Fabricação Total | 51.000,00 | 9.000,00 | 60.000,00 |
| (÷) Volume de Vendas | 900 | 100 | |
| (=) Custo Indireto de Fabricação por unidade | 56,67 | 90,00 | |

| Departamento Acabamento | | | |
|---|---|---|---|
| Taxa CIF p/ Horas-MOD = | 42.000 | 8,24 | p/Hora MOD |
| | 5.100 | | |

**Tabela 5.19** Custos Indiretos de Fabricação – Departamento de Acabamento

| CIF por unidade – Acabamento | barco amador | barco competição | TOTAL |
|---|---|---|---|
| Total Horas MOD | 3.600 | 1.500 | |
| (x) Taxa CIF | 8,24 | 8,24 | |
| (=) Custo Indireto de Fabricação Total | 29.647,06 | 12.352,94 | 42.000,00 |
| (÷) Volume de Vendas | 900 | 100 | |
| (=) Custo Indireto de Fabricação por unidade | 32,94 | 123,53 | |

**Tabela 5.20** Custos Indiretos de Fabricação por Unidade

| CIF por unidade – dos Departametnos | barco amador | barco competição |
|---|---|---|
| CIF por unidade – Montagem | 40,68 | 33,90 |
| (+) CIF por unidade – Pintura | 56,67 | 90,00 |
| (+) CIF por unidade – Acabamento | 32,94 | 123,53 |
| (=) Total CIF unitário | 130,29 | 247,43 |

**Tabela 5.21** Demonstração de Resultado

| DRE – DEMONSTRAÇÃO DO RESULTADO | barco amador | barco competição |
|---|---|---|
| Preço venda bruto unitário com ICMS e IPI | 600,00 | 660,00 |
| (–) IPI | – 54,55 | – 86,09 |
| Preço venda bruto unitário com ICMS | 545,45 | 573,91 |
| (–) ICMS | – 98,18 | – 103,30 |
| **(=) Preço venda líquido** | **447,27** | **470,61** |
| (–) Custo dos Produtos Vendidos | | |
| Materiais | – 147,60 | – 180,40 |
| Mão de obra direta | – 150,00 | – 300,00 |
| Custo Indireto de Fabricação | – 130,29 | – 247,43 |
| **(=) Lucro Bruto** | **19,39** | **– 257,22** |

**PARA REFLETIR UM POUCO MAIS**

Desenvolva outras análises estratégicas de produtos considerando dimensões como *Market-share*, intensidade da concorrência, ciclo de vida de produto, entre outras.

Faça uma análise da lucratividade de produtos e discuta esse tema com o pessoal de marketing e controladoria.

Questione se o critério adotado para alocação dos custos indiretos é aderente com o processo físico.

# 6 ANÁLISE DOS PROCESSOS – *ACTIVITY BASED COSTING*

Assista ao vídeo *Análise dos processos* – Activity Based Costing.

### MINICASO

O Banco Consolidador S/A, que é caracterizado por ser bastante eficiente e rentável, acabou de comprar o seu maior concorrente. A equipe de Fusões e Aquisições do Banco Consolidador identificou que o concorrente possui alguns processos que são avaliados com notas altas pelos clientes. O Banco Consolidador tem uma grande experiência em aquisições de outras empresas, e percebeu que, em vez de desmontar as equipes dos bancos comprados e impor os seus processos, é preferível avaliar os processos dos bancos adquiridos, pois alguns desses são processos mais eficientes do que os existentes no Banco Consolidador.

### QUESTÕES

Considere que você faz parte da equipe que vai avaliar esses processos, como você faria esse estudo? O que seria importante apresentar? Quais são os conceitos importantes? E os aspectos estratégicos?

## OBJETIVOS DE APRENDIZAGEM

Ao final deste capítulo, é esperado que o leitor possa:
- entender que a empresa pode ser vista como um conjunto de atividades;
- entender que há uma metodologia para custear essas atividades, denominada *Activity Based Costing*;
- entender para quais finalidades o ABC é utilizado.

## 6.1 INTRODUÇÃO

Os administradores decidem sobre quais atividades devem ter sua eficiência melhorada, quais atividades devem ser terceirizadas, ou mesmo compartilhadas. Veja o caso de dois jornais, *Folha* e *Estadão*, que uniram a operação de logística para racionalizar o custo de distribuição. Veja o caso da cobrança eletrônica de pedágios como o Sem Parar, conseguiu diminuir o custo da atividade de cobrar o pedágio, além de diminuir o tempo gasto pelo usuário que ficava em longas filas, com isso também aumenta a satisfação do usuário com o serviço de utilização das estradas. Considere o caso de um hotel na Europa que dá desconto na tarifa, caso o hóspede opte para que o apartamento fique um dia sem limpeza.

Enfim, a visão de que as atividades consomem recursos está presente no ambiente dos negócios, a rigor o próprio planejamento da estrutura de recursos deveria ser feito com base em uma quantificação das atividades requeridas.

## 6.2 CONCEITOS FUNDAMENTAIS

O conceito de Custo por Atividades na literatura internacional foi difundido por Kaplan e Cooper (2000). Na literatura nacional, Catelli (2001) já discutia atividades embora de modo um pouco diferente, principalmente por enfatizar mais o resultado econômico de cada atividade.

O objetivo do ABC é calcular quanto custa cada atividade, ou seja, quanto custa a atividade de receber uma fatura, uma visita, um atendimento, um controle de qualidade etc.

Uma atividade pode ser conceituada como um processo físico que consome recursos

Direcionador de recursos: são os eventos que podem ser utilizados para alocar os recursos consumidos pelas atividades.

Direcionador de atividade ou também chamado *cost driver*: são os eventos que podem ser utilizados para alocar as atividades aos objetos de custo, como produtos, clientes, segmentos de negócios.

A escolha do *cost driver* pode ser feita levando em conta dois aspectos: (1) identifique qual é o *output* da atividade, por exemplo, na atividade de cobrar clientes o output pode ser a quantidade de cobranças; (2) identifique o evento que melhor explique o comportamento do custo das atividades, por exemplo, o custo de atender clientes no *call center* pode ser mais bem explicado pelo tempo das ligações e não pela quantidade de ligações. Use a técnica de regressão linear múltipla se for o caso.

## 6.3 OPERACIONALIZAÇÃO DO MODELO ABC

Para implementação do *Activity Based Costing*, é necessário mapear as atividades e custeá-las, para depois alocá-las aos produtos/serviços ou clientes, conforme a Figura 6.1. Juntamente com esse processo, é possível fazer concomitantemente uma análise crítica dos processos.

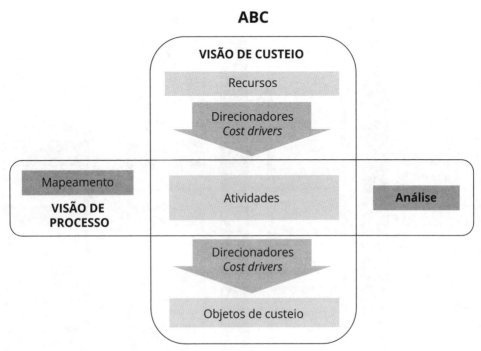

**Figura 6.1** Custeio Baseado em Atividades – ABC – uma visão geral.

Alguns passos mais detalhados devem ser feitos:

1. Mapear as principais atividades para entender as principais atividades relacionadas a fornecedores, aos clientes e às atividades internas.
2. Os recursos (geralmente custos indiretos e despesas, em alguns casos gastos com Mão de Obra Direta) devem ser alocados às atividades utilizando critérios de alocação como horas-máquina, horas-MOD, percentual baseado em entrevistas etc.
3. Identifique agora um *cost driver* mais apropriado para cada atividade, a regra básica é: se alterarmos o volume desse *cost driver* haverá alguma alteração no custo das atividades? Escolha o *cost driver* que melhor explica o comportamento do custo das atividades.
4. Quantifique o montante de *cost driver*, tome o cuidado com atividades que têm grande ociosidade, nesse caso é melhor pegar o volume que reflita a capacidade.
5. Calcule o custo unitário da atividade.
6. Tome decisões.
7. Verifique como cada atividade é consumida por produtos, clientes, segmentos.

8. Aloque as atividades aos objetos.
9. Tome decisões.

Na Figura 6.2, é possível ver que os recursos são alocados às atividades, estas são consumidas pelos objetos de custos, e, por fim, poderá fazer diversos relatórios para tomada de decisões.

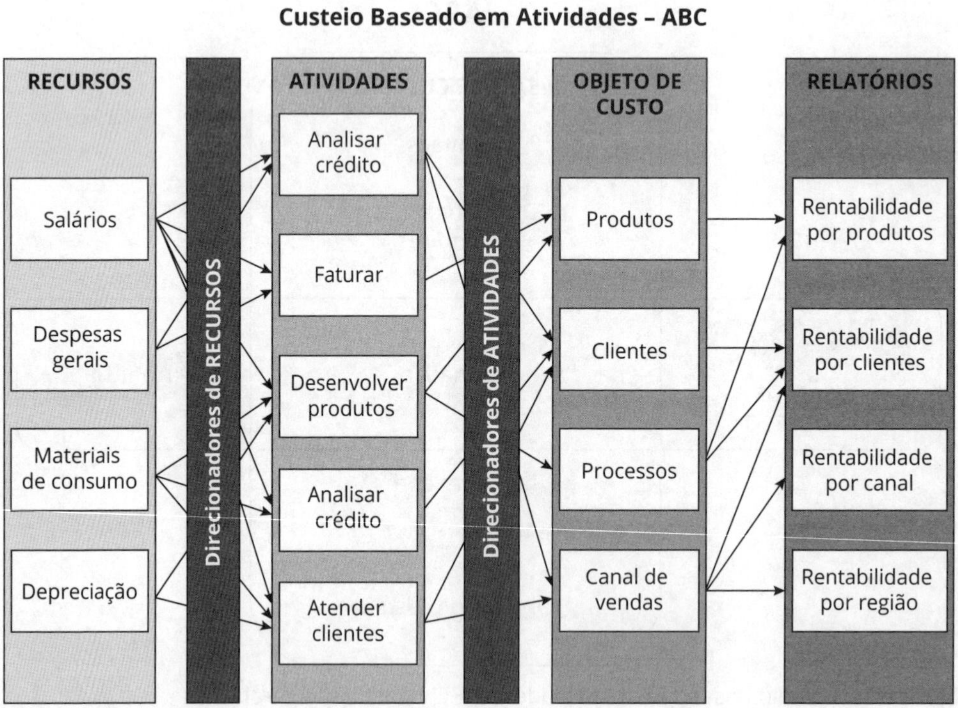

**Custeio Baseado em Atividades – ABC**

**Figura 6.2** Custeio Baseado em Atividades – ABC – um exemplo.

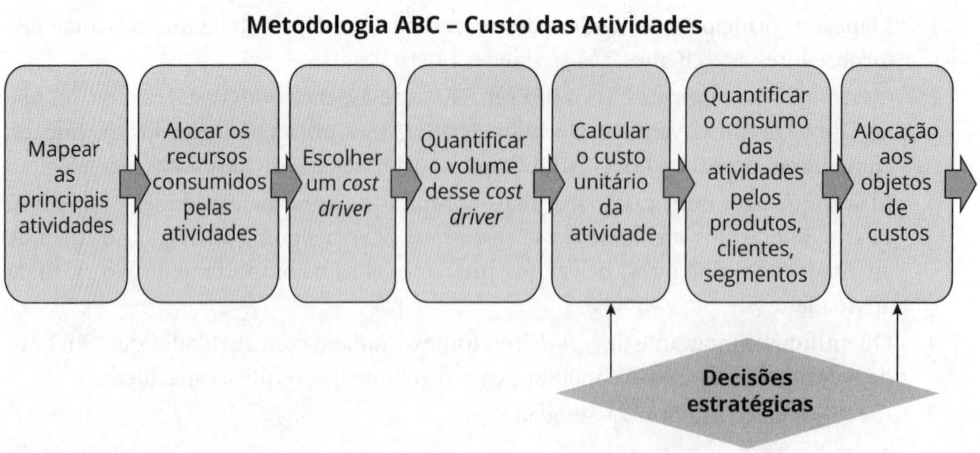

**Metodologia ABC – Custo das Atividades**

Mapear as principais atividades → Alocar os recursos consumidos pelas atividades → Escolher um *cost driver* → Quantificar o volume desse *cost driver* → Calcular o custo unitário da atividade → Quantificar o consumo das atividades pelos produtos, clientes, segmentos → Alocação aos objetos de custos

Decisões estratégicas

**Figura 6.3** Metodologia do Custeio Baseado em Atividades – ABC.

## Cuidados para não distorcer o ABC

- Nem todos os recursos devem ser alocados às atividades, existem custos que são chamados custos de sustentação por Garrison, Noreen e Brewer (2013), e entre eles existem os custos como aluguel, direção geral etc., que não são identificados às atividades.
- A quantidade de *cost driver* para calcular o custo unitário da atividade deve ser a que reflita a capacidade de execução, e não a quantidade de atividades realizada, pois pode haver grande ociosidade no consumo das atividades.

## Análise de atividades

Uma análise possível é comparar as atividades em duas dimensões: (1) Valor percebido pelo cliente; (2) Custo Unitário da Atividade. O valor percebido pode ser feito por meio de pesquisa com questionário aos clientes, atribuindo uma escala de 100 pontos. Já o custo unitário da atividade é obtido pelo processo de custeio, e nesse caso podem-se classificar as atividades em pouco ou muito eficientes, ou, ainda, acima ou abaixo do *benchmark*. Com as atividades mapeadas nesses quatro quadrantes é possível tomar decisões de eliminação, melhoria, terceirização, compartilhamento de atividades, cobrança pelas atividades, entre outras.

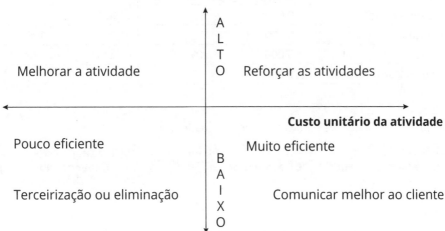

**Figura 6.4** Análise estratégica das atividades.

 **EXERCÍCIO RESOLVIDO**

### Comparação de Custeio por Atividades *versus* Taxa Única

A MELHORLIBRA, uma fábrica de cadernos, possui dois produtos: a linha **Universitário Padrão,** feita em larga escala e processos simplificados, enquanto a linha de **Cadernos**

Promocionais é feita para empresas, nos quais são inseridas informações específicas das empresas. A seguir, as informações do último ano.

**Tabela 6.1** Custos diretos

|  | Cadernos Promocionais | Cadernos Universitário Padrão |
|---|---|---|
| Volume de vendas | 20.000 | 100.000 |
| Preço venda líquido unitário ($) | 12,00 | 6,00 |
| **Custos unitários de produção** |  |  |
| Materiais ($) | 4,00 | 2,00 |
| Mão de obra direta ($) | 3,00 | 1,00 |
| Horas-máquina para fazer uma unidade | 0,20 | 0,10 |

**Custos Indiretos de Fabricação montam a $ 200.000.**

**Tabela 6.2** Custos indiretos

| Por Recursos | Total | Desenvolvimento de Protótipos | Set-up | Utilização de equipamentos |
|---|---|---|---|---|
| Salários de engenharia | 80.000 | 80% | 20% |  |
| Salários de produção | 30.000 |  | 100% |  |
| Manutenção | 40.000 |  |  | 100% |
| Depreciação | 50.000 | 20% | 10% | 70% |
| **Total de custos indiretos** | **200.000** |  |  |  |

**Tabela 6.3** Direcionadores para custeio por atividades

| Por Atividades | Total | Direcionador | Cadernos Promocionais | Cadernos Universitário Padrão | Total |
|---|---|---|---|---|---|
| Desenvolvimento de protótipos |  | Número de protótipos | 200 | 50 | 250 |
| Set-up |  | Número de preparação | 40 | 20 | 60 |
| Utilização de equipamentos |  | Horas-máquina (calcule) |  |  |  |
| **Total de custos indiretos** | **200.000** |  |  |  |  |

## Pede-se:

**1) Apure o lucro bruto unitário e a margem bruta unitária, tendo como base a alocação por taxa única (CIF por hora-máquina aplicada).**

**Tabela 6.4** Cálculo da TAXA para os Custos Indiretos de Fabricação (CIF)

|  | Cadernos Promocionais | Cadernos Universitário Padrão | Total |
|---|---|---|---|
| Volume | 20.000 | 100.000 |  |
| (x) H-máquina p/ fazer uma unidade | 0,20 | 0,10 |  |
| (=) Total de horas-máquina | 4.000 | 10.000 | 14.000 |

### Cálculo da taxa de custos indiretos de fabricação (CIF)

$$\text{Taxa CIF} = \frac{\text{Taxa CIF}}{\text{Total Horas-máquina}} = \frac{\$\ 200.000,00}{14.000} = \$14,29$$

### Alocação do CIF por produto com base na Taxa CIF

**Tabela 6.5** Alocação dos CIF com base na Taxa CIF

|  | Cadernos Promocionais | Cadernos Universitário Padrão |
|---|---|---|
| Horas-máquina por unidade | 0,2 | 0,1 |
| (x) Taxa CIF | 14,29 | 14,29 |
| (=) CIF unitário | $ 2,86 | 1,43 |

### Preparação da DRE

**Tabela 6.6** DRE por produto

|  | Cadernos Promocionais | Cadernos Universitário Padrão |
|---|---|---|
| Preço venda líquido unitário | 12,00 | 6,00 |
| (–) Custos unitários de produção |  |  |
|    Materiais | – 4,00 | – 2,00 |
|    Mão de obra direta | – 3,00 | – 1,00 |
|    CIF | – 2,86 | – 1,43 |
| **(=) Lucro Bruto Unitário** | **2,14** | **1,57** |
| **Margem Bruta (*)** | **17,9%** | **26,2%** |

$$(*)\ \text{Margem Bruta} = \frac{\text{Lucro Bruto}}{\text{Preço de Venda Líquido}} \times 100$$

2) Custeio por atividades.

Cálculo do custo das atividades

**Tabela 6.7   Cálculo do custo das atividades**

|  | Desenvolvimento de protótipos | Set-up | Utilização de equipamentos |
|---|---|---|---|
| Salários de engenharia | 80.000,00 | 80.000,00 | 80.000,00 |
| (x) *Driver* de salários de engenharia | 80% | 20% | 0% |
| **(A) Salários de engenharia alocado** | **64.000,00** | **16.000,00** | **0** |
| Salários de produção | 30.000,00 | 30.000,00 | 30.000,00 |
| (x) *Driver* de salários de produção | 0% | 100% | 0% |
| **(B) Salários de produção alocado** | **0** | **30.000,00** | **0** |
| Manutenção | 40.000,00 | 40.000,00 | 40.000,00 |
| (x) *Driver* de manutenção | 0% | 0% | 100% |
| **(C) Manutenção alocada** | **0** | **0** | **40.000,00** |
| Depreciação | 50.000,00 | 50.000,00 | 50.000,00 |
| (x) *Driver* de depreciação | 20% | 10% | 70% |
| **(D) Depreciação alocada** | **10.000,00** | **5.000,00** | **35.000,00** |
| **(A+B+C+D) Total de custos indiretos** | **74.000,00** | **51.000,00** | **75.000,00** |
| (÷) Direcionador de custos atividades | 250 | 60 | 14.000 |
| **(=) Custo unitário das atividades** | **296,00** | **850,00** | **5,36** |

3) Apure o lucro bruto unitário e margem bruta unitária com base no ABC.

Cálculo da alocação das atividades aos produtos (Objeto de Custo)

**Tabela 6.8**  Aplicação das atividades aos produtos

|  | Cadernos Promocionais | Cadernos Universitário Padrão |
|---|---|---|
| Custo unit. atividade desenv. de protótipos | 296,00 | 296,00 |
| (x) *Driver* da atividade (número de protótipos) | 200 | 50 |
| **(=) Custo total desenvolv. de protótipos alocado a produtos** | **59.200,00** | **14.800,00** |
| (÷) Volume de vendas | 20.000 | 100.000 |
| **(=) Custo unitário desenvolv. de protótipos alocado a produtos** | **2,96** | **0,15** |
| Custo unitário atividade de *set-up* | 850,00 | 850,00 |
| (x) *Driver* da atividade (número de *set-ups*) | 40 | 20 |
| **(=) Custo total *set-up* alocado a produtos** | **34.000,00** | **17.000,00** |
| (÷) Volume de vendas | 20.000 | 100.000 |
| **(=) Custo unitário *set-up* alocado a produtos** | **1,70** | **0,17** |
| Custo unitário atividade de utilização de equipamentos | 5,36 | 5,36 |
| (x) *Driver* da atividade (utilização de equipamentos) | 4.000 | 10.000 |
| **(=) Custo total utilização de equipamentos alocado a produtos** | **21.440,00** | **53.600,00** |
| (÷) Volume de vendas | 20.000 | 100.000 |
| **(=) Custo unitário utilização de equipamentos alocado a produtos** | **1,07** | **0,54** |

## Preparação da DRE por atividades

**Tabela 6.9** DRE por atividades

|  | Cadernos Promocionais | Cadernos Universitário Padrão |
|---|---|---|
| Preço venda líquido unitário | 12,00 | 6,00 |
| (–) Custos unitários de produção |  |  |
| Materiais | – 4,00 | – 2,00 |
| Mão de obra direta | – 3,00 | – 1,00 |
| CIF |  |  |
| Desenvolvimento de protótipos | – 2,96 | – 0,15 |
| Set-up | – 1,70 | – 0,17 |
| Utilização de equipamentos | – 1,07 | – 0,54 |
| **(=) Lucro Bruto Unitário** | **– 0,73** | **2,14** |
| **Margem Bruta (*)** | **– 6,1%** | **35,7%** |

(*) $\text{Margem Bruta} = \dfrac{\text{Lucro Bruto}}{\text{Preço de Venda Líquido}} \times 100$

**4) O que a abordagem ABC forneceu de informações para a melhoria do desempenho, e quais decisões você tomaria?**

**Tabela 6.10** Indicadores do custeio por atividades

| Indicadores | Proporção de Custo |
|---|---|
| Desenvolvimento de protótipos dos cadernos promocionais | 2,96 |
| (÷) Desenvolvimento de protótipos dos cadernos padrão | 0,15 |
| **(=) Relação de custo de desenvolvimento de protótipos** | **19,73** |
| Set-up dos cadernos promocionais | 1,70 |
| (÷) Set-up dos cadernos padrão | 0,17 |
| **(=) Relação de custo do set-up** | **10,00** |
| Utilização de equipamentos dos cadernos promocionais | 1,07 |
| (÷) Utilização de equipamentos dos cadernos padrão | 0,54 |
| **(=) Relação de custo do utilização de equipamentos** | **1,98** |

O ABC forneceu informações para a melhoria de processos, principalmente com relação aos cadernos promocionais, que estão utilizando mais recursos de produção do que o caderno padrão. Por exemplo:

Pode-se perceber que:

a) O custo de desenvolvimento de protótipos está muito elevado no caderno promocional em relação ao caderno padrão (200 protótipos do caderno promocional contra 50 do caderno padrão). Isso representa um custo de 19,73 vezes maior no caderno promocional quando comparado ao caderno padrão. Portanto, esse custo mereceria uma reavaliação, principalmente de processo, pois o número de desenvolvimento de protótipos está 4 vezes maior que o caderno promocional. Uma alternativa visando minimizar os custos seria avaliar a possibilidade de reaproveitamento de protótipos de produtos similares.

b) O custo de *set-up* também está muito elevado no caderno promocional em relação ao caderno padrão (40 *set-ups* do caderno promocional contra 20 do caderno padrão). Isso representa um custo de 10 vezes maior no caderno promocional quando comparado ao caderno padrão. Também é necessária uma reavaliação desse custo, principalmente de processo. Por que o número de *set-ups* é o dobro no caderno promocional? Uma justificativa poderia ser os números de pedidos fracionados. A empresa poderia definir lotes maiores visando minimizar os pedidos fracionados.

c) O custo de utilização de equipamentos está também muito elevado no caderno promocional em relação ao caderno padrão (0,20 horas-máquina do caderno promocional contra 0,10 do caderno padrão). Isso representa um custo de 1,98 vez maior no caderno promocional quando comparado ao caderno padrão. Também carece de uma reavaliação desse custo e de processo, pois o custo de utilização de equipamentos é o dobro no caderno promocional. A sugestão seria reavaliar o número de horas em relação ao volume.

**PARA REFLETIR UM POUCO MAIS**

Alguns críticos entendem que o ABC é um critério de rateio melhorado ou mais sofisticado. Qual é sua opinião sobre isso?

Em que tipos de empresa (com quais características) o ABC poderia ser mais útil?

Em quais processos a sua empresa tem mais eficiência?

# 7 ANÁLISE DA LUCRATIVIDADE DE CLIENTES

Assista ao vídeo *Análise da lucratividade de clientes*.

### MINICASO

**Leia esse diálogo ocorrido em uma empresa que tem muitas categorias de clientes.**

Gerente A: Nossa margem EBIT está em queda, creio que temos problemas com a lucratividade dos produtos, e, na minha opinião, a área de produção está bastante deficiente.

Gerente B: Concordo com você que nossa lucratividade está diminuindo, mas os custos unitários de produção estão na realidade em queda. Para mim, o problema é outro, nós crescemos bastante, estamos vendendo demais, creio que isso é fruto do programa "o cliente é o rei", passamos a nos esforçar demais para vender e não perder o cliente, frequentemente acho que damos descontos além do necessário.

Gerente C: Eu também concordo, os vendedores ganham comissão sobre as vendas, e não sobre as margens, no passado isso funcionava pois não tínhamos de dar descontos sobre o preço-lista, eram outros tempos.

Gerente D: Criamos uma série de departamentos de suporte ao cliente, *call center*, 0800. Praticamente colocamos uma equipe de atendimento ao nosso cliente, além do que os descontos não são mais uniformes, cada caso é um caso.

## QUESTÃO
Como você faria para elucidar essa discussão?

### OBJETIVOS DE APRENDIZAGEM

Ao final deste capítulo, é esperado que o leitor possa:
- entender como fazer um relatório de lucratividade de clientes;
- entender quais decisões podem ser tomadas com base nesse relatório.

## 7.1 INTRODUÇÃO

Considere o caso de uma indústria de alimentos que opera com diferentes canais de atendimento: supermercados, distribuidores, cadeias de *fast food*. Para cada diferente canal, a empresa tem diferentes estruturas de recursos, políticas de descontos, ações de marketing, níveis de atendimento, dentre outras. E, ainda, dentro de cada canal, existem diferentes tipos de clientes, por exemplo, grandes supermercados, médios supermercados, o mesmo acontecendo com distribuidores.

## 7.2 CONCEITOS FUNDAMENTAIS

O primeiro conceito que você deve ter em mente é o de Custo das Atividades, pois este se faz necessário para calcular a lucratividade dos clientes, portanto é fundamental saber o custo das diversas atividades relacionadas a esses clientes, como pré-venda, venda, visita, pós-venda, atendimento, cobrança, atendimento ao cliente, entre outros.

O segundo conceito é que os descontos comerciais que muitas vezes não aparecem em nenhum lugar da DRE, pois já são contabilizados diretamente como receita, gerencialmente devem ser classificados como despesas relacionadas aos clientes, sendo necessário recalcular a margem bruta tomando como base o preço-lista (antes dos descontos).

A escolha do *cost driver* pode ser feita levando-se em conta dois aspectos: (1) identifique qual é o *output* da atividade; por exemplo, em atender clientes no *call center*, pode ser a quantidade de ligações; (2) identifique o evento que melhor explique o comportamento do custo das atividades, por exemplo, em atender clientes no *call center*, pode ser mais bem explicado pelo tempo das ligações e não pela quantidade de ligações. Use a técnica de regressão linear múltipla se for o caso.

## 7.3 OPERACIONALIZAÇÃO DO MODELO

São sugeridos alguns passos, conforme a Figura 7.1.

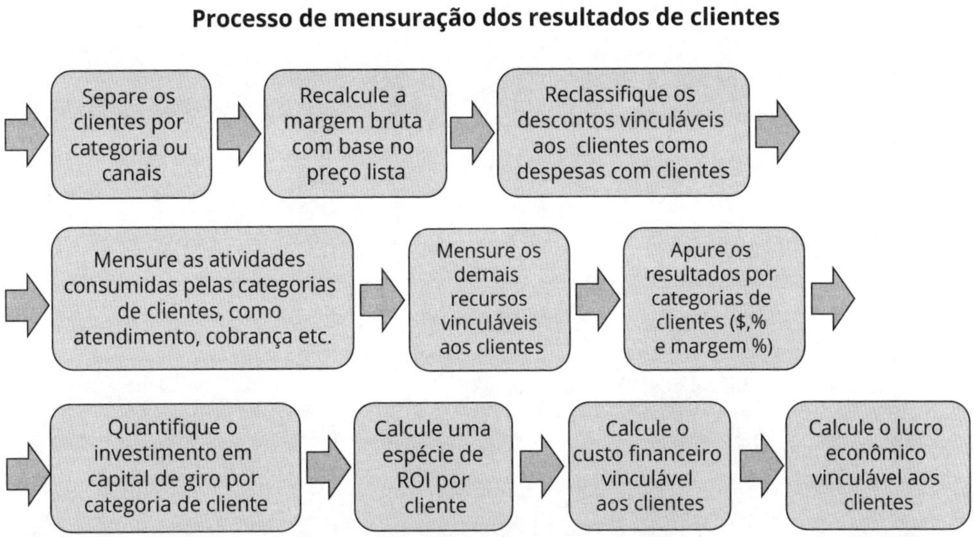

**Processo de mensuração dos resultados de clientes**

→ Separe os clientes por categoria ou canais → Recalcule a margem bruta com base no preço lista → Reclassifique os descontos vinculáveis aos clientes como despesas com clientes →

→ Mensure as atividades consumidas pelas categorias de clientes, como atendimento, cobrança etc. → Mensure os demais recursos vinculáveis aos clientes → Apure os resultados por categorias de clientes ($,% e margem %) →

→ Quantifique o investimento em capital de giro por categoria de cliente → Calcule uma espécie de ROI por cliente → Calcule o custo financeiro vinculável aos clientes → Calcule o lucro econômico vinculável aos clientes

**Figura 7.1** Processo de mensuração dos resultados de clientes.

Os clientes devem ser classificados por categoria ou canais, em seguida os descontos comerciais (dados na nota fiscal e que são vinculáveis aos clientes) devem ser reclassificados como despesas vinculáveis a clientes, permitindo a recomposição da margem bruta dos produtos (com base no preço-lista). Evidentemente podem existir descontos vinculáveis a produtos, e, nesse caso, já afetam a margem bruta dos produtos.

Os clientes consomem atividades como atendimento, cobrança, pós-venda, pré-venda, entre outros, por isso, você precisa usar o método de custo das atividades para apurar o custo destas aos clientes.

Não se esqueça que ainda pode haver recursos vinculáveis, como gerente de contas, vendedores dedicados, despesas de marketing vinculáveis aos clientes, como é o caso do *trade marketing* etc., então esses custos devem ser classificados aos clientes.

Nesse momento, é possível calcular o resultado por cliente ou categoria de clientes, aí é fazer a análise de eficiência (qual é a margem – lucro dividido pelas receitas líquidas) e de importância (quanto o resultado em moeda representa do resultado total).

Caso queira avançar mais, quantifique o investimento em capital de giro, caso tenha isso em controles contábeis ou financeiros, melhor; caso não, estime as contas a receber utilizando a fórmula do prazo médio de recebimento multiplicado pelas vendas diárias, o mesmo para o estoque, prazo médio de estocagem multiplicado pelo custo diário dos produtos vendidos; e, para fornecedores, utilize o prazo médio de pagamento multiplicado pelas compras diárias.

Com isso, é possível calcular uma espécie de ROI por clientes, pois possivelmente algumas despesas não identificadas aos clientes estariam de fora dessa conta, além do que não seria necessário calcular o resultado com os clientes descontando uma alíquota de IR. Por si só, essa conta já será bastante interessante para tomada de decisão.

Na Figura 7.2, é possível ver um modelo de demonstração de resultado.

## Resultado por Cliente

| | Produto A | Produto B | Produto C | Cliente Y |
|---|---|---|---|---|
| Receitas brutas sem descontos – líquida de Impostos | | | | |
| Custos dos produtos vendidos | | | | |
| = Lucro bruto de produtos | | | | |
| **Despesas relacionadas aos clientes** | | | | |
| Descontos comerciais | | | | |
| Custos de atividades como entrega, atendimento, cobrança, pré-venda, pós-venda etc. | | | | |
| Recursos dedicados aos clientes como gerente de contas, *trade marketing* etc. | | | | |
| Outros gastos | | | | |
| Resultados direto por cliente | | | | |
| Investimento em *working capital* | | | | |
| ROI por cliente | | | | |
| Custo de capital | | | | |
| Lucro econômico por cliente | | | | |

**Figura 7.2** Resultado por cliente.

## 7.4 ANÁLISE ESTRATÉGICA

Uma análise que pode ser feita é comparar o comportamento das vendas à margem de lucro desses clientes; quando falamos em margem de lucro, entenda-se o lucro por cliente, conforme o modelo discutido anteriormente.

A melhor situação seria as vendas estarem em crescimento e com alta margem, nesse caso, a recomendação seria defender e reforçar a posição da empresa, monitorando os preços da concorrência e o nível de serviços ofertados.

A pior situação seria as vendas estarem em queda e com margem baixa, nesse caso a recomendação seria de primeiro identificar as causas de perda de mercado e também analisar a rentabilidade por cliente para identificar aqueles que estão prejudicando a margem.

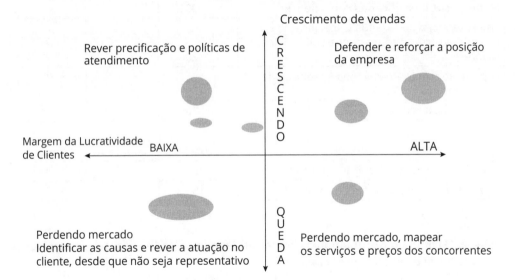

O tamanho é relativo à participação no resultado com clientes

**Figura 7.3** Análise estratégica da lucratividade de clientes.

EXERCÍCIO RESOLVIDO

Observe um segmento de negócio que tem dois clientes.

**Tabela 7.1**  DRE por cliente

| DRE | SB3 | Cliente A | Cliente B |
|---|---|---|---|
| **Receitas Líquidas** | **400** | 150 | 250 |
| (−) Custos dos Produtos Vendidos | − 200 | − 75 | − 125 |
| = Lucro Bruto | 200 | 75 | 125 |
| (−) despesas identificadas com produtos | − 40 | − 15 | − 25 |
| = Resultado de produtos | **160** | 60 | 100 |
| **(−) despesas identificadas com clientes** | **− 90** | | |
| visitas técnicas – pré-venda (especificação do produto de acordo com as necessidades dos clientes) | − 20 | | |
| suporte ao cliente – pós-venda (resolução de problemas pós entrega) | − 70 | | |
| = resultados de clientes | **70** | | |
| | total | Cliente A | Cliente B |
| quantidade de visitas técnicas – pré-venda | 5 | 1 | 4 |
| quantidade de atendimentos – pós-venda | 15 | 13 | 2 |

**Pede-se: (1) apure o resultado por clientes utilizando os dados e faça recomendações para melhoria da eficiência operacional**

Calculamos o custo unitário da visita técnica $ 20/5 visitas = $ 4

Calculamos o custo unitário do suporte ao cliente $ 70/15 visitas = $ 4,67

Apropriamos aos clientes e temos a seguinte DRE:

**Tabela 7.2** DRE por cliente

| DRE | SB3 | Cliente A | Cliente B |
|---|---|---|---|
| **Receitas Líquidas** | **400** | 150 | 250 |
| (–) Custos dos Produtos Vendidos | **– 200** | – 75 | – 125 |
| = Lucro Bruto | **200** | 75 | 125 |
| (–) despesas identificadas com produtos | **– 40** | – 15 | – 25 |
| = Resultado de produtos | **160** | 60 | 100 |
| **(–) despesas identificadas com clientes** | **– 90** | (65) | (25) |
| visitas técnicas – pré-venda (especificação do produto de acordo com as necessidades dos clientes) | – 20 | 1 × $ 4 = $ 4 | 4 × $ 4 = $ 16 |
| suporte ao cliente – pós-venda (resolução de problemas pós entrega) | – 70 | 13 × 4,67 = 61 | 2 × 4,67 = $ 9 |
| = resultados de clientes | **70** | (5) | 75 |

Uma análise poderia sugerir que as visitas técnicas de pré-venda estão sendo insuficientes para especificar o produto do cliente A, acarretando maior necessidade de visitas de pós-venda.

### PARA REFLETIR UM POUCO MAIS

Quais clientes geram resultados para sua organização e como está a priorização em termos de atendimento às demandas deles?

Discuta a afirmação "por trás das Despesas com Vendas, Gerais e Administrativas, existem muitas atividades e estas é que são a origem de boa parte do SG&A, mas que podem estar vinculadas aos clientes".

# 8 RELAÇÕES CUSTO-VOLUME-LUCRO

Assista ao vídeo *Relações Custo-Volume-Lucro*.

## MINICASO

A Totino Indústria e Comércio Ltda. é uma empresa do ramo de autopeças e está em uma situação difícil. As vendas no último ano vêm caindo por conta da crise que o setor tem passado, e a diretoria precisa fazer alguma coisa. Na reunião gerencial entre Túlio (gerente de operações), Heriberto (gerente comercial), Marcos (gerente de compras), Nestor (gerente de controladoria) e Michele (diretora geral) se discutem possíveis alternativas para um de seus produtos – *kit* de embreagem – que é o carro-chefe na empresa:

Túlio: Nós temos um problema sério. Vocês da área comercial erraram na previsão de demanda do *kit* de embreagem e agora nós estamos com um estoque enorme. Só espero que esse ônus não recaia sobre a minha área.

Marcos: Calma lá, Túlio! Quando fizemos a previsão do kit de embreagem, o mercado estava aquecido. Jamais tínhamos como prever que no momento seguinte o mercado iria virar! Eu pedi ao meu pessoal para avaliar por onde poderíamos escoar esse estoque, porém, a situação é geral no mercado. Inclusive nossos concorrentes diretos estão passando pelas mesmas dificuldades que nós. Então eu pedi à nossa área de marketing algumas alternativas. Ela fez um estudo e concluiu que, se nós reduzíssemos o preço do *kit* de embreagem em apenas 10%, as vendas aumentariam 40%. Isso me parece bastante razoável!

Marcos: Senhores, senhores... eu acho que uma redução de 10% no preço, dado o cenário atual, é muito agressiva! Não esqueçam que depois teremos de comprar novamente materiais para produzir os *kits*, e não tenho informação de que nossos fornecedores estão reduzindo seus preços!

Heriberto: Mas essa pode ser uma boa oportunidade, Marcos! Com a redução no preço poderíamos desovar o estoque e ainda incrementar nossas vendas. Acho que ainda teríamos lucro nessa operação. Nestor, o que você acha?

Nestor: Marcos, eu preciso avaliar melhor. Túlio, qual a nossa capacidade ociosa hoje?

Túlio: Estamos trabalhando com 30% de capacidade ociosa.

Nestor: Eu levantei alguns dados. Hoje nós estamos vendendo o *kit* de embreagem ao preço de $ 120,00 por unidade, e o volume de vendas atual é de 10.000 unidades. Nossos custos variáveis atualmente estão em $ 90,00 por unidade, e os custos e despesas fixas estão em $ 140.000,00. Eu preciso analisar se essa proposta do Heriberto faz sentido.

Michele: Então, Nestor, faça isso e nos dê uma posição na próxima reunião.

## QUESTÕES

Diante de uma situação como essa, seria prudente a empresa tomar a decisão de reduzir o preço de venda do *kit* de embreagem diante de uma perspectiva de aumento de participação de mercado? Que considerações você faria visando argumentar a favor ou contra a adoção dessa estratégia?

## OBJETIVOS DE APRENDIZAGEM

Ao final deste capítulo, é esperado que o leitor possa:
- saber identificar os efeitos das alterações de volume, preços, custos variáveis e fixos no resultado da empresa;
- saber identificar os riscos (volatilidade dos lucros) de uma empresa;
- calcular o ponto de equilíbrio (contábil, econômico e financeiro);
- analisar os impactos nos resultados em relação à decisão de alteração de *mix* de produtos;
- determinar qual é o volume mínimo de vendas que uma empresa precisa obter considerando seus custos e despesas fixas;
- minimizar a volatilidade do lucro operacional considerando segmentos alvo;
- analisar o risco operacional.

## 8.1 INTRODUÇÃO

Para poder fazer a análise de ponto de equilíbrio, é necessário descobrir qual montante é fixo ou variável. Sem essa informação, não é possível calcular o ponto de equilíbrio de um concorrente. A DRE publicada contém a informação apenas por função, por isso não é suficiente.

## 8.2 DEMONSTRAÇÃO DE RESULTADO POR COMPORTAMENTO DOS CUSTOS E DESPESAS – USO INTERNO GERENCIAL

Para entendermos a relação de custo-volume-lucro, inicialmente, precisamos compreender o comportamento dos custos e despesas segregando-os em fixos e variáveis. Ao analisar esse comportamento, levamos em conta o nível de atividade (volume de produção, volume de vendas, faturamento, quilometragem rodada, horas de mão de obra, entre outros) sob o qual esses custos e despesas estão atrelados mediante uma relação de causa e efeito. A relação de causa e efeito determina como um custo é afetado mediante certo nível de atividade. Por exemplo, vamos considerar que o volume de produção corresponde ao nível de atividade em uma situação específica.

### 8.2.1 Conceitos Importantes

**À medida que o volume de produção aumenta, é esperado que o custo variável total também aumente na mesma proporção**, ressalvados outros aspectos como melhoria de negociação ou otimização de processos. Essa relação linear é importante, pois traduz o comportamento do custo variável em um ambiente de produção. Nesse caso, o volume de produção (causa) é quem determina o aumento do custo variável (efeito). Para entender melhor essa relação, tomemos como ponto de partida a Figura 8.1, que relaciona o volume e o custo. Observe que os custos variáveis tendem a aumentar de forma linear à medida que o nível de atividade aumenta (volume). Isso acontece, pois os custos variáveis têm uma relação direta com o volume. É o caso dos insumos empregados nos processos produtivos, normalmente, classificados como materiais diretos. Por exemplo, suponha que uma empresa produza unidades de armazenamento SSD (*Solid State Drive*) e tenha os seguintes custos:

**Tabela 8.1** Composição de custos de um lote de SSDs

| Itens de custos | $ por lote de 100 unidades |
|---|---|
| Materiais diretos | $ 150,00 |
| Mão de obra direta | $ 200,00 |
| Custos indiretos de fabricação (todos fixos) | $ 700,00 |

Na Tabela 8.1, os custos diretos (materiais e mão de obra) são classificados como variáveis. Vamos admitir que a empresa receba um pedido de um cliente para a entrega de 20.000 unidades de SSDs para abastecer suas lojas. O processo de produção da empresa está estabilizado e não há perdas significativas de materiais em seu processo de produção. Portanto, ela precisará enviar uma ordem de produção de 200 lotes (20.000 unidades ÷ 100 por lote) para atender o pedido. O custo total de material direto do pedido será de $ 30.000,00 (200 lotes × $ 150,00). Caso precise processar outro pedido, digamos de 300 lotes, o custo total de material direto do pedido será de $ 45.000,00 (300 lotes × $ 150,00). A Tabela 8.2 mostra o comportamento do custo do material direto em relação ao volume de produção.

**Tabela 8.2** Composição de custos de materiais diretos

**Item de custo:** Materiais diretos

| Volume de produção em lotes de 100 unidades | $ total do lote | |
|---|---|---|
| 100 | 100 × $ 150,00 = | $ 15.000,00 |
| 200 | 200 × $ 150,00 = | $ 30.000,00 |
| 300 | 300 × $ 150,00 = | $ 45.000,00 |
| 400 | 400 × $ 150,00 = | $ 60.000,00 |
| ⋮ | ⋮ | ⋮ |
| 1.000 | 1.000 × $ 150,00 = | $ 150.000,00 |

Se fizermos um gráfico dessa relação, obteremos uma reta ascendente conforme observado na Figura 8.1. Na abcissa (eixo $x$) teríamos o volume de produção e na ordenada (eixo $y$), o custo total de materiais diretos correspondente à produção do lote.

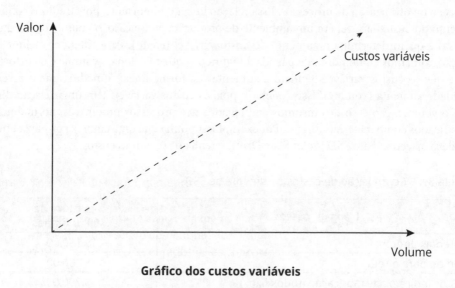

**Gráfico dos custos variáveis**

- O custos variáveis tendem a aumentar de forma linear à medida que o nível de atividade aumenta (volume). Isso acontece, pois os custos variáveis têm uma relação direta com o volume.

- É o caso dos insumos empregados nos processos produtivos, normalmente classificados como materiais diretos.

**Figura 8.1** Gráfico dos custos variáveis.

Embora a relação dos custos variáveis com o nível de atividade seja uma relação linear, do ponto de vista didático, na prática, essa relação não é tão linear assim. A empresa pode apresentar, em algum momento, problemas de eficiência operacional por conta de algum processo que saiu de controle. Quando isso acontece é comum os custos subirem devido às perdas de material em processo (aumento de refugo). Essas perdas acabam acarretando o aumento do custo de produção e por consequência aumento do custo dos produtos vendidos. O aumento do custo da mão de obra direta também pode ser influenciado à medida que processos fora de controle exigem mais tempo para que as atividades sejam executadas e as ordens de produção finalizadas. Essa perda de eficiência pode ser capturada por indicadores como margem bruta ou pela margem de contribuição, que abordaremos mais à frente. Outra forma de alterar a curva observada na Figura 8.1 poderia ser por meio da aquisição de matéria-prima mais barata devido à negociação com fornecedores mediante o aumento de volume. As empresas tendem a conseguir descontos maiores em suas compras por conta do aumento de volume. Isso afeta o custo médio dos estoques desses itens, que, por sua vez, afeta a curva de custos. Mas neste livro, ao discutirmos custo variável, o faremos considerando uma relação linear. Esse raciocínio também se aplica às despesas variáveis.

## Custos Fixos

Além dos custos variáveis, a empresa também tem em sua estrutura operacional **os custos fixos**. Esses custos são chamados fixos, pois assim permanecem fixos dentro de uma faixa relevante de produção da empresa. No ambiente de produção, podem ser considerados custos fixos: o salário do gerente de produção, o aluguel das instalações da fábrica, o seguro da fábrica, a energia elétrica destinada à iluminação da fábrica, a depreciação de equipamentos e instalações, entre outros. Observe que na Figura 8.2 os custos fixos não se alteram em função do volume de produção dado pelas quantidades Q1 e Q2. Por exemplo, o salário do gerente de produção ou mesmo o aluguel da fábrica não irão aumentar só porque a empresa saiu de um patamar de produção Q1 para Q2! Os custos com salário e aluguel permanecerão inalterados até o ponto de **capacidade instalada atual**. Esse ponto corresponde à faixa relevante de produção determinada pelos custos fixos. À medida que a empresa atingir o nível de capacidade instalada atual, qualquer expansão da demanda de mercado exigirá dela novos investimentos em custos fixos. Isso quer dizer, por exemplo, aquisição de novos equipamentos de produção, ampliação da fábrica, que irão gerar aumentos da depreciação, colocar um segundo turno de trabalho, que exigirá a contratação de mão de obra indireta (um supervisor de produção) e elevará os salários fixos, entre outros. Nesse caso, os custos fixos subirão em degrau, conforme demonstrado na Figura 8.2, e uma nova faixa relevante de produção será estabelecida dada pelo patamar da **nova capacidade instalada**. A faixa relevante permanecerá inalterada até que o limite de produção seja atingido e uma nova necessidade de investimentos em custos fixos seja necessária. Esse raciocínio se aplica também às despesas fixas.

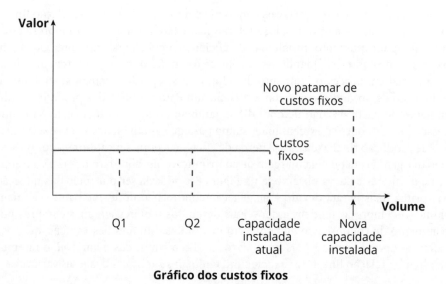

**Gráfico dos custos fixos**

- Esses custos são chamados fixos, pois não têm relação com o nível de atividade, porém, determinam a faixa relevante de produção da empresa.

- No ambiente de produção, podem ser considerados custos fixos: o salário do gerente de produção, o aluguel das instalações da fábrica, o seguro da fábrica, a energia elétrica destinada à iluminação da fábrica, a depreciação de equipamentos e instalações, entre outros.

**Figura 8.2** Gráfico dos custos fixos.

## Gestão de Custos Fixos

Uma característica também importante dos custos e despesas fixas é quanto ao seu gerenciamento. Alguns itens são gerenciáveis; outros, pouco gerenciáveis, dependendo de suas características. Por exemplo, há pouco ou nenhum espaço de manobra no curto prazo para que a empresa reduza o aluguel da fábrica, pois há um contrato que precisa ser honrado. Qualquer alteração no valor a ser pago pela empresa deverá ser motivo de renegociação com o proprietário do imóvel. Por outro lado, o salário do supervisor de produção já é um item de custo gerenciável. Numa redução de demanda de produção, a empresa poderia eliminar um turno de trabalho e, por consequência, eliminar o cargo de supervisor de produção.

Dentro da configuração de custos fixos e variáveis, há outros custos que são classificados como semivariáveis. É o caso de energia elétrica, água e gás. Esses custos descrevem um comportamento misto, em que até determinado patamar são fixos e acima deste patamar são variáveis.

## Estrutura do custeio variável para análise interna

Para analisar essas e outras situações que suportam a tomada de decisões pelos gestores internos da organização, usamos a estrutura de custos definida pela Tabela 8.3.

**Tabela 8.3** Demonstração de Resultado por Contribuição

| |
|---|
| Receita de Venda Bruta |
| (–) Impostos sobre receita (PIS, Cofins, ICMS ou ISS, IPI) |
| **(=) Receita de Venda Líquida** |
| (–) Custos Variáveis |
| (–) Despesas Variáveis |
| **(=) Margem de Contribuição** |
| (–) Custos Fixos Desembolsáveis |
| (–) Despesas Fixas Desembolsáveis |
| **(=) EBITDA** |
| (–) Custos Fixos de depreciação |
| (–) Despesas Fixas de depreciação |
| **(=) EBIT** |

### Conceito de Margem de Contribuição

A **margem de contribuição** cujo conceito é definido como o valor que sobra da venda de cada produto/serviço para cobrir os custos e despesas fixas e ainda gerar lucro. Esse indicador revela o potencial de geração de lucro dos produtos/serviços. É também chamado pelos economistas como um indicador de contribuição marginal, ou seja, cada unidade vendida irá contribuir para reduzir o montante de custos e despesas fixas. A Figura 8.3 detalha este cálculo de forma clara e objetiva.

Margem de Contribuição = Receita Líquida de Vendas – Custos e Despesas Variáveis

Além da margem de contribuição é importante calcular também o **índice da margem de contribuição** ou **margem de contribuição em percentual**. Se um produto apresenta um índice da margem de contribuição de 30% significa que, para cada $ 1,00 de venda líquida, o produto gera $ 0,30 de margem de contribuição. Há outras aplicações em que podemos usar esse índice, que discutiremos mais adiante.

$$\text{Índice da Margem de Contribuição} = \frac{\text{Margem de Contribuição}}{\text{Receita Líquida de Vendas}} \times 100$$

Na fórmula acima, a receita líquida de venda pode ser substituída pelo preço líquido de venda, pois o percentual será o mesmo.

### Análise do Ponto de Equilíbrio

A análise do ponto de equilíbrio (*break-even point*) é fundamental para a empresa determinar sua necessidade de receita de venda ou a quantidade de produtos necessária para zerar os custos e despesas fixas. Esse ponto corresponde ao ponto de equilíbrio contábil (PE). Porém, há outros dois tipos de pontos de equilíbrios que a empresa pode calcular dependendo do tipo de decisão que queira avaliar. São eles: o ponto de equilíbrio econômico (PEE) e o ponto de equilíbrio financeiro (PEF).

O PEE, além de considerar os custos e despesas fixas totais, leva em conta o lucro desejado pela empresa. Já o cálculo do PEF exclui dos custos e despesas fixas totais os itens que não afetam o caixa como depreciação, amortização, entre outros, mas pode considerar alguma amortização de dívidas, necessidade de investimentos ou dividendos, dentre outros.

A Figura 8.3 apresenta o gráfico do ponto de equilíbrio. Observe que o ponto de equilíbrio (PE) se dá à medida que a curva de receita cruza a curva de custos totais (custos fixos mais custos variáveis totais). Nesse ponto a empresa não tem lucro, nem prejuízo. No entanto, se o nível de atividade (receitas) ficar abaixo do PE, a empresa certamente terá prejuízo. Por outro lado, se o nível de atividade ficar acima do PE, a empresa auferirá lucro.

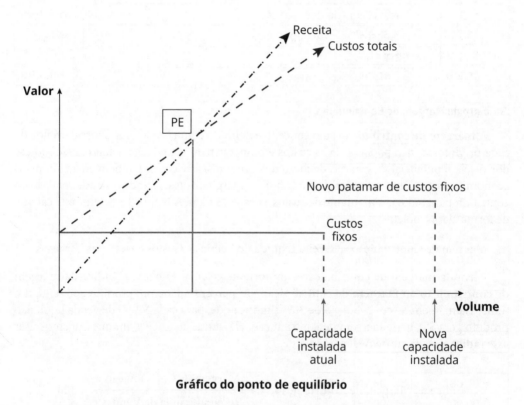

**Gráfico do ponto de equilíbrio**

Abaixo do ponto de equilíbrio (PE) ou *break-even point* => **Prejuízo**
Acima do ponto de equilíbrio (PE) ou *break-even point* => **Lucro**

**Figura 8.3** Gráfico do ponto de equilíbrio.

O cálculo do ponto de equilíbrio pode ser realizado por meio da estrutura de custo (Figura 8.3), mas também é possível realizar esse cálculo mediante a equação do lucro, conforme a seguir.

$$\text{Lucro} = RL - CV - DV - CF - DF$$
$$\text{Lucro} = (P \times Q) - (Q \times CV_{unit.}) - (Q \times DV_{unit.}) - CF - DF$$
$$0 = Q \times (P - CV_{unit.} - DV_{unit.}) - CF - DF$$
$$CF + DF = Q \times (P - CV_{unit.} - DV_{unit.})$$

$$Q = \frac{(CF + DF)}{(P - CV_{unit.} - DV_{unit.})}$$

Onde:
RL = Receita Líquida de Venda
RL = P × Q
P = Preço de Venda Líquido
Q = Quantidade de venda
CV = Custos Variáveis Totais
DV = Despesas Variáveis Totais
$CV_{unit.}$ = Custos Variáveis Unitários
$DV_{unit.}$ = Despesas Variáveis Unitárias (pode ser em quantidade ou como percentual do preço de venda líquido)
CF = Custos Fixos Totais
DF = Despesas Fixas Totais
$P - C_{Vunit.} - D_{Vunit.}$ = Margem de contribuição unitária

Para achar o ponto de equilíbrio basta fazer que o lucro seja zero. Vamos a um exemplo. Suponha que a Manufatura Ventura Ltda. fabrique canetas esferográficas especiais e tenha as seguintes informações de preço, custos e despesas (Tabela 8.4).

**Tabela 8.4** Dados da Manufatura Ventura

| Manufatura Ventura: canetas esferográficas especiais | Dados |
|---|---|
| Volume de vendas (em unidades) | 50.000 |
| Preço de venda líquido | $ 10,00 |
| Custo variável unitário | $ 4,00 |
| Despesa variável como percentual do preço de venda líquido | 10% |
| Custos fixos totais | $ 100.000 |
| Despesas fixas totais | $ 50.000 |
| Depreciação **inclusa** em custos e despesas fixas | $ 15.000 |
| Alíquota de imposto de renda | 30% |

Para calcularmos o ponto de equilíbrio, basta substituirmos os valores na equação acima e fazer lucro igual a zero. Assim temos:

$$\text{Lucro} = \text{RL} - \text{CV} - \text{DV} - \text{CF} - \text{DF}$$
$$0 = 10Q - 4Q - (0{,}10 \times 10Q) - 100.000 - 50.000$$
$$0 = 10Q - 4Q - 1Q - 100.000 - 50.000$$
$$0 = Q(10 - 4 - 1) - 150.000$$
$$150.000 = 5Q$$

$$Q = \frac{(CF + DF)}{(P - CV_{unit.} - DV_{unit.})}$$

$$Q = \frac{150.000}{5}$$

**Q = 30.000 unidades**

Observa-se que a Manufatura Ventura precisaria vender 30.000 unidades de canetas esferográficas especiais para cobrir todos os seus custos e despesas fixas e ter lucro zero. Portanto, temos aí a definição de ponto de equilíbrio contábil (PE).

**Ponto de equilíbrio contábil (PE)** corresponde a quanto a empresa precisa vender para cobrir seus custos e despesas fixas sem auferir lucro. Pode também ser calculado pela fórmula abaixo:

$$\text{PE em quantidade} = \frac{\text{Custos e Despesas Fixas Totais}}{\text{Margem de Contribuição Unitária}}$$

Inicialmente, precisamos calcular da margem de contribuição unitária conforme a seguir:

**Tabela 8.5** Cálculo da margem de contribuição unitária

| Manufatura Ventura (em $/unidade) | $ | % |
|---|---|---|
| Preço de venda líquido | 10,00 | 100,0% |
| (–) Custos variáveis unitários | 4,00 | 40,0% |
| (–) Despesas variáveis (10% × $10,00) | 1,00 | 10,0% |
| **(=) Margem de contribuição unitária** | **5,00** | **50,0%** |

$$\text{PE em quantidade} = \frac{\$\,100.000 + \$\,50.000}{\$\,5{,}00} = 30.000 \text{ unidades}$$

Há, porém, situações nas quais não é possível calcular as quantidades no ponto de equilíbrio devido ao tipo de negócio da empresa, principalmente, em empresas de serviços ou que comercializem produtos em diferentes escalas (quilos, litros, metros, unidades, horas etc.). Nessa situação, podemos calcular as receitas no ponto de equilíbrio (PE em $). Essa receita representa o quanto a empresa precisa ter de faturamento líquido para cobrir seus custos e despesas fixas e ter lucro zero. Para cálculo das receitas necessárias, precisamos do índice da margem de contribuição dado pela fórmula abaixo ou calculada com base na estrutura de custos (Tabela 8.3).

$$\text{Índice da Margem de Contribuição} = \frac{\text{Margem de Contribuição Unitária Média}}{\text{Preço de Venda Líquido Médio}} \times 100$$

ou o mais comum

$$\text{Índice da Margem de Contribuição} = \frac{\text{Margem de Contribuição Total}}{\text{Receita de Venda Líquida}} \times 100$$

$$\text{PE em \$} = \frac{\text{Custos e Despesas Fixas Totais}}{\text{Índice da Margem de Contribuição}}$$

A margem de contribuição unitária, de nosso exemplo, pode ser facilmente calculada mediante a estrutura de custo (Tabela 8.5). Observa-se que do preço de venda líquido se deduzem os custos e as despesas variáveis, e, assim, temos a margem de contribuição unitária de $ 5,00.

Para calcular o **índice da margem de contribuição,** basta dividir a margem de contribuição unitária pelo preço de venda líquido, conforme abaixo:

$$\text{Índice da Margem de Contribuição} = \frac{\$\ 5{,}00}{\$\ 10{,}00} \times 100 = 50{,}00\%$$

O índice da margem de contribuição pela estrutura de custos está calculado na Tabela 8.5, acima.

O cálculo das receitas necessárias é dado por:

$$\text{PE em \$} = \frac{\$\ 100.000 + \$\ 50.000}{0{,}50} = \$\ \mathbf{300.000}$$

As receitas necessárias no ponto de equilíbrio correspondem a $ 300.000. Isso significa que, se a Manufatura Ventura obtiver essa receita líquida de $ 300.000, não auferirá nem lucro nem prejuízo, mas cobrirá todos os seus custos e despesas fixas.

Uma vez que já calculamos o ponto de equilíbrio em quantidades, as receitas necessárias são facilmente calculadas multiplicando-se as quantidades pelo preço de venda líquido.

$$\text{PE em \$} = \text{PE em qtde.} \times \text{Preço de Venda Líquido}$$
$$\text{PE em \$} = 30.000 \times \$\ 10{,}00 = \$\ 300.000$$

## Ponto de Equilíbrio Econômico

A empresa deseja **não só cobrir seus custos e despesas fixas, mas também auferir determinado nível de lucro**. Esse seria o ponto de equilíbrio econômico (PEE), que a empresa poderá calcular com base na fórmula abaixo. Observe que na fórmula acrescentamos o EBIT, que corresponde ao lucro estritamente operacional, ou seja, aquele que decorre da atividade-fim da empresa.

$$\text{PEE em quantidade} = \frac{\text{Custos e Despesas Fixas Totais} + \text{EBIT}}{\text{Margem de Contribuição Unitária}}$$

Caso a empresa deseje as receitas necessárias que garantam o lucro almejado, basta substituir a margem de contribuição unitária pelo índice da margem de contribuição, conforme a fórmula abaixo:

$$\text{PEE em \$} = \frac{\text{Custos e Despesas Fixas Totais} + \text{EBIT}}{\text{Índice da Margem de Contribuição}}$$

Considerando o nosso exemplo da Manufatura Ventura e os dados da Tabela 8.4, suponha que a empresa deseje um EBIT de $ 150.000. Quanto ela precisaria vender em termos de quantidade e de receita para atingir esse lucro? Inicialmente, apresentamos a Tabela 8.6, que mostra a demonstração de resultado do exercício por contribuição (DRE) e o EBIT atual auferido no exercício.

**Tabela 8.6** Demonstração de resultado do exercício por contribuição

| Manufatura Ventura (em $) | $/Unit | $/Total * | % |
|---|---|---|---|
| Volume de Vendas | | 50.000 | |
| Receita de Vendas Líquida | 10,00 | 500.000 | 100,0% |
| (–) Custos variáveis | (4,00) | (200.000) | (40,0%) |
| (–) Despesas variáveis (10% × $10,00) | (1,00) | (50.000) | (10,0%) |
| **(=) Margem de contribuição** | **5,00** | **250.000** | **50,0%** |
| (–) Custos fixos | | (100.000) | (20,0%) |
| (–) Despesas fixas | | (50.000) | (10,0%) |
| **(=) EBIT** | | **100.000** | **20,0%** |

(*) Valores totais calculados mediante a multiplicação do volume pelos valores unitários.

Aplicando a fórmula para obter um EBIT de $ 150.000, temos:

$$\text{PEE em quantidade} = \frac{\$\ 100.000 + \$\ 50.000 + \$\ 150.000}{\$\ 5,00} = \$\ 60.000 \text{ unidades}$$

Portanto, para a Manufatura Ventura atingir um EBIT de $ 150.000, precisará vender 60.000 unidades de canetas esferográficas especiais. Atualmente, a empresa vende 50.000 unidades, o que exigirá um esforço bastante grande da equipe de vendas, pois o aumento nas vendas corresponderá a 20% no período. Em termos de receitas necessárias isso corresponderia a um montante de $ 600.000. Vide cálculos abaixo:

$$\text{PEE em \$} = \frac{\$\,100.000 + \$\,50.000 + \$\,150.000}{0,50} = \$\,600.000$$

Ou

$$\text{PEE em \$} = \text{PEE em qtde.} \times \text{Preço de Venda Líquido}$$
$$\text{PEE em \$} = 60.000 \text{ unid.} \times \$\,10,00 = \$\,600.000$$

Há situações em que os gestores preferem calcular o NOPAT (*net operating profit after tax*) ou lucro operacional líquido de imposto de renda em função de um ROI (Retorno sobre Investimento) objetivado. Nesse caso, precisam calcular o EBIT a partir do NOPAT. Isso é necessário, pois a fórmula do PEE não leva em consideração o imposto de renda, então é preciso voltar com o imposto de renda deduzido do EBIT. A fórmula abaixo detalha esse cálculo:

$$\text{EBIT}$$
$$(-) \text{ Imposto de Renda}$$
$$(=) \text{ NOPAT}$$

Ou

$$\text{NOPAT} = \text{EBIT} \times (1 - \text{IR\%})$$

Onde:
IR% = Alíquota de imposto de renda

Com base na fórmula acima é possível calcular o EBIT, basta ajustar a equação conforme abaixo:

$$\text{EBIT} = \frac{\text{NOPAT}}{(1 - \%\text{IR})}$$

Voltando à Manufatura Ventura e considerando os dados da Tabela 8.4, suponha agora que os gestores estejam interessados em um NOPAT de $ 140.000 para o próximo exercício. Para fazemos o cálculo do PEE, inicialmente, devemos calcular o EBIT e, na sequência, substituí-lo na fórmula do PEE em quantidade.

$$\text{EBIT} = \frac{\text{NOPAT}}{(1 - \%\text{IR})} = \frac{\$\,140.000}{(1 - 0,30)} = \$\,200.000$$

$$\text{PEE em quantidade} = \frac{\$\,100.000 + \$\,50.000 + \$\,200.000}{\$\,5,00} = 70.000 \text{ unidades}$$

Agora a Manufatura Ventura precisaria vender 70.000 unidades de canetas esferográficas especiais para atingir um NOPAT de $ 140.000. Em termos de receitas necessárias, isso representaria o montante de $ 700.000, conforme detalhamento dos cálculos abaixo:

$$\text{PEE em }\$ = \frac{\$\,100.000 + \$\,50.000 + \$\,200.000}{0,50} = 700.000 \text{ unidades}$$

Ou

$$\text{PEE em }\$ = \text{PEE em qtde.} \times \text{Preço de Venda Líquido}$$
$$\text{PEE em }\$ = 70.000 \text{ unid.} \times \$\,10,00 = \$\,700.000$$

**Ponto de Equilíbrio Financeiro**

O próximo ponto de equilíbrio que iremos discutir é o financeiro. O conceito de financeiro dá evidentemente a ideia de entradas e saídas de caixa. Admitindo-se que na estrutura de custo da Manufatura Ventura há itens de custos e despesas que não afetam o caixa, como é o caso da depreciação que representa um custo econômico, temos de ajustar esses custos e despesas para itens **desembolsáveis**. Os custos e despesas desembolsáveis são itens que terão influência no caixa da empresa. Já os itens econômicos **não desembolsáveis** terão influência apenas na demonstração de resultado do exercício (DRE), que representa uma demonstração econômica. Ou seja, a DRE mostra efetivamente os ganhos e os gastos realizados para gerarem tais ganhos (receitas), mas não mostra o que foi efetivamente recebido ou pago. A demonstração de fluxo de caixa (DFC) é uma demonstração financeira apropriada, na qual estão apontados os reflexos no caixa da empresa por conta dos recebimentos (entradas) e pagamentos (saídas).

Quando calculamos o ponto de equilíbrio financeiro (PEF), estamos expurgando os itens que não têm reflexos no caixa, mas a empresa quer gerar um caixa (EBITDA) para fazer frente a pagamentos, como amortização de dívidas, compromisso bancário (endividamento), algum passivo trabalhista, ou, ainda, investimentos e dividendos. O PEF pode ser calculado considerando essas obrigações. Abaixo são apresentadas as fórmulas de cálculo tanto para as quantidades quanto para as receitas no ponto de equilíbrio financeiro.

$$\text{PEF em quantidade} = \frac{\text{Custos e Despesas Fixas Totais Desembolsáveis} + \text{EBITDA Necessário}}{\text{Margem de Contribuição Unitária}}$$

$$\text{PEF em }\$ = \frac{\text{Custos e Despesas Fixas Totais Desembolsáveis} + \text{EBITDA Necessário}}{\text{Índice de Margem de Contribuição}}$$

Assuma que a Manufatura Ventura tem uma dívida junto ao Banco Branorte, no valor de $ 180.000, e deseja amortizá-la no exercício. Para tanto, precisa saber quanto tem de vender de canetas esferográficas especiais – considere os dados da Tabela 8.4.

Observe que o único item que não tem influência no caixa e que consta na Tabela 8.4 **é a depreciação no valor de $ 15.000 que já está inclusa** no total de custos e despesas fixas. Portanto, precisamos expurgá-la visando considerar somente os itens desembolsáveis. Assim, temos:

$$\text{PEF em quantidade} = \frac{\$\,100.000 + \$\,50.000 - \$\,15.000 + \$\,180.000}{\$\,5{,}00} = 63.000 \text{ unidades}$$

A Manufatura Ventura precisaria vender 63.000 unidades das canetas esferográficas para cobrir seus custos e despesas desembolsáveis e ainda amortizar uma dívida junto ao Banco Branorte. Em termos de receitas necessárias, isso representaria o montante de $ 630.000 conforme apontado abaixo:

$$\text{PEF em \$} = \frac{\$\,100.000 + \$\,50.000 - \$\,15.000 + \$\,180.000}{0{,}50} = \$\,630.000$$

Ou

$$\text{PEF em \$} = \text{PEF em qtde.} \times \text{Preço de Venda Líquido}$$
$$\text{PEF em \$} = 63.000 \text{ unid.} \times \$\,10{,}00 = \$\,630.000$$

**Margem de Segurança**

A margem de segurança (MS) é um indicador importante, pois dá uma ideia de risco associado às vendas. Tecnicamente, a MS corresponde ao montante que a empresa pode perder de vendas sem que entre em prejuízo. O cálculo desse indicador pode ser realizado em quantidade (volume de vendas), em valor (receitas) ou em percentual. As fórmulas de cálculo do indicador são apresentadas abaixo:

$$\text{MS em qtde.} = \text{Volume de Venda Atual} - \text{Volume de Venda no Ponto de Equilíbrio}$$
$$\text{MS em \$} = \text{Receitas Líquidas Atuais} - \text{Receitas no Ponto de Equilíbrio}$$

$$\text{MS em \%} = \frac{\text{Receitas Líquidas Atuais} - \text{Receitas no Ponto de Equilíbrio}}{\text{Receitas Líquidas Atuais}} \times 100$$

ou

$$\text{MS em \%} = \frac{\text{Volume Atual} - \text{Volume no Ponto de Equilíbrio}}{\text{Volume Atual}} \times 100$$

Se calcularmos a MS da Manufatura Ventura, teremos:

MS em qtde. = 50.000 unidades − 30.000 unidades = 20.000 unidades
MS em $ = $ 500.000 − $ 300.000 = $ 200.000

$$\text{MS em \%} = \frac{\$\,500.000 - \$\,300.000}{\$\,500.000} \times 100 = 40,0\%$$

Com base nos cálculos da MS da Manufatura Ventura, podemos observar que a empresa poderia perder 20.000 unidades das canetas esferográficas sem que auferisse prejuízo. Em termos de receita, isso representaria uma folga de $ 200.000 em relação do ponto de equilíbrio, o que dá um percentual de 40%. Ou seja, de certa forma, a empresa está em uma situação confortável na medida que poderia perder 40% de suas vendas sem que entrasse em prejuízo. Nesse ponto, a empresa não tem nem lucro nem prejuízo. Assim, quanto maior for o percentual da MS, menor será o risco do negócio diante de uma situação desfavorável do mercado.

### Avaliação da Margem de Segurança

Uma consideração importante a fazer é quando a empresa tem uma composição de *mix* de venda pouco diversificada, ou seja, poucos produtos ou clientes/segmentos em seu portfólio. Numa situação como essa, a concentração de vendas pode elevar o risco da empresa diante de um problema de mercado, por exemplo, aumento da concorrência. Para minimizar tais impactos, seria prudente buscar a diversificação tanto de portfólio quanto de mercado. Por exemplo, a empresa poderia desenvolver novos produtos, e, se possível, com maior valor agregado, aumentar a participação dos produtos da empresa em mercados atuais, ou desenvolver novos mercados visando expandir a atuação da empresa em outras regiões. Tais estratégias colaborariam para atenuar os riscos de mercado (novos concorrentes, novas tecnologias, entradas de bens substitutos, mudanças de preferências dos clientes, entre outros), bem como conjunturais (inflação, taxa de juros, taxa de câmbio, recessão, entre outros), que, de certa forma, afetam o negócio da empresa.

Isso também seria aplicável em relação aos clientes ou segmentos dos clientes.

Outro aspecto é a volatilidade das receitas. Idealmente, a empresa deveria ter uma margem de segurança superior a essa volatilidade, pois isso permitiria absorver de uma forma mais suave tais impactos e minimizar os riscos de entrar em prejuízo. Uma margem de segurança muito estreita gera preocupação à gestão diante de um cenário adverso.

### Grau de Alavancagem Operacional

**É comum**, em um ambiente dinâmico, as vendas oscilarem diante de uma série de fatores, conforme abordado no tópico anterior. Quando isso acontece, há reflexos nos lucros das empresas e consequentemente na rentabilidade de seus negócios. Uma forma de avaliar o impacto dessa oscilação e o reflexo nos lucros é por meio do **grau de alavancagem operacional (GAO)**. O GAO corresponde a um indicador que mede o impacto no lucro dada uma oscilação das vendas. De certa forma, é um indicador de risco operacional, já que qualquer oscilação nas vendas, quer para cima ou para baixo, terá influência bastante significativa no lucro operacional, ou seja, a variação no lucro será mais que proporcional às vendas.

Para que o conceito fique claro, observe a Tabela 8.7. Analisando o risco operacional, qual empresa você diria que é mais arriscada e por quê?

**Tabela 8.7** Avaliação de risco operacional

| Em $ | Empresa A | Empresa B |
|---|---|---|
| Vendas | 1.000.000 | 1.000.000 |
| (–) Custos e Despesas Variáveis | (600.000) | (200.000) |
| **(=) Margem de Contribuição** | **400.000** | **800.000** |
| (–) Custos e Despesas Fixas | (200.000) | (600.000) |
| **(=) *EBIT*** | **200.000** | **200.000** |

Se você apontou que a empresa B é a mais arriscada, muito bem!

Embora as duas empresas tenham as mesmas receitas de vendas e os mesmo lucros (EBIT), suas estruturas de custos e despesas são completamente diferentes. Em razão dessas estruturas de custos e despesas é que podemos afirmar que uma empresa é mais arriscada do que a outra. Por exemplo, a empresa A adotou uma estratégia diferente da empresa B. Optou por tornar variável grande parte de seus custos e despesas. Lembrando o conceito, a empresa só terá os custos e/ou despesas variáveis na ocorrência das vendas. Não havendo vendas, **não há que se falar em custos e/ou despesas variáveis**. Observe, ainda, que os custos e despesas variáveis da empresa A são três vezes maiores do que os da empresa B (Tabela 8.7). O que isso significa? Em um ambiente em que o mercado está em declínio, a empresa A sentirá menos o impacto percentual em seus lucros decorrente da variação das vendas. Isso ocorre também em função do montante de custos fixos da empresa A, que representam um terço dos custos fixos da empresa B. Por outro lado, a empresa B sentirá mais o impacto percentual em seus lucros decorrente do declínio de mercado, pois possui baixa variação de custos e despesas. Adicionalmente, sua estrutura de custos e despesas fixas é pesada e deverá ser honrada pela empresa mesmo em um cenário adverso, pelo menos num primeiro momento.

Para ilustrar a situação acima, vamos, inicialmente, calcular o GAO com base na fórmula abaixo e os dados da Tabela 8.7.

$$GAO = \frac{\text{Margem de Contribuição Total}}{\text{EBIT}}$$

$$GAO_A = \frac{\$\ 400.000}{\$\ 200.000} = 2$$

$$GAO_B = \frac{\$\ 800.000}{\$\ 200.000} = 4$$

O GAO da empresa B é maior em relação ao GAO da empresa A. Uma variação nas vendas terá reflexo mais que proporcional no lucro operacional da empresa B do que na da A. Vejamos!

Vamos supor que no próximo exercício haja uma expectativa de elevação das vendas em 10%. Nesse caso, o cenário se mostra bastante favorável. Como já calculamos o GAO, podemos facilmente avaliar esse tipo de situação. Basta usar a fórmula abaixo para análise *a posteriori*.

$$GAO = \frac{\Delta\% \text{ Lucro}}{\Delta\% \text{ Vendas}}$$

Onde:

Δ% Lucro = variação percentual no lucro
Δ% Vendas = variação percentual nas vendas

Como queremos o impacto no lucro, precisamos ajustar a fórmula, como segue:

Δ% Lucro = GAO × Δ% Vendas
Δ% LucroA = 2 × 10% = 20%
Δ% LucroB = 4 × 10% = 40%

Dado que a empresa B possui um risco operacional maior (GAO = 4), a variação no lucro operacional no período seguinte será de 40%. Ou seja, aumentará 40% em relação ao período anterior. Já a empresa A terá um aumento de apenas 20% em seu lucro operacional.

Agora vamos assumir que a expectativa do mercado mudou. No próximo exercício, as vendas deverão sofrer um baque de 20%. Nesse cenário adverso, como fica o impacto nos lucros operacionais das duas empresas?

Δ% LucroA = 2 × −20% = −40%
Δ% LucroB = 4 × −20% = −80%

Nesse caso, o lucro operacional da empresa B sofrerá uma queda de 80% no período seguinte. Já na empresa A o impacto será menor, uma vez que o GAO é menor, portanto, seu lucro retrairá 40% em relação ao período atual.

Uma premissa importante é a admissão de que a estrutura de custos e despesas fixas não sofrerá alteração no período seguinte. Se essa hipótese for violada, não valem as considerações acima, pois haverá alteração no GAO dado pela mudança da estrutura de custos e despesas fixas. Em outras palavras, a utilização do GAO como um preditor do lucro total simulado só será válido até o limite da capacidade instalada.

### Ponto de equilíbrio com mais de um produto

Quando a empresa tem mais de um produto em seu portfólio, fazer uma análise do ponto de equilíbrio em quantidade talvez não faça muito sentido, pois os produtos podem ser vendidos em unidades de medida diferentes (litros, quilos, peças, dúzia etc.). Ademais, analisar produtos muito diferentes, item a item, **não traz benefícios relevantes para a análise estratégica do negócio**; nesses casos, é melhor trabalhar com o índice da margem de contribuição.

Visando analisar o impacto no ponto de equilíbrio de uma empresa que tenha mais de um produto em seu portfólio, vamos retomar a Manufatura Ventura Ltda. Assuma que a empresa produza, além das canetas esferográficas especiais, as canetas corretivas. A Tabela 8.8 mostra os dados do *mix* de produtos da empresa.

**Tabela 8.8** Dados da Manufatura Ventura referente a dois produtos

| Manufatura Ventura | Canetas | | Total |
| --- | --- | --- | --- |
|  | Esferográficas | Corretivas |  |
| Volume de vendas (em unidades) | 50.000 | 30.000 |  |
| Preço de venda líquido | $ 10,00 | $ 12,00 |  |
| Custo variável unitário | $ 4,00 | $ 3,00 |  |
| Despesa variável como percentual do preço de venda líquido | | | 10% |
| Custos fixos totais | | | $ 120.000 |
| Despesas fixas totais | | | $ 80.000 |
| Depreciação **inclusa** em custos e despesas fixas | | | $ 20.000 |
| Alíquota de imposto de renda | | | 30% |

Com base nos dados acima, vamos preparar a demonstração de resultado do exercício por contribuição (Tabela 8.9) e a composição do *mix* de venda (Tabela 8.10).

**Tabela 8.9** Demonstração de resultado do exercício por contribuição

| Manufatura Ventura (em $) | Canetas | | | | $/Total | % |
| --- | --- | --- | --- | --- | --- | --- |
|  | Esferográfica | | Corretiva | | | |
|  | $/Total * | % | $/Total * | % | | |
| Receita de Vendas Líquida | 500.000 | 100,0% | 360.000 | 100,0% | 860.000 | 100,0% |
| (–) Custos variáveis | (200.000) | (40,0%) | (90.000) | (25,0%) | (290.000) | (33,7%) |
| (–) Despesas variáveis | (50.000) | (10,0%) | (36.000) | (10,0%) | (86.000) | (10,0%) |
| (=) Margem de contribuição | 250.000 | 50,0% | 234.000 | 65,0% | 484.000 | 56,3% |
| (–) Custos fixos | | | | | (120.000) | (14,0%) |
| (–) Despesas fixas | | | | | (80.000) | (9,3%) |
| **(=) EBIT** | | | | | **284.000** | **33,0%** |

(*) Valores totais calculados mediante a multiplicação do volume pelos valores unitários.

**Tabela 8.10** *Mix* de venda atual

| Manufatura Ventura (em $) | Canetas | | Total |
| --- | --- | --- | --- |
|  | Esferográfica | Corretiva |  |
| Receita de Vendas Líquida | 500.000 | 360.000 | 860.000 |
| *Mix* de vendas | 58,1% | 41,9% | 100,0% |

Com base na Tabela 8.9, podemos calcular o ponto de equilíbrio em valor (receitas necessárias), considerando o índice da margem de contribuição geral de 56,3%. Para tanto basta dividir os custos e as despesas fixas totais por esse índice.

$$\text{PE em \$} = \frac{\text{Custos e Despesas Fixas Totais}}{\text{Índice da Margem de Contribuição}}$$

$$\text{PE em \$} = \frac{\$\,120.000,00 + \$\,80.000,00}{0,563} = \$\,355.239,79$$

Diante do *mix* de venda atual (Tabela 8.10) da Manufatura Ventura, a empresa precisaria obter um faturamento líquido de $ 355.339,79 para cobrir a totalidade de seus custos e despesas fixas no período. Cabe ressaltar que essas receitas no ponto de equilíbrio só são válidas se o *mix* de venda atual se mantiver. Qualquer alteração nessa composição mudará o índice de margem de contribuição geral e por consequência as receitas no ponto de equilíbrio. Por exemplo, suponha que a empresa apresente uma nova composição do *mix* de venda conforme a Tabela 8.11.

**Tabela 8.11** *Mix* de venda alterado

| Manufatura Ventura (em $) | Canetas Esferográfica | Canetas Corretiva | Total |
|---|---|---|---|
| Receita de Vendas Líquida | 400.000 | 600.000 | 1.000.000 |
| Mix de vendas | 40,0% | 60,0% | 100,0% |

Observe agora que a empresa irá vender 40% das canetas esferográficas especiais e 60% das canetas corretivas. Nessas condições, a nova demonstração de resultado do exercício por contribuição é apresentada na Tabela 8.12. O índice da margem de contribuição se alterou em função da alteração do *mix* de venda. Esse índice passou de 56,3% (Tabela 8.9) para 59,0% (Tabela 8.12).

**Tabela 8.12** Nova demonstração de resultado do exercício por contribuição

| Manufatura Ventura (em $) | Esferográfica $/Total * | Esferográfica % | Corretiva $/Total * | Corretiva % | $/Total | % |
|---|---|---|---|---|---|---|
| Receita de Vendas Líquida | 400.000 | 100,0% | 600.000 | 100,0% | 1.000.000 | 100,0% |
| (–) Custos variáveis | (160.000) | (40,0%) | (150.000) | (25,0%) | (310.000) | (31,0%) |
| (–) Despesas variáveis | (40.000) | (10,0%) | (60.000) | (10,0%) | (100.000) | (10,0%) |
| (=) Margem de contribuição | 200.000 | 50,0% | 390.000 | 65,0% | 590.000 | 59,0% |
| (–) Custos fixos | | | | | (120.000) | (12,0%) |
| (–) Despesas fixas | | | | | (80.000) | (8,0%) |
| (=) *EBIT* | | | | | 390.000 | 39,0% |

(*) Valores totais calculados mediante a multiplicação do volume pelos valores unitários.

Devido a essa alteração no índice da margem de contribuição, as receitas no ponto de equilíbrio serão de $ 338.983,05.

$$\text{PE em } \$ = \frac{\$\ 120.000 + \$\ 80.000}{0,59} = \$\ 338.983,05$$

O gestor, ao utilizar a relação de custo-volume-lucro (CVL) para analisar mais de um produto, precisa levar em conta algumas hipóteses inerentes a essa relação, por exemplo:

a) assumir que não haverá alteração no *mix* de vendas. Essa composição permanecerá constante no período em análise;
b) assumir que os custos variáveis têm uma relação linear com o nível de atividade e os valores unitários permanecerão constantes no período em análise;
c) assumir que os custos fixos permanecerão constantes dentro de uma faixa relevante de atividade no período em análise; e por fim
d) assumir que os preços de vendas unitários não sofrerão alteração no período em análise.

No entanto, é sabido que essas hipóteses raramente permanecem inalteradas durante o exercício em análise. Na prática, é comum as empresas alterarem os preços de seus produtos, bem como sua estrutura de custos e despesas. Mesmo diante da possibilidade de violação dessas hipóteses, ainda assim a relação de CVL deve ser considerada uma ferramenta importante de suporte à tomada de decisão pelos gestores internos da organização.

Caso seja possível identificar os custos e despesas fixas aos produtos, o cálculo do ponto de equilíbrio por produto ficará mais facilitado, restando à administração apenas alocar os custos e despesas fixas comuns a todos os produtos, utilizando um ou mais critérios de alocação.

 **EXERCÍCIO RESOLVIDO**

**Custo-Volume-Lucro: Ponto de Equilíbrio, Margem de Segurança e Alavancagem Operacional**

A Concessionária Car-in comercializa veículos da marca Popauto e não possui oficina de manutenção e assistência técnica. Mensalmente, a empresa vende 320 veículos novos. O contador da empresa apresenta abaixo as seguintes informações:

**Tabela 8.13** Informações por unidade de veículo

| Informações por unidade de veículo | |
|---|---|
| Preço de venda líquido de impostos | $ 35.000,00 |
| Comissão do vendedor com base no preço de venda líquido | 2% |
| Custo variável do veículo | $ 28.000,00 |
| Custos e despesas fixas mensais | $ 400.000,00 |

**1) Calcule o ponto de equilíbrio contábil em quantidades (PE qtde.) e em receitas necessárias de veículos (PE $).**

Com base nas informações disponíveis, vamos calcular a margem de contribuição unitária.

**Tabela 8.14** DRE por contribuição

| DRE POR CONTRIBUIÇÃO | $ | % |
|---|---|---|
| Preço de venda líquido de impostos | 35.000,00 | 100,0% |
| (–) Custo variável do veículo | (28.000,00) | (80,0%) |
| (–) Comissão de venda (2% × $ 35.000,00) | (700,00) | (2,0%) |
| **(=) Margem de contribuição unitária** | **6.300,00** | **18,0%** |

$$\text{PE quantidade} = \frac{\text{Custos e Despesas Fixas}}{\text{Margem de Contribuição Unitária}} = \frac{\$\ 400.000,00}{\$\ 6.300,00} = 63,49 \text{ veículos}$$

Como não é possível vender 63,49 veículos, arredondamos para cima. Portanto, a empresa deverá vender **64 veículos**.

Para calcular o ponto de equilíbrio contábil em receitas necessárias para cobrir o total de custos e despesas fixas, devemos dividir o total de custos e despesas fixas pelo índice da margem de contribuição. Para calcular o índice da margem de contribuição, basta dividir a margem de contribuição unitária pelo preço de venda líquido de impostos ou receita líquida de impostos.

$$\text{PE \$} = \frac{\text{Custos e Despesas Fixas}}{\text{Índice da Margem de Contribuição}} = \frac{\$\ 400.000,00}{0,18} = \$\ 2.222.222,22$$

Portanto, o montante que a Car-in precisa vender será de **$ 2.222.222,22**. Ao vender esse montante, o lucro operacional será nulo, ou seja, será suficiente para cobrir o total de custos e despesas fixas.

**2) Supondo que a empresa venda hoje 320 veículos, quantos veículos a empresa poderia deixar de vender, sem que entrasse no prejuízo? Como se chama este indicador?**

Aqui estamos querendo calcular a margem de segurança (MS), que é como se chama esse indicador. A margem de segurança pode ser calculada em quantidade de veículos, em valor ou em percentual.

MS quantidade = Volume de vendas atuais – Ponto de equilíbro em quantidade =
MS quantidade = 320 – 64 = **256 veículos**

Nesse caso, a empresa poderia deixar de vender 256 veículos. Lembre-se que no exercício nós arredondamos o PE em quantidade para cima. Portanto, se considerássemos o valor com dízimas seria: MS qtde. = 320 – 63,49 = **256,51 veículos**, ou seja, um pouco acima.

Já a margem de segurança em valor é dada por:

$$MS\ \$ = \text{Receitas atuais} - \text{Receitas no Ponto de Equilíbrio}$$

Antes, precisamos calcular as receitas atuais, que são dadas por:

Receitas atuais = Preço Líquido de Impostos × Volume de Vendas =

Receitas atuais = \$ 35.000,00 × 320 = **\$ 11.200.000,00**

$$MS\ \$ = \$\ 11.200.000,00 - \$\ 2.222.222,22 = \mathbf{\$\ 8.977.777,78}$$

Nesse caso, a empresa poderia perder \$ 8.977.777,78 de suas receitas que não entraria em prejuízo.

Já a margem de segurança em percentual é dada por:

$$MS\% = \frac{\text{Volume Atual} - \text{Volume no PE}}{\text{Volume Atual}} = \frac{320 - 64}{320} = 0{,}80 \text{ ou } 80\%$$

A MS % indica o quanto em percentual a empresa poderia perder de vendas sem que entrasse em prejuízo. Nesse caso, seria 80% de suas vendas. Esse indicador representa um "colchão" para a empresa lidar com a volatilidade das vendas. Quanto maior esse indicador, maior será a capacidade da empresa em absorver os impactos negativos de um cenário adverso. Podem-se usar também as receitas em vez do volume. Nesse caso o percentual calculado seria em termos de faturamento.

**3) Suponha que os acionistas desejem um lucro líquido (já descontado o imposto de renda) de \$ 300.000,00. Considere que no imposto de renda incide a base de 34% sobre o lucro antes do imposto de renda (LAIR). Qual deveria ser a quantidade de veículos vendidos?**

Nesse exercício estamos querendo calcular o ponto de equilíbrio econômico (PEE), ou seja, além de cobrir o montante de custos e despesas fixas queremos ainda gerar um lucro operacional líquido desejado no montante de \$ 300.000,00. Como desse lucro já foi descontado o imposto de renda, precisamos calcular o lucro operacional antes do imposto de renda (LOAIR) e acrescentá-lo no cálculo do ponto de equilíbrio econômico.

LAIR
(–) Imposto de renda
**(=) Lucro Líquido**

$$LAIR = \frac{\text{Lucro Líquido}}{(1 - \%IR)} = \frac{\$\ 300.000{,}00}{(1 - 0{,}34)} = \frac{\$\ 300.000{,}00}{0{,}66} = \mathbf{\$\ 454.545{,}45}$$

Agora é só calcular o PEE em quantidade, que é dado por:

$$\text{PEE quantidade} = \frac{\text{Custos e Despesas Fixas + EBIT}}{\text{Margem de Contribuição Unitária}} = \frac{\$\,400.000,00 + \$\,454.545,45}{\$\,6.300,00}$$

$$\text{PEE quantidade} = 135{,}642135 \text{ veículos}$$

Novamente, como não é possível vender 135,642135 veículos, arredondamos para cima. Portanto, a empresa deverá vender **136 veículos**. Nesse volume, estão cobertos todos os custos e despesas fixas e ainda gera-se um lucro operacional líquido de imposto de renda desejável de $ 300.000,00.

Para mostrar que o cálculo está correto, vamos fazer a demonstração do resultado do exercício (DRE) considerando 136 veículos. Como arredondamos esse valor, o lucro líquido será um pouco acima de $ 300.000,00. Para obter o lucro exato de $ 300.000,00, deveríamos preparar a DRE com 135,642135 veículos, ou seja, utilizando todas as dízimas.

**Tabela 8.15** DRE por contribuição

| DRE POR CONTRIBUIÇÃO | $ |
|---|---|
| Receita de venda líquida de impostos (136 × $ 35.000,00) | 4.760.000,00 |
| (–) Custo variável (136 × $ 28.000,00) | (3.808.000,00) |
| (–) Comissão de venda (2% × $ 4.760.000,00) | (95.200,00) |
| **(=) Margem de contribuição** | **856.800,00** |
| (–) Custo e despesas fixas | (400.000,00) |
| **(=) Lucro Antes IR (LAIR)** | **456.800,00** |
| (–) Imposto de renda (34% × 456.800,00) | (155.312,00) |
| **(=) LUCRO LÍQUIDO** | **301.488,00** |

Portanto, a empresa, ao vender 136 veículos, cobrirá a totalidade de seus custos e despesas fixas e ainda obterá um lucro líquido desejável em suas operações.

**4) Calcule o aumento em percentual e em valor no lucro operacional, caso as vendas aumentassem em 10%. Confronte com os conceitos de alavancagem operacional.**

Nesse exercício você poderia preparar a DRE já considerando o aumento de 10% nas vendas de veículos (320 ×1,10 = 352 veículos). Porém, considerando que a empresa tem estrutura (capacidade) para suportar esse aumento de volume, vamos calcular o aumento levando em conta os conceitos de alavancagem operacional.

Para calcular o grau de alavancagem operacional (GAO) pela fórmula abaixo, é necessário preparar a DRE.

$$\text{GAO} = \frac{\text{Margem de Contribuição Total}}{\text{EBIT ou Lucro Operacional}}$$

**Tabela 8.16**   DRE por contribuição

| DRE POR CONTRIBUIÇÃO | $ |
|---|---|
| Receita de venda líquida de impostos (320 × $ 35.000,00) | 11.200.000,00 |
| (–) Custo variável (320 × $ 28.000,00) | (8.960.000,00) |
| (–) Comissão de venda (2% × $ 11.200.000,00) | (224.000,00) |
| **(=) Margem de contribuição** | **2.016.000,00** |
| (–) Custo e despesas fixas | (400.000,00) |
| **(=) EBIT** | **1.616.000,00** |

$$GAO = \frac{\text{Margem de Contribuição Total}}{\text{EBIT ou Lucro Operacional}} = \frac{\$\ 2.016.000,00}{\$\ 1.616.000,00} = 1,2475$$

O impacto no lucro será dado por:

$$\Delta\%\ \text{Lucro} = GAO \times \Delta\%\ \text{Vendas}$$

Onde:
Δ% Lucro: variação percentual do lucro;
Δ% Vendas: variação percentual das vendas;
GAO: grau de alavancagem operacional.

$$\Delta\%\text{Lucro} = 1,2475 \times 10\% = \mathbf{1{,}1248\ ou\ 12{,}48\%}$$

Portanto, se as vendas aumentarem em 10%, o lucro aumentará em 12,48%.

**5) Volte à situação inicial. Considere que o preço de venda líquido tenha caído para $ 34.000,00. Para que a empresa mantenha o mesmo lucro da situação inicial, qual deveria ser o novo valor dos custos e despesas fixas?**

Podemos resolver esse exercício pela equação do lucro, que é dada abaixo:

$$\text{RECEITA} = CV + DV + CF + DF + \text{LUCRO}$$
$$\text{LUCRO} = \text{RECEITA} - CV - DV - CF - DF$$

Onde:
RECEITA (RL): corresponde a receita líquida de vendas, que é dada por preço de venda líquido (P) × quantidade (Q);
CV: custos variáveis totais, que são dados por custo variável unitário × quantidade;
DV: despesas variáveis de vendas totais, que são dadas por percentual de comissão de venda × receita de venda;
CF: total de custos fixos;
DF: total de despesas fixas.

Como queremos o montante de custos e despesas fixas, vamos manipular a fórmula abaixo: Lembre-se que o lucro (EBIT) calculado na situação inicial foi de $ 1.616.000,00.

$$RECEITA = CV + DV + CF + DF + LUCRO$$
$$CF + DF = RECEITA - CV - DV - LUCRO$$
$$CF + DF = \{(Q \times P) - (Q \times CV_{unitário}) - [\% \text{ comissão} \times (Q \times P)] - LUCRO\}$$
$$CF + DF = \{(320 \times \$ 34.000,00) - (320 \times \$ 28.000,00) - [0,02 \times (320 \times \$ 34.000,00)] - \$ 1.616.000,00\}$$
$$CF + DF = \{\$ 10.880.000,00 - \$ 8.960.000,00 - [0,02 \times 10.880.000,00] - \$ 1.616.000,00\}$$
$$CF + DF = \{\$ 10.880.000,00 - \$ 8.960.000,00 - \$ 217.600,00 - \$ 1.616.000,00\}$$
$$\mathbf{CF + DF = \$ 86.400,00}$$

Portanto, a empresa deveria reduzir o montante de custos e despesas fixas para $ 86.400,00. Podemos realizar esses cálculos de um jeito mais fácil levando em conta a margem de contribuição:

$$MARGEM\ DE\ CONTRIBUIÇÃO = CF + DF + LUCRO$$
$$CF + DF = MARGEM\ DE\ CONTRIBUIÇÃO - LUCRO$$
$$CF + DF = \{Q \times [P - CV_{unitário} - (\% \text{ comissão} \times P)]\} - LUCRO$$
$$CF + DF = \{320 \times [\$ 34.000,00 - \$ 28.000,00 - (0,02 \times \$ 34.000,00)]\} - \$ 1.616.000,00$$
$$CF + DF = \{320 \times [\$ 34.000,00 - \$ 28.000,00 - \$ 680,00]\} - \$ 1.616.000,00$$
$$CF + DF = \{320 \times \$ 5.320,00\} - \$ 1.616.000,00$$
$$CF + DF = \$ 1.702.400,00 - \$ 1.616.000,00$$
$$\mathbf{CF + DF = \$ 86.400,00}$$

**6) Volte à situação inicial. Considere que a empresa deseja ter uma margem EBIT de 10% do valor das receitas de vendas líquidas (RL), sem alteração no volume, preços e custos variáveis. Qual deveria ser o novo valor dos custos e despesas fixas?**

Nesse exercício, precisamos lembrar como calculamos a margem EBIT, que é dada pela fórmula abaixo:

$$\text{Margem EBIT} = \frac{\text{EBIT}}{\text{Receita Líquida}}$$

RECEITA: Receita Líquida

Como a margem EBIT (10%) é dada, manipulamos a fórmula para acharmos o EBIT, então temos:

$$\text{EBIT} = \text{Margem EBIT} \times \text{RECEITA}$$

$$\text{EBIT} = 0,1 \times (Q \times P)$$

Substituindo o EBIT na fórmula a seguir e colocando em evidência o CF + DF, temos:

$$RECEITA = CV + DV + CF + DF + LUCRO$$
$$RECEITA = CV + DV + CF + DF + EBIT$$
$$CF + DF = (RECEITA - CV - DV - EBIT)$$
$$CF + DF = [RECEITA - CV - DV - (0,10 \times RECEITA)]$$
$$CF + DF = \{(Q \times P) - (Q \times CV_{unitário}) - [\% \text{ comissão} \times (Q \times P)] - [0,10 \times (Q \times P)]\}$$
$$CF + DF = \{(320 \times \$ 35.000,00) - (320 \times \$ 28.000,00) - [0,02 \times (320 \times \$ 35.000,00)] - [0,10 \times (320 \times \$ 35.000,00)]\}$$
$$CF + DF = \{\$ 11.200.000,00 - \$ 8.960.000,00 - [0,02 \times \$ 11.200.000,00] - [0,10 \times 11.200.000,00]\}$$
$$CF + DF = \{\$ 11.200.000,00 - \$ 8.960.000,00 - \$ 224.000,00 - \$ 1.120.000,00\}$$
$$\mathbf{CF + DF = \$ 896.000,00}$$

Como o enunciado informa que não houve alteração nos preços e custos variáveis, podemos calcular o novo montante de custos e despesas fixas levando em conta o índice da margem de contribuição de 18%, que já foi calculado no exercício 1. Lembre-se de que a margem de contribuição acompanha a inclinação da receita.

$$\text{ÍNDICE DA MARGEM DE CONTRIBUIÇÃO} \times RECEITA = CF + DF + EBIT$$
$$CF + DF = [(\text{ÍNDICE DA MARGEM DE CONTRIBUIÇÃO} \times RECEITA) - EBIT]$$
$$CF + DF = \{[0,18 \times (Q \times P)] - [0,10 \times (Q \times P)]\}$$
$$CF + DF = \{[0,18 \times (320 \times \$ 35.000,00)] - [0,10 \times (320 \times \$ 35.000,00)]\}$$
$$CF + DF = \{[0,18 \times \$ 11.200.000,00] - [0,10 \times \$ 11.200.000,00]\}$$
$$CF + DF = \{\$ 2.016.000,00 - \$ 1.120.000,00\}$$
$$\mathbf{CF + DF = \$ 896.000,00}$$

7) **Considere que a empresa estivesse negociando com a montadora. Com base no conhecimento da concessionária, o preço meta deste veículo deveria ser de $ 32.500,00, e a concessionária estima um volume de vendas de 360 veículos, porém, ela deseja obter um lucro (EBIT) sobre vendas de no mínimo 5%. Qual deveria ser o custo de aquisição?**

$$EBIT = \text{Margem EBIT} \times RECEITA$$

$$EBIT = 0,05 \times (Q \times P)$$

$$CF + DF = \$ 400.000,00$$

$$RECEITA = CV + DV + CF + DF + EBIT$$
$$CV = RECEITA - DV - CF - DF - EBIT$$
$$Q \times CV_{unitário} = \{(Q \times P) - [\% \text{ comissão} \times (Q \times P)] - CF - DF - [\text{margem EBIT} \times (Q \times P)]\}$$
$$360 \times CV_{unitário} = \{(Q \times P) - [\% \text{ comissão} \times (Q \times P)] - CF - DF - [\text{margem EBIT} \times (Q \times P)]\}$$

$$360 \times CV_{unitário} = \{(360 \times \$ 32.500,00) - [0,02 \times (360 \times \$ 32.500,00)] - \$ 400.000,00 - [0,05 \times (360 \times \$ 32.500,00)]\}$$

$$360 \times CV_{unitário} = \{\$ 11.700.000,00 - [0,02 \times \$ 11.700.000,00] - \$ 400.000,00 - [0,05 \times \$ 11.700.000,00]\}$$

$$360 \times CV_{unitário} = \{\$ 11.700.000,00 - \$ 234.000,00 - \$ 400.000,00 - \$ 585.000,00\}$$

$$360 \times CV_{unitário} = \$ 10.481.000,00$$

$$CV_{unitário} = \frac{\$ 10.481.000,00}{360} = \mathbf{\$ 29.113,89}$$

O custo máximo que a concessionária deveria pagar pelo carro seria de $ 29.113,89.

**8) Calcule o preço de venda que deixasse uma margem EBITDA de no mínimo 10%. Considerando uma depreciação de $ 80.000,00 inclusa nos custos e despesas fixas mensais, considere os custos e despesas da situação inicial.**

$$\text{Margem EBITDA} = \frac{\text{EBITDA}}{\text{Receita Líquida}}$$

$$\text{EBITDA} = \text{Margem EBITDA} \times \text{RECEITA}$$

$$\text{EBITDA} = 0,10 \times (Q \times P)$$

CF + DF desembolsáveis = CF + DF − Depreciação
CF + DF desembolsáveis = $ 400.000,00 − $ 80.000,00
CF + DF desembolsáveis = $ 320.000,00

RECEITA = CV + DV + CF + DF + LUCRO
RECEITA = (CV + DV + CF + DF + EBITDA)
$(Q \times P) = \{(Q \times CV_{unitário}) + [\% \text{ comissão} \times (Q \times P)] +$
(CF + DF desembolsáveis) + [0,10 × (Q × P)]}
320P = {(320 × $ 28.000,00) + [0,02 × 320P] + $ 320.000,00 + [0,10 × 320P]}
320P = {$ 8.960.000,00 + [0,02 × 320P] + $ 320.000,00 + [0,10 × 320P]}
320P = {$ 9.280.000,00 + [0,02 × 320P] + [0,10 × 320P]}
320P = {$ 9.280.000,00 + 6,40P + 32P}
320P − 6,40P − 32P = $ 9.280.000,00
281,60P = $ 9.280.000,00

$$P = \frac{\$ 9.280.000,00}{281,60} = \mathbf{\$ 32.954,55}$$

O preço de venda deveria ser de $ 32.954,55 para que a margem EBITDA fosse 10%.

**9) Volte à situação inicial. Suponha que os acionistas desejem amortizar uma prestação no valor de $ 500.000,00. Qual deveria ser a quantidade de veículos vendidos?**

Nesse exercício, deve-se calcular o ponto de equilíbrio financeiro (PEF), que só leva em consideração custos e despesas fixas desembolsáveis.

$$\text{Custos e Despesas Fixas Desembolsáveis} = \$\ 320.000,00$$

$$\text{PED quantidade} = \frac{\text{Custos e Despesas Fixas Desembolsáveis} + \text{EBITDA Necessário}}{\text{Margem de Contribuição Unitária}}$$

$$\text{PEF quantidade} = \frac{\$\ 320.000,00 + \$\ 500.000,00}{\$\ 6.300,00} = 130,16 \text{ veículos}$$

Novamente, como não é possível vender 130,16 veículos, arredondamos para cima. Nesse caso, a empresa deveria vender **131 veículos** para cobrir a totalidade de seus custos e despesas fixas desembolsáveis e mais a amortização da prestação.

**10) Volte à situação inicial. Qual deveria ser o volume de vendas para um NOPAT de $ 100.000,00? Considere uma alíquota de IR de 34%.**

Novamente, queremos calcular o ponto de equilíbrio econômico (PEE), só que agora, levando em consideração o *net operating profit after tax* (NOPAT) ou lucro operacional líquido. O NOPAT deve ser calculado com base no lucro estritamente operacional, ou seja, com base no EBIT, que é dado pela fórmula abaixo:

$$\text{EBIT}$$
$$(-) \text{ Imposto de renda}$$
$$(=) \textbf{NOPAT}$$

$$\text{EBIT} = \frac{\text{NOPAT}}{(1-\%\text{IR})} = \frac{\$\ 100.000,00}{(1-0,34)} = \frac{\$\ 100.000,00}{0,66} = \mathbf{\$\ 151.515,15}$$

$$\text{PEE quantidade} = \frac{\text{Custos e Despesas Fixas} + \text{NOPAT}}{\text{Margem de Contribuição Unitária}} = \frac{\$\ 400.000,00 + \$\ 151.515,15}{\$\ 6.300,00}$$

$$\text{PEE quantidade} = 87,54 \text{ veículos}$$

Arredondando para cima, a empresa deveria vender **88 veículos** para cobrir a totalidade de seus custos e despesas fixas e gerar o NOPAT desejável de $ 100.000,00.

**11) Que sugestões você daria para reduzir a volatilidade dos lucros. Dê sugestões de *mix* de produtos/serviços.**

Para reduzir a volatilidade dos lucros, a empresa poderia aumentar o seu portfólio de produtos e serviços. Por exemplo:

a) entrar no segmento de prestação de serviços de assistência técnica: manutenção, pintura e funilaria;
b) comercialização de autopeças;
c) comercialização de veículos seminovos;
d) vender consórcios de veículos;
e) vender seguros de veículos;
f) prestar serviços de regularização de documentação de veículos novos e seminovos;
g) entre outras medidas.

### PARA REFLETIR UM POUCO MAIS

Em que ciclo econômico (crescimento, estagnação, recessão etc.) é mais útil a análise de margem de contribuição dos produtos?

Identifique dentro do portfólio de uma empresa como essa estratégia de ampliar portfólio está relacionada com a questão da volatilidade dos lucros.

# 9 CUSTOS RELEVANTES PARA DECISÃO

Assista ao vídeo *Custos relevantes para decisão*.

**MINICASO**

A empresa Vapter Indústria e Comércio Ltda., que gerencia vários negócios, entre eles uma fábrica de frascos, está em um dilema. Precisa decidir se vale a pena manter uma linha de produção de frasco para envase de cosméticos. Em uma reunião gerencial visando discutir o problema, ocorreu o seguinte diálogo entre o Sr. Nelson (gerente de operações), Mateus (gerente de compras), Vitor (gerente de vendas) e Marcos (gerente de controladoria):

Nelson: Estamos trabalhando para elevar a nossa produtividade da fábrica de frascos. Acredito que, ao fazer isso, conseguiremos melhorar nossos custos e evitar a desativação de nossa operação. A média de custo do frasco produzido internamente tem ficado em torno de $ 2,20 por unidade.

Mateus: Concordo com você. Mesmo que você consiga melhorar nossa produtividade, ainda assim precisaremos avaliar alternativas operacionais visando termos certeza de que estamos tomando as melhores decisões. Acho bastante prudente comparar nossos custos contra um processo terceirizado. Eu levantei o custo de aquisição do frasco junto a um fornecedor externo, no volume de que necessitamos, e ele me disse que conseguiria fornecer a $ 1,70 a unidade. Portanto, teríamos aí uma economia de $ 0,50 por unidade. Achei bastante razoável o custo do frasco.

Vitor: Independentemente da decisão que tomarmos, eu não posso ficar sem o produto no mercado. Caso contrário, nossos principais concorrentes ocuparão o espaço deixado por nós. Cabe ressaltar que temos uma boa reputação junto aos nossos clientes, que nos veem como uma empresa que produz e oferece produtos com qualidade. Qualquer processo de terceirização que venha a ser implementado, tem de ser avaliado sob a ótica desse critério competitivo. O custo é importante? Sim, claro! Porém, se o processo de terceirização implicar redução da qualidade, afetará nossa imagem junto ao mercado.

Nelson: Eu estou de acordo com o Vitor. Temos trabalhado duro todos esses anos para chegarmos a esse nível de qualidade. Não podemos de uma hora para outra negligenciar essa postura. Além disso, nossos clientes nos reconhecem como uma empresa séria e qualquer percepção em contrário poderia ser muito prejudicial ao nosso negócio. Mateus, por mais que nos esforcemos, será difícil chegar ao custo de $ 1,70 por unidade igual a um serviço terceirizado. Por favor, veja se esse custo não está subdimensionado.

Marcos: Vamos com calma pessoal! Realmente, $ 1,70 parece bastante atraente, porém, eu preciso avaliar melhor essa situação. Há custos em nossos processos, que, em decisões como essa, não deveriam ser considerados. Vou pedir ao meu pessoal que cheque isso. Precisamos ter certeza de que estamos fazendo a coisa certa! Mateus, você poderia falar com esse fornecedor para detalhar a composição de custos desse frasco? Isso nos ajudaria muito.

Mateus: Acho que não terei problema com isso. Pedirei a ele.

## QUESTÃO

Diante de uma situação como essa, que considerações você faria visando continuar com a produção interna de frascos ou transferi-la para um fornecedor externo? Argumente sob a ótica de custos relevantes.

## OBJETIVOS DE APRENDIZAGEM

Ao final deste capítulo, é esperado que o leitor possa:
- entender o impacto de custos relevantes em decisões econômicas;
- saber identificar os custos afundados (*sunk cost*) ou irrecuperáveis;
- saber identificar os custos diferenciais ou incrementais;
- analisar tomadas de decisões que envolvam a produção interna *versus* produção externa; análise de um pedido especial; desativação de produtos no mercado.

## 9.1 INTRODUÇÃO

**Custos Relevantes**

As empresas tomam decisões diariamente visando melhorar sua produtividade, utilizar sua capacidade ociosa para atendimento de pedidos adicionais, que envolvam a transferência da produção a terceiros, ou mesmo encerrar ou manter uma linha de produtos e/ou segmentos. Para que a empresa tome uma decisão acertada, há necessidade de uma análise mais detalhada que subsidie os gestores responsáveis por "bater o martelo"! Deve-se levar em conta somente os custos e receitas que são importantes e suportam à tomada de decisão. Esses custos e receitas são chamados de custos e receitas relevantes, pois são os itens que realmente importam em uma avaliação econômica entre alternativas.

Os custos relevantes são denominados custos diferenciais ou incrementais. Isso significa que, numa análise entre duas alternativas, só importam os custos que se alteram de uma alternativa para outra. Muitas vezes não é possível ter todos os itens de custos disponíveis e de uma forma precisa na empresa. Se trabalharmos somente com os custos diferenciais ou incrementais, chegaremos a mesma decisão. Os custos e as receitas que são semelhantes entre as alternativas em avaliação, devem ser desprezados, pois são irrelevantes para suportar tal decisão.

Os custos relevantes podem ser entendidos como custos evitáveis. Ou seja, são custos que podem ser eliminados totalmente ou parcialmente em uma análise entre alternativas. Um exemplo seriam os custos diretos no processo de produção. Em uma decisão de produzir internamente ou comprar externamente, os custos de matéria-prima e mão de obra direta seriam eliminados caso a empresa decidisse terceirizar sua produção. Esses são custos evitáveis e, portanto, considerados relevantes. Porém, não só os custos diretos é que podem ser reduzidos. A empresa poderia ter custos fixos identificáveis, que são custos específicos de um processo, produto ou segmento, que podem ser evitados na sua totalidade ou parcialmente. Cabe à empresa detalhar os custos identificáveis e avaliar a possibilidade de redução.

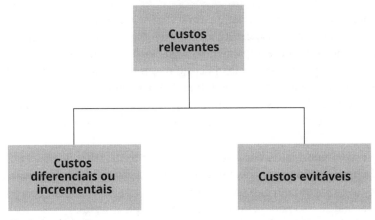

**Figura 9.1** Custos relevantes.

Na situação acima, parece interessante, num primeiro momento, transferir a produção de frasco para um fornecedor externo dado a economia de $ 0,50 ($ 2,20 – $ 1,70) por unidade do frasco, que seria auferida nessa operação. Será que os gestores, ao tomarem este tipo de decisão, levam em conta que há custos que não deveriam entrar no cálculo? Em toda empresa há custos que continuarão a existir independentemente da decisão que se tome! É o caso dos custos afundados (*sunk costs*) ou custos irrecuperáveis. Esses custos independem da decisão que a empresa tome, pois continuarão a fazer parte de sua estrutura operacional. São custos decorrentes de decisões tomadas no passado e que não devem afetar decisões econômicas futuras. Por exemplo, é o caso da depreciação de uma máquina. Quando a empresa adquiriu uma máquina para sua atividade-fim (produção de algum produto), o custo da depreciação é classificado como custo afundado ou irrecuperável, pois o equipamento já foi comprado e não há nada que a empresa possa fazer a esse respeito. Em decisões econômicas futuras, o custo afundado ou irrecuperável é tratado como irrelevante e desprezado na avaliação entre alternativas. Colocando de outra forma, é um custo que tem efeito nulo na avaliação.

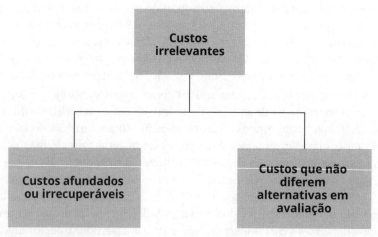

**Figura 9.2** Custos irrelevantes.

Outra categoria de custos que não tem interferência nas avaliações econômicas são os custos que não diferem entre as alternativas. Por exemplo, suponha que a empresa esteja analisando a substituição de um equipamento antigo por um equipamento novo. Ao levantar os custos, verifica-se que um determinado custo fixo irá permanecer tanto na situação atual (equipamento antigo) quanto na situação futura (equipamento novo). Nesse caso, o custo fixo não deverá fazer parte da análise, pois produzirá efeito nulo. Ou seja, a diferença entre eles é zero. Torna-se irrelevante considerá-lo uma vez que não traz benefícios à avaliação econômica em questão.

Outra questão importante é que a adoção de custos irrelevantes no processo de avaliação de uma decisão, por exemplo, de investimento, poderá levar a decisões equivocadas. Aceitar determinado investimento quando na verdade este deveria ser rejeitado, pois não produz os benefícios adequados. Isso pode ser observado no exemplo a seguir.

## 9.2 FAZER INTERNAMENTE *VERSUS* COMPRAR EXTERNAMENTE

Voltando à situação da Vapter, que deseja analisar a manutenção de sua produção de frasco para o envase de cosméticos. A empresa desconfia que poderia haver algum benefício caso sua produção fosse terceirizada. Então, o primeiro passo seria levantar os dados de custos nas duas situações. Isso pode ser observado na Tabela 9.1.

**Tabela 9.1** Estrutura de custos comparativos

| Em $/Unidade | Produção Interna | Fornecedor Externo |
|---|---|---|
| Matéria-prima direta | 0,50 | 0,52 |
| (+) Mão de obra direta | 0,43 | 0,40 |
| (+) Custos indiretos variáveis | 0,46 | 0,48 |
| (+) Custos indiretos fixos | 0,81 | 0,30 |
| **(=) Custo do frasco por unidade** | **2,20** | **1,70** |

Olhando as duas estruturas, num primeiro momento, os gestores estariam tentados a terceirizar a produção de frascos devido à diferença de custos. Então, a controladoria solicitou que a área de produção detalhasse melhor os custos indiretos fixos de produção, que passou os itens constantes na Tabela 9.2.

**Tabela 9.2** Detalhamento dos custos indiretos fixos de produção

| Em $/Unidade | Produção Interna |
|---|---|
| Custos comuns | 0,34 |
| (+) Depreciação da estrutura da fábrica | 0,31 |
| (+) Outros custos indiretos | 0,16 |
| **(=) Custos indiretos fixos** | **0,81** |

Com base nos custos indiretos fixos de produção abertos, a controladoria identificou que estes custos irão continuar independentemente da decisão a ser tomada. Por exemplo, os custos comuns são custos decorrentes da estrutura organizacional que foram rateados as unidades ou produtos, e que não serão eliminados caso a empresa decida terceirizar a produção. A empresa não irá demitir o diretor financeiro ou o presidente caso decida desativar a produção de frasco. Da mesma forma ocorre com a depreciação da estrutura da fábrica. Os equipamentos já foram adquiridos, a fábrica está instalada e em operação. Uma decisão econômica de terceirização não será afetada pela depreciação, que continuará a existir independentemente do plano de ação. A empresa poderá posteriormente usar esses equipamentos para outras atividades de negócios ou vender parte destes visando uma recuperação de custos, mas não influencia nesse momento a decisão escolhida pela Vapter. Quanto aos outros custos indiretos, estes são da infraestrutura da fábrica, que foram rateados com base em algum critério arbitrário definido pela administração. Esses custos podem ser o aluguel do galpão onde a fábrica está instalada, o seguro da fábrica, o salário do gerente de produção que é classificado como mão de obra indireta, energia elétrica, água, gás, entre outros. Esses custos permanecerão caso a Vapter terceirize o frasco, ou seja, a empresa continuará a arcar também com esses custos. Portanto, são custos irrelevantes para a decisão e devem ser desconsiderados.

O próximo passo foi classificar os custos em relevantes (R) e irrelevantes (I). Na estrutura, os custos que permanecerão, mesmo com a terceirização da produção do frasco, são classificados como irrelevantes, uma vez que independe da decisão a ser tomada. Já os custos que puderem ser eliminados (evitáveis) ou mesmo reduzidos parcialmente serão classificados como relevantes e, portanto, necessários na análise de decisão (Tabela 9.3).

Os custos indiretos fixos de produção de $ 0,30 do fornecedor externo deverão ser pagos pela Vapter caso decida terceirizar a produção. É um custo que será cobrado de qualquer jeito, não podendo ser eliminado, nesse caso, será classificado como relevante.

Ao analisarmos quais custos a Vapter conseguiria eliminar num eventual processo de terceirização, teríamos a matéria-prima, a mão de obra direta e os custos indiretos variáveis de produção. Como esses custos deixarão de existir na estrutura da Vapter, pois serão transferidos ao fornecedor, são relevantes para a decisão. Também farão parte da composição do custo do frasco terceirizado.

**Tabela 9.3** Classificação dos custos em relevantes e irrelevantes

| Em $/Unidade | Produção Interna | Fornecedor Externo | Tipo Custo |
|---|---|---|---|
| Matéria-prima direta | 0,50 | 0,52 | R |
| (+) Mão de obra direta | 0,43 | 0,40 | R |
| (+) Custos indiretos variáveis | 0,46 | 0,48 | R |
| (+) Custos indiretos fixos |  | 0,30 | R (*) |
| Custos comuns alocados | 0,34 | 0,34 | I (*) |
| Depreciação da estrutura da fábrica | 0,31 | 0,31 | I (*) |
| Outros custos indiretos | 0,16 | 0,16 | I (*) |
| **(=) Custo do frasco por unidade** | **2,20** | **2,51** |  |

(*) Os custos indiretos fixos do fornecedor externo são relevantes, pois a empresa terá que arcar com eles de qualquer jeito, portanto, difere entre alternativas. Além disso, seus custos indiretos fixos de produção, como também permanecerão, foram somados à estrutura de custos do fornecedor externo.

R = Relevante; I = Irrelevante

Como base nessa classificação, já que os custos irrelevantes permanecerão, eles foram adicionados à estrutura de custos do frasco terceirizado, pois continuarão a serem pagos pela Vapter. Nesse caso, observa-se que o custo do frasco terceirizado passaria de $ 1,70 para $ 2,51, o que favoreceria a manutenção da produção interna! O benefício gerado nessa operação seria $ 0,31 por unidade de frasco produzida (Tabela 9.4).

Por outro lado, os outros custos classificados como irrelevantes (I) não devem fazer parte da análise, pois são custos que a empresa não conseguirá evitar. Na análise entre alternativas eles terão efeito nulo, conforme observado na estrutura a seguir (Tabela 9.4). A adoção dos custos irrelevantes não traz benefícios à análise, embora nesse exemplo fosse possível tomar uma decisão acertada.

**Tabela 9.4** Cálculo dos benefícios entre alternativas

| Em $/Unidade | Produção Interna (A) | Fornecedor Externo (B) | Benefício (B – A) | Tipo Custo |
|---|---|---|---|---|
| Matéria-prima direta | 0,50 | 0,52 | 0,02 | R |
| (+) Mão de obra direta | 0,43 | 0,40 | – 0,03 | R |
| (+) Custos indiretos variáveis | 0,46 | 0,48 | 0,02 | R |
| (+) Custos indiretos fixos | | 0,30 | 0,30 | R |
| Custos comuns alocados | 0,34 | 0,34 | 0,00 | I |
| Depreciação da estrutura da fábrica | 0,31 | 0,31 | 0,00 | I |
| Outros custos indiretos | 0,16 | 0,16 | 0,00 | I |
| (=) Custo do frasco por unidade | 2,20 | 2,51 | 0,31 | |

Quando a análise é feita somente pela ótica dos custos relevantes, chegamos à mesma conclusão, mas de uma forma mais simples, rápida e com um nível de segurança maior na decisão (Tabela 9.5). Isso acontece porque somente importam os custos que diferem entre as alternativas.

**Tabela 9.5** Cálculo do frasco somente considerando os custos relevantes

| Em $/Unidade | Produção Interna (A) | Fornecedor Externo (B) | Benefício (B – A) | Tipo Custo |
|---|---|---|---|---|
| Matéria-prima direta | 0,50 | 0,52 | 0,02 | R |
| (+) Mão de obra direta | 0,43 | 0,40 | – 0,03 | R |
| (+) Custos indiretos variáveis | 0,46 | 0,48 | 0,02 | R |
| (+) Custos indiretos fixos | 0,00 | 0,30 | 0,30 | R |
| (=) Custo do frasco por unidade | 1,39 | 1,70 | 0,31 | |

Na Tabela 9.5, ao compararmos as duas alternativas, observamos que produzir o frasco internamente ($ 1,39) leva vantagem sobre a produção externa ($ 1,70). Claramente, há uma economia de custo de $ 0,31 em cada unidade produzida internamente em relação à produção externa.

Se a empresa somente comparasse os custos iniciais da produção interna de $ 2,20 contra o custo da produção externa de $ 1,70, possivelmente, tomaria a decisão em terceirizar a produção já que é mais barato comprar de um fornecedor externo. Porém, a empresa desconsideraria que no total de custo de $ 2,20, há $ 0,81 de custos que vão continuar na estrutura da fábrica, quer ela terceirize ou não. Como mostrado na Tabela 9.4, são custos que têm benefícios nulos, mas que caso a empresa terceirizasse a produção assumiria que os custos irrelevantes são custos evitáveis, o que não é verdade! A empresa partiria do pressuposto de que ao terceirizar não teria mais determinados custos internos como, por exemplo, os custos comuns alocados, os custos de depreciação da estrutura da fábrica e os outros custos indiretos. Nesse caso, a decisão de transferir a produção de frascos ao fornecedor *a priori* seria mais barato! No entanto, essa decisão seria equivocada, pois custos irrelevantes enviesariam a análise, uma vez que continuariam a fazer parte da estrutura da empresa independentemente de qual alternativa estivesse em avaliação. No cômputo final, a empresa além de arcar com os custos do fornecedor também deveria bancar os seus custos internos não evitáveis. O que encareceria economicamente a compra do frasco externamente.

## 9.3 ANÁLISE DE PEDIDO ESPECIAL

A capacidade de produção de uma empresa é definida pelo montante de custos fixos atrelados à sua atividade operacional. Logicamente, é comum a empresa operar abaixo de sua capacidade máxima (capacidade instalada). Quando isso acontece, diz-se que a empresa está com capacidade ociosa. A capacidade ociosa nada mais é do que a diferença entre a capacidade disponível (capacidade instalada) e a capacidade utilizada pela produção atual ou produção efetiva atual (Figura 9.3). A capacidade instalada determina a faixa relevante de produção. Dentro dessa faixa, os custos fixos variam em proporção inversa ao volume. Isso significa que quanto mais a empresa produzir, menor será o seu custo fixo unitário (custo fixo total dividido pela produção efetiva). Por exemplo, suponhamos que a empresa apresenta a seguinte estrutura operacional (Tabela 9.6).

**Tabela 9.6** Cálculo do custo fixo unitário com base na produção efetiva

| Em $ | Produção Interna (A) | Produção Interna (B) | Produção Interna (C) |
|---|---|---|---|
| Custo fixo total | 20.000,00 | 20.000,00 | 20.000,00 |
| (÷) Produção efetiva | 2.000 | 5.000 | 10.000 |
| (=) **Custo fixo unitário** | **10,00** | **4,00** | **2,00** |

Observe que, à medida que elevamos o nível de produção da Faixa A para a Faixa C, os custos fixos unitários decrescem. Isso acontece, pois o custo fixo total não se altera, já que está dentro de uma faixa relevante de produção (capacidade instalada). Vamos supor que essa faixa seja de 15.000 unidades. Mesmo produzindo 10.000 unidades (Faixa C) a empresa ainda teria uma capacidade ociosa de 5.000 unidades.

Quando a empresa, diante de uma demanda de mercado crescente, atinge a sua capacidade de produção limite (capacidade instalada), qualquer incremento de capacidade exigirá investimentos em custos fixos. Por exemplo, aquisição de máquinas e equipamentos e expansão da fábrica, que irão gerar aumento dos custos de depreciação, implantação de um novo turno de trabalho, que irá requerer um contingente maior de mão de obra, elevando os gastos com salários, encargos e benefícios, aumento de outros gastos como aluguel, seguro, utilidades (água, energia elétrica e gás), entre outros.

Com o aumento da faixa relevante de produção, espera-se que a empresa possa atender à necessidade de mercado em termos de volume, porém, tal aumento não pode ser em detrimento da perda de eficiência operacional. A redução de custos por conta do aumento de volume desnecessário causa sérios danos à empresa, pois eleva outros custos operacionais.

Em decisões de curto prazo, a capacidade ociosa pode ser um fator importante à medida que possibilita à empresa analisar pedidos especiais. Dado que a capacidade produtiva da empresa já está dimensionada pelo montante de custos fixos, pedidos adicionais podem contribuir para abater de custos e despesas fixas, o que impacta diretamente no lucro do negócio.

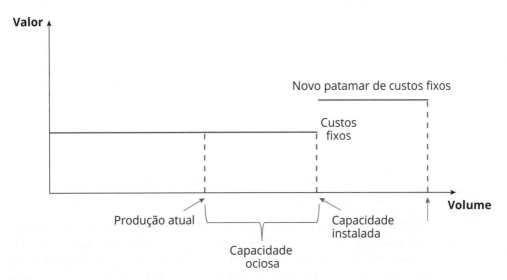

**Figura 9.3** Capacidade de produção pelo montante de custos fixos.

Por exemplo, vamos imaginar que a empresa Brasil Cosmético, que não faz parte da base de clientes normais da Vapter, esteja interessada em comprar 5.000 unidades de frascos para envase de seu novo cosmético *Beautiful Skin* destinado às classes C e D nas regiões Norte e Nordeste do país. A empresa Brasil Cosmético, ao analisar o mercado de empresas que produzem frascos para esse tipo de produto, concluiu que poderia pagar no máximo $ 1,80 por unidade de frasco produzido e não haveria outros custos adicionais por conta de inclusão da logomarca. O pedido foi colocado na Vapter e está sob análise do gerente de venda Vitor. A princípio parece não ser interessante à Vapter aceitar esse pedido, uma vez que seu custo de produção interno desse tipo frasco está em $ 2,20 por unidade (Tabela 9.1). Vitor, preocupado em não tomar uma decisão equivocada, pediu ajuda ao gerente de controladoria Marcos visando analisar a proposta da Brasil Cosmético.

Numa análise de pedido especial, somente os custos relevantes são essenciais para direcionar a decisão. Outra questão que merece atenção dos gestores é até que ponto a aceitação de um pedido especial poderia afetar as vendas dos clientes atuais da empresa? Se um cliente em potencial adquirisse um insumo mais barato que seus concorrentes, poderia repassar para o preço este benefício se tornando mais competitivo neste mercado. Além disso, se os clientes atuais da empresa soubessem dessa negociação, na qual a empresa estaria vendendo o frasco mais barato, estes se sentiriam desprestigiados, pois não tiveram as mesmas condições favoráveis. As vendas dos clientes atuais poderiam ser afetadas à medida que a solicitante do pedido especial atuasse no mesmo segmento e região de mercado. Portanto, pedidos especiais só deveriam ser aceitos desde que não prejudicassem o mercado para o qual a empresa tenha negócios em andamento.

Voltando à análise do pedido, Marcos verificou que a maior concentração de clientes da Vapter se encontra localizados nas regiões Sul e Sudeste e atendem esses respectivos mercados.

Portanto, não haveria possibilidade de sobreposição de preços por parte da Brasil Cosmético de modo que influenciasse o mercado nas regiões Sul e Sudeste. A seguir Marcos calculou a demonstração de resultado por contribuição.

**Tabela 9.7**  Demonstração de resultado por contribuição

| Em $/Unidade | Produção Interna |
|---|---|
| Preço de Venda Líquido | 1,80 |
| (–) Custos Variáveis | |
| Matéria-prima direta | (0,50) |
| Mão de obra direta | (0,43) |
| Custos indiretos variáveis | (0,46) |
| **(=) Margem de Contribuição Unitária** | **0,41** |

Como a empresa tem capacidade ociosa para atender o pedido especial e não necessita fazer novos investimentos em custos fixos, observa-se que qualquer unidade produzida e vendida geraria uma margem de contribuição positiva de $ 0,41. Isso implica que o lucro do negócio aumentaria em $ 2.050,00 ($ 0,41 × 5.000 unid.) e este valor ajudaria a abater custos e despesas fixas. Portanto, o pedido deveria ser aceito diante desse cenário.

Agora vamos imaginar que a empresa, ao avaliar internalizar o pedido, necessitasse desenvolver a logomarca da empresa e que consumiria recursos da ordem de $ 2.500,00. Ao preparar a nova demonstração de resultado (Tabela 9.8), Marcos observa que o preço de venda que a Brasil Cosmético está disposta a pagar por unidade de frasco não cobre os custos adicionais de desenvolvimento e execução da logomarca da empresa. Ao lançar esse custo na DRE, a margem do segmento fica negativa, o que resultaria em redução do lucro global da empesa. Nesse caso, a Vapter rejeitaria o pedido, pois ao nível de preço oferecido pela Brasil Cosmético não suportaria os gastos adicionais para sua execução.

**Tabela 9.8**  Demonstração de resultado por contribuição

| Em $ | Produção Interna (Volume 5.000 unid.) Unitário | Total (*) |
|---|---|---|
| Receita de Venda Líquida | 1,80 | 9.000,00 |
| (–) Custos Variáveis | | |
| Matéria-prima direta | (0,50) | (2.500,00) |
| Mão de obra direta | (0,43) | (2.150,00) |
| Custos indiretos variáveis | (0,46) | (2.300,00) |
| **(=) Margem de Contribuição** | **0,41** | **2.050,00** |
| (–) Custo fixo com logomarca | | (2.500,00) |
| **(=) Margem do Segmento** | | **(450,00)** |

(*) Preço e custos variáveis unitários × volume.

Na análise desse pedido especial, percebe-se que o custo fixo necessário com a logomarca também é um custo relevante, pois a empresa não o teria em sua estrutura interna. Ela precisaria desenvolver e executar internamente, e este custo deveria ser tratado como relevante, uma vez que difere da situação atual (custo diferencial). Mesmo com a capacidade ociosa, os custos fixos não sofrerão alterações independentemente de a empresa continuar a produzir ou não. O preço ofertado se torna insustentável à operação nesse caso em especial. Diante disso, a empresa poderia calcular um preço mínimo necessário para cobrir seus custos e despesas variáveis e ainda gerar alguma margem de contribuição visando compensar o esforço de produção. Essa margem de contribuição deverá ser suficiente para cobrir os custos fixos específicos (custos identificados) e ainda gerar uma margem do segmento aceitável.

Conforme observado na Tabela 9.8, embora a margem de contribuição seja positiva, ao deduzir os custos fixos de execução da logomarca a margem do segmento fica negativa. Vamos supor que a empresa deseja uma margem do segmento de 10% da receita líquida. Quanto deveria ser o preço a ser cobrado da Brasil Cosmético? Vamos admitir, ainda, que os custos variáveis internos, nesse caso, não sofrerão qualquer alteração.

Um jeito fácil de resolver seria equacionar o problema, o que implicaria o desenvolvimento dos cálculos por fórmula. Vamos considerar a seguinte nomenclatura:

Preço = P
Quantidade = Q
Receita Líquida = RL
Matéria-prima direta = MP
Mão de obra direta = MOD
Custos indiretos variáveis de produção = CIV
Custo fixo com logomarca = CF
% Margem do segmento = %MG
$ Margem do segmento = MG

$$RL = P \times Q \text{ (equação 9.1)}$$

Portanto:
Como queremos uma margem do segmento de 10% da receita líquida, a fórmula que calcula a margem do segmento em percentual é dada por:

$$\%MG = \frac{MG}{RL} \text{ (equação 9.2)}$$

$$0{,}10 = \frac{MG}{RL} \text{ (equação 9.3)}$$

$$MG = 0{,}10\ RL \text{ (equação 9.4)}$$

A equação da receita é dada pela fórmula abaixo:

$$RL = \underbrace{MP + MOD + CIV}_{\text{Parte Variável}} + \underbrace{CF}_{\substack{\text{Parte} \\ \text{Fixa}}} + \underbrace{MG}_{\text{Lucro}} \quad \text{(equação 9.5)}$$

Como queremos o preço de venda, vamos substituir a equação 9.4 (margem do segmento requerida) na equação 9.5. A seguir, ao substituirmos a quantidade de 5.000 do pedido especial na equação 9.5, temos:

$$RL = MP + MOD + CIV + CF + MG$$
$$RL = MP + MOD + CIV + CF + 0{,}10RL$$
$$P \times Q = \underbrace{MP \times Q + MOD \times Q + CIV \times Q}_{\text{Colocar Q em evidência}} + CF + 0{,}10(P \times Q)$$

$$P \times Q = Q(MP + MOD + CIV) + CF + 0{,}10(P \times Q)$$
$$5.000P = 5.000(0{,}50 + 0{,}43 + 0{,}46) + 2.500 + 0{,}10(5.000P)$$
$$5.000P = (5.000 \times 1{,}39) + 2.500 + 500P$$
$$5.000P - 500P = 6.950 + 2.500$$
$$4.500P = 9.450$$

$$P = \frac{9.450}{4.500} \Rightarrow P = \$\ 2{,}10$$

Portanto, o preço que deveria ser negociado para gerar uma margem do segmento de 10% é de $ 2,10. Na Tabela 9.9, é mostrado como fica a Demonstração de Resultado por Contribuição.

**Tabela 9.9** Demonstração de resultado por contribuição com preço ajustado

| Em $ | Produção Interna (Volume 5.000 unid.) Unitário | Total (*) |
|---|---|---|
| Receita de Venda Líquida | 2,10 | 10.500,00 |
| (–) Custos Variáveis | | |
| Matéria-prima direta | (0,50) | (2.500,00) |
| Mão de obra direta | (0,43) | (2.150,00) |
| Custos indiretos variáveis | (0,46) | (2.300,00) |
| **(=) Margem de Contribuição** | **0,71** | **3.550,00** |
| (–) Custo fixo com logomarca | | (2.500,00) |
| **(=) Margem do Segmento** | | **1.050,00** |

(*) Preço e custos variáveis unitários × volume.

$$\%MG = \frac{MG}{RL} = \frac{1.050,00}{10.500,00} = 0,10 \Rightarrow \mathbf{10\%}$$

## 9.4 ENCERRAR UMA ATIVIDADE ECONÔMICA

Muitas vezes, as empresas se deparam com a necessidade de avaliar mais acuradamente um determinado segmento de mercado, um rol de clientes responsáveis pelo grande volume de faturamento da empresa ou mesmo um *mix* de produtos/serviços visando identificar possíveis desajustes de preços e/ou custos. A análise de rentabilidade é fundamental visando identificar se esses objetos de custo estão contribuindo com os objetivos organizacionais, por exemplo, se estão gerando lucros em suas operações.

Às vezes, a empresa pode vender determinado produto e não perceber, diante de seu *mix* elevado de produtos, que há produtos que trazem prejuízos operacionais. Isso pode acontecer com clientes que são responsáveis por uma parcela elevada do faturamento da empresa. Pode acontecer de essas ações serem deliberadas visando alavancar vendas de outros objetos de custo (produtos, clientes ou segmentos). Nesse caso, dizemos que se trata de uma ação estratégica e que, portanto, deve ser controlada pela empresa.

Por outro lado, nenhuma empresa gosta de vender produtos/serviços que não trazem resultado para o negócio. Se partirmos do pressuposto de que todas as empresas visam ao lucro e, em última análise, à criação de valor ao acionista, todos os negócios realizados devem proporcionar lucro. Caso contrário, a criação de valor ao acionista fica prejudicada na medida em que o negócio não é capaz de gerar resultados suficientes para remunerar seus ativos operacionais a um determinado custo de oportunidade do capital. Evidentemente, essa abordagem não descarta a possibilidade de uma ação estratégica, conforme apontado acima.

O tópico em questão é de suma importância às empresas, pois a todo o momento questões que envolvem decisões econômicas (de produtos/serviços, segmentos, negócios e ativos) exigem um grau elevado de maturidade da área financeira para que sejam avaliados com maior rigor técnico possível. Às vezes, questões qualitativas também são levadas em conta. É o caso de quando o encerramento de uma atividade pode afetar um rol de clientes que são fundamentais ao negócio. Na maioria das vezes não se trata de decisão simples de se avaliar.

Em casos como esses, a abordagem de custos relevantes se torna fundamental à análise. Por exemplo, de uma avaliação de encerramento de uma unidade de negócio. Os conceitos precisam estar muito claros diante de questões tão complexas como essa.

É o caso da Vapter Indústria e Comércio Ltda., que pretende descontinuar um de seus produtos da linha de *personal care*, dados os resultados negativos apresentados nos últimos exercícios. Além desse produto, a empresa possui outros dois que também estão na mira da alta administração. A Tabela 9.10 apresenta os três produtos em avaliação da linha infantil: xampu, sabonete líquido e pasta de dente.

Com base nessa estrutura de custos (Tabela 9.10), observamos que a empresa apresenta uma demonstração de resultado por contribuição, na qual novos itens de custos são apontados. Por exemplo, os custos fixos identificados e despesas fixas identificadas recebem esta denominação, pois são itens que estão atrelados especificamente há um determinado objeto de custo (produto, cliente, segmento, ou unidade de negócio). Se um objeto de custo for eliminado, os custos e as despesas fixas identificadas a este objeto de custo também serão eliminados.

**Tabela 9.10** Demonstração de resultado por contribuição dos produtos em análise

|  | Produtos em Análise ||||
| Em $ | Xampu | Sabonete Líquido | Pasta de Dente | Total |
| --- | --- | --- | --- | --- |
| Receita de Venda Líquida | 70.000,00 | 80.000,00 | 50.000,00 | 200.000,00 |
| (-) Custos Variáveis |  |  |  |  |
| Matéria-prima direta | - 25.500,00 | - 27.200,00 | - 16.300,00 | - 69.000,00 |
| Mão de obra direta | - 15.600,00 | - 18.600,00 | - 12.100,00 | - 46.300,00 |
| Custos indiretos variáveis | - 8.300,00 | - 9.500,00 | - 7.400,00 | - 25.200,00 |
| **(=) Margem de Contribuição** | **20.600,00** | **24.700,00** | **14.200,00** | **59.500,00** |
| (-) Custos fixos identificados | - 7.500,00 | - 10.500,00 | - 4.100,00 | - 22.100,00 |
| (-) Despesas fixas identificadas | - 4.300,00 | - 7.300,00 | - 3.800,00 | - 15.400,00 |
| **(=) Margem do Segmento** | **8.800,00** | **6.900,00** | **6.300,00** | **22.000,00** |
| (-) Despesas comuns alocadas | - 6.300,00 | - 7.200,00 | - 4.500,00 | - 18.000,00 |
| **(=) Lucro da Atividade (EBIT)** | **2.500,00** | **- 300,00** | **1.800,00** | **4.000,00** |

Quanto às despesas comuns, estas são itens atrelados à estrutura geral da empresa, na qual não é possível atribuir especificamente a um objeto de custo. Por exemplo, as despesas de vendas e administrativas, os salários da diretoria, as despesas de assessoria, as despesas gerais, entre outras. Normalmente, as empresas efetuam rateio dessas despesas com base em algum critério volumétrico que pode estar atrelado ao volume de produção, volume de vendas, faturamento, custo de mão de obra direta, entre outros. E isso gera distorções na apuração da rentabilidade dos produtos em análise. Uma maneira de corrigir isso seria adotar um critério de alocação de custos e despesas fixas com base no Custeio Baseado em Atividades (ABC). Embora essa discussão esteja fora do escopo deste tópico, o leitor poderá revisitar o Capítulo 6 neste livro, no qual tratamos do assunto em mais detalhes.

Analisando a estrutura acima (Tabela 9.10), observa-se que o produto sabonete líquido apresenta prejuízo operacional (EBIT negativo) de – $ 300,00. Caso a empresa decida retirar esse produto do portfólio da empresa, alguns itens de receita e custos poderão ser eliminados. Essas receitas e custos são classificados como relevantes e, portanto, são custos evitáveis, por exemplo:

- Receita de Venda Líquida será eliminada, pois o produto, uma vez descontinuado, não auferirá mais faturamento.
- Os custos variáveis também serão eliminados na medida em que são custos inerentes ao produto (materiais diretos, o salário do operador no processamento do produto, entre outros), ou seja, estes os custos só existem se há o produto. Com o produto retirado do mercado, a empresa irá desativar toda a linha de produção, dispensando os colaboradores diretos, bem como reduzindo custos variáveis.

- Os custos fixos e as despesas fixas identificados também serão eliminados, pois, conforme abordado acima, são itens de custo específicos que estão atrelados ao produto. É o caso do salário do supervisor da linha de sabonete líquido, os itens de utilidades (água, energia-elétrica e gás), o apontador de produção da linha de sabonete líquido, a despesa de propaganda, os salários do pessoal de marketing que gerencia a linha de sabonete líquido, entre outros. Esses custos indiretos específicos deixarão de fazer parte da estrutura de custo do produto.

Por outro lado, as despesas comuns, que foram rateadas aos produtos com base no faturamento, não poderão ser eliminadas só porque a empresa decidiu retirar do mercado um de seus produtos que apresentava prejuízo, pelo menos não num primeiro momento. Posteriormente, a empresa poderá fazer algum tipo de ajuste em sua estrutura organizacional, mas não dispensará o diretor de produção ou mesmo o diretor de vendas e marketing por conta de uma decisão estratégica de mercado. Sob a ótica de custos relevantes, essas despesas serão classificadas como irrelevantes (não evitáveis) e permanecerão na estrutura da empresa independentemente de qual decisão seja tomada. Lembrando que há sempre a decisão de não se fazer nada.

Mas vamos assumir que a empresa tome a decisão de encerrar as operações do produto sabonete líquido. Na estrutura abaixo (Tabela 9.11), é mostrado quais itens a empresa consegue eliminar ou evitar (classificados como relevantes). Já o item classificado como "irrelevante" não poderá ser eliminado e será redistribuído aos demais produtos com base no faturamento, que era o critério de rateio até então adotado.

**Tabela 9.11**  Custos evitáveis

| Em $ | Sabonete Líquido | Tipo |
|---|---|---|
| Receita de Venda Líquida | 80.000,00 | Relevante |
| (–) Custos Variáveis | | |
| Matéria-prima direta | – 27.200,00 | Relevante |
| Mão de obra direta | – 18.600,00 | Relevante |
| Custos indiretos variáveis | – 9.500,00 | Relevante |
| **(=) Margem de Contribuição** | **24.700,00** | |
| (–) Custos fixos identificados | – 10.500,00 | Relevante |
| (–) Despesas fixas identificadas | – 7.300,00 | Relevante |
| **(=) Margem do Segmento** | **6.900,00** | |
| (–) Despesas comuns alocadas | – 7.200,00 | **Irrelevante** |
| **(=) Lucro da Atividade (EBIT)** | **– 300,00** | |

Com base na estrutura acima, observa-se que a empresa deixa de auferir uma margem do segmento que está positiva em $ 6.900,00 e que está contribuindo para abater as despesas comuns alocadas por rateio e que não podem ser eliminadas. Diante disso, a nova demonstração de resultado é apresentada (Tabela 9.12).

**Tabela 9.12** Demonstração de resultado por contribuição após a eliminação do produto

| Em $ | Produtos em Análise Xampu | Produtos em Análise Pasta de Dente | Total |
|---|---|---|---|
| Receita de Venda Líquida | 70.000,00 | 50.000,00 | 120.000,00 |
| (-) Custos Variáveis | | | |
| Matéria-prima direta | - 25.500,00 | - 16.300,00 | - 41.800,00 |
| Mão de obra direta | - 15.600,00 | - 12.100,00 | - 27.700,00 |
| Custos indiretos variáveis | - 8.300,00 | - 7.400,00 | - 15.700,00 |
| **(=) Margem de Contribuição** | **20.600,00** | **14.200,00** | **34.800,00** |
| (-) Custos fixos identificados | - 7.500,00 | - 4.100,00 | - 11.600,00 |
| (-) Despesas fixas identificadas | - 4.300,00 | - 3.800,00 | - 8.100,00 |
| **(=) Margem do Segmento** | **8.800,00** | **6.300,00** | **15.100,00** |
| (-) Despesas comuns alocadas | - 10.500,00 | - 7.500,00 | - 18.000,00 |
| **(=) Lucro da Atividade (EBIT)** | **- 1.700,00** | **- 1.200,00** | **- 2.900,00** |

Nota-se que as despesas comuns alocadas no total $ 18.000, que foram rateadas aos produtos remanescentes com base no faturamento, proporcionaram um prejuízo operacional ao negócio da ordem de – $ 2.900,00 (EBIT). Anteriormente, o negócio havia apresentado um lucro operacional no valor total de $ 4.000,00, assim como o xampu e a pasta de dente, $ 2.500,00 e $ 1.800,00, respectivamente. Agora com a eliminação do sabonete líquido e com a redistribuição das despesas comuns, passaram a apresentar prejuízo no valor de – $ 1.700,00 e – $ 1.200,00, respectivamente. Por que isso aconteceu?

Dado que a margem do segmento do sabonete líquido está positiva, a empresa não deveria ter eliminado o produto uma vez que está ajudando a abater as despesas comuns alocadas. Se por acaso a margem do segmento estivesse negativa, indicaria que o produto não estaria contribuindo para cobrir seus custos e despesas fixas específicas, quanto mais ajudaria a reduzir as despesas comuns. Haveria a necessidade de uma reavaliação da estrutura de receitas e custos por parte da empresa e algum ajuste poderia ser feito, desde que possível, antes de tomar a decisão de eliminação do produto do mercado. Por exemplo, a empresa poderia pensar em readequação de preços. Talvez o preço estivesse mal posicionado no mercado. Buscar outras alternativas para reduzir custos variáveis por meio do desenvolvimento de novos fornecedores, porém, com o mesmo nível de qualidade. A redução de custos em detrimento da qualidade do produto poderia prejudicar a imagem da empresa junto ao mercado. Adicionalmente, reavaliar a estrutura de custos e despesas fixas identificadas. Para auxiliar nessa análise, pode-se apresentar a Tabela 9.13 na qual os custos e despesas estão em percentual da receita líquida considerando a estrutura da Tabela 9.10.

**Tabela 9.13** Demonstração de resultado em percentual

| Em % | Produtos em Análise |||| 
|---|---|---|---|---|
| | Xampu | Sabonete Líquido | Pasta de Dente | Total |
| Receita de Venda Líquida | 100,0% | 100,0% | 100,0% | 100,0% |
| (–) Custos Variáveis | | | | |
| Matéria-prima direta | – 36,4% | – 34,0% | – 32,6% | – 34,5% |
| Mão de obra direta | – 22,3% | – 23,3% | – 24,2% | – 23,2% |
| Custos indiretos variáveis | – 11,9% | – 11,9% | – 14,8% | – 12,6% |
| **(=) Margem de Contribuição** | **29,4%** | **30,9%** | **28,4%** | **29,8%** |
| (–) Custos fixos identificados | – 10,7% | – 13,1% | – 8,2% | – 11,1% |
| (–) Despesas fixas identificadas | – 6,1% | – 9,1% | – 7,6% | – 7,7% |
| **(=) Margem do Segmento** | **12,6%** | **8,6%** | **12,6%** | **11,0%** |
| (–) Despesas comuns alocadas | – 9,0% | – 9,0% | – 9,0% | – 9,0% |
| **(=) Lucro da Atividade (EBIT)** | **3,6%** | **– 0,4%** | **3,6%** | **2,0%** |

Claramente, observamos que custos e despesas fixas identificadas do sabonete líquido são superiores aos demais produtos. Isso mereceria atenção por parte da empresa e talvez uma reavaliação desses custos e despesas seja necessária. Seria possível que, com pequenos ajustes na estrutura de custos, o produto já se viabilizaria.

 **EXERCÍCIO RESOLVIDO**

**Produzir ou Comprar Fora**

A Química Wholer produz adesivos especiais (produto autocolante de metal) que são usados, principalmente, em sistema de comunicação (propaganda eleitorais, divulgação de marcas, entre outras). No último ano, empresa produziu e vendeu 200.000 adesivos de metal. A controladoria informou os custos unitários e totais desse produto, que estão apontados na Tabela 9.14.

**Tabela 9.14** Itens de custo

| Itens de custos | $ Unitário | $ Total c/ base em 200.000 unid. |
|---|---|---|
| Material direto | 15,00 | 3.000.000,00 |
| (+) Mão de obra direta | 3,00 | 600.000,00 |
| (+) Outros custos indiretos variáveis | 0,80 | 160.000,00 |
| (+) Custos indiretos fixos (salários) | 4,50 | 900.000,00 |
| (+) Depreciação de equipamentos da fábrica | 0,70 | 140.000,00 |
| (+) Outros custos indiretos fixos | 3,30 | 660.000,00 |
| **(=) Custo total** | **$ 27,30** | **$ 5.460.000,00** |

A empresa vem passando por dificuldades devido ao cenário adverso que enfrenta atualmente, e tem observado suas receitas diminuírem. Diante disso, precisa reduzir urgentemente seus custos atuais de produção. Dentre as alternativas que está avaliando, cogita-se a compra de um novo equipamento mais moderno ao custo de $ 2,5 milhões e com vida econômica de 10 anos (mesma vida econômica dos equipamentos atuais da fábrica). Esse novo equipamento permitirá à empresa reduzir alguns custos em função do aumento de produtividade, por exemplo:

a) A empresa conseguirá reduzir 20% de seus custos de material direto devido ao aumento da qualidade (menos desperdício com refugo).
b) Também evitará 30% do custo da mão de obra direta.
c) Será desativado um turno, e os custos indiretos fixos (salários) serão reduzidos em 40%.

Adicionalmente, a empresa tem a alternativa de transferir para um fornecedor externo toda sua produção de adesivos de metal. Nesse caso, a empresa só comercializaria os adesivos e sua fábrica seria desativada. Um dos fornecedores externos contatado informou que conseguiria produzir os adesivos necessários ao preço de $ 20,50 por unidade, porém, exigiria um contrato de fornecimento de 10 anos (mesmo período da vida útil do novo equipamento). Pergunta-se:

Considerando as alternativas disponíveis, qual seria a que melhor atendesse aos interesses da empresa?

Classificação dos custos quanto ao comportamento (fixo ou variável) e relevante e irrelevante:

**Tabela 9.15** Classificação dos custos

|  | $/Unit. | Comport. | Classificação |
|---|---|---|---|
| Material direto | 15,00 | Variável | Relevante |
| (+) Mão de obra direta | 3,00 | Variável | Relevante |
| (+) Outros custos indiretos variáveis | 0,80 | Variável | Relevante |
| (+) Custos indiretos fixos (salários) | 4,50 | Fixo | Relev. c/ Novo Equip. |
| (+) Depreciação de equipamentos da fábrica | 0,70 | Fixo | Relev. c/ Novo Equip. |
| (+) Outros custos indiretos fixos | 3,30 | Fixo | Irrelevante |
| (=) **Custo unitário** | **$ 27,30** |  |  |

O cálculo da depreciação do novo equipamento é apresentado na Tabela 9.16.

**Tabela 9.16** Cálculo da depreciação do novo equipamento

| Custo do equipamento | $ 2.500.000,00 |
|---|---|
| (÷) Vida útil do equipamento (em anos) | 10 |
| **(=) Depreciação por ano** | **$ 250.000,00** |
| (÷) Volume de produção ao ano | 200.000 |
| **(=) Depreciação por unidade novo equipamento** | **$ 1,25** |
| (–) Depreciação do equipamento atual | $ 0,70 |
| **(=) Diferencial de depreciação (custo relevante)** | **$ 0,55** |

O cálculo de outros custos relevantes é apresentado na Tabela 9.17:

**Tabela 9.17** Cálculo dos outros custos relevantes

|  | Custo atual | Fator redutor | Custo com novo equipamento |
|---|---|---|---|
| Material direto | 15,00 | × (1 - 0,20) = | $ 12,00 |
| Mão de obra direta | 3,00 | × (1 - 0,30) = | $ 2,10 |
| Custos indiretos fixos (salários) | 4,50 | × (1 - 0,40) = | $ 2,70 |

Uma análise comparativa entre as alternativas é apresentada na Tabela 9.18 a seguir.

**Tabela 9.18** Análise comparativa

|  | Custo unitário atual ||| 
|---|---|---|---|
|  | Atual | Novo equipamento | Fornecedor externo |
| Material direto | 15,00 | 12,00 |  |
| (+) Mão de obra direta | 3,00 | 2,10 |  |
| (+) Outros custos indiretos variáveis | 0,80 | 0,80 |  |
| (+) Custos indiretos fixos (salários) | 4,50 | 2,70 |  |
| (+) Depreciação de equipamentos da fábrica |  | 0,55 |  |
| (+) Outros custos indiretos fixos |  |  |  |
| (=) **Custo unitário** | **$ 23,30** | **$ 18,15** | **$ 20,50** |

Diante dos custos unitários finais levando em consideração somente os custos relevantes (custos diferenciais ou evitáveis), a produção com o novo equipamento se torna mais viável.

Uma questão que se coloca é por que os outros custos indiretos fixos estão zerados na estrutura acima. Esses custos são considerados não relevantes ou irrelevantes e, independentemente da decisão que se tome, eles continuarão a fazer parte da estrutura de produção. Por exemplo, se a empresa decidir terceirizar, esses custos permanecerão na estrutura de produção, pois a empresa, mesmo com a terceirização, não conseguirá eliminá-los. Isso também acontece com o novo equipamento. Como não há diferença de custo, eles se tornam irrelevantes para a decisão.

**PARA REFLETIR UM POUCO MAIS**

Como a abordagem dos custos relevantes pode estimular os gestores a negligenciarem os custos afundados?

Discuta sobre essa afirmação: A análise de custos relevantes é mais pontual, e só é útil para o curto prazo; no longo prazo os custos mesmo que não relevantes têm de ser cobertos.

# 10 FORMAÇÃO DE PREÇOS COM BASE EM CUSTOS

Assista do vídeo *Formação de preços com base em custos*.

### MINICASO

Alfredo sempre ouviu o pessoal da área comercial dizer que o mercado é que estabelece os preços dos produtos – agora, iniciando sua vida de empreendedor, ele tem muitas dúvidas na hora de definir os preços de seus produtos. Recentemente, um amigo lhe disse que ele deveria seguir a estratégia de Samuel Klein, fundador das Casas Bahia, que dizia "sempre comprei por 100 e vendi por 200".[1] Alfredo, entretanto, viu uma entrevista recentemente com o presidente de uma construtora,[2] que disse que "faz a conta de quanto custa seu produto, põe uma margem de lucro mínima, vê o preço de mercado e se é compatível".

### QUESTÃO

O que Alfredo deve fazer? Como Alfredo pode definir os preços de seus produtos?

---

[1] Disponível em: http://economia.estadao.com.br/noticias/geral,de-mascate-em-sao-caetano-a-rei-do-varejo-imp-,1595814. *O Estado de S. Paulo*, 21 nov. 2014.
[2] Disponível em: http://www1.folha.uol.com.br/mercado/2016/05/1769527-estamos-vendendo-abaixo-do-custo-afirma-chefe-da-tecnisa.shtml. *Folha de S. Paulo*, 10 maio 2016.

## OBJETIVOS DE APRENDIZAGEM

Ao final deste capítulo, é esperado que o leitor possa:
- discutir os métodos de formação de preços;
- analisar os diferentes métodos de formação de preços baseados em custos;
- formar o preço baseado em custos;
- entender os efeitos dos impostos na formação de preços.

Os aspectos mercadológicos são evidentemente fundamentais nas decisões de preços – entretanto, é prática bastante comum em muitos negócios a utilização de *markup* sobre os custos para as discussões, comparações e decisões sobre os preços dos produtos. Algumas empresas adotam também o *custeio-meta*, principalmente em situações de desenvolvimento de produto com o objetivo de determinar o custo máximo permissível do novo produto.

## 10.1 INTRODUÇÃO

As definições de preços são decisões estratégicas fundamentais nas organizações que têm efeitos diretos na sua lucratividade. Os preços compõem os famosos 4 Ps de marketing (Produto, Preço, Promoção e Praça/Distribuição) e são evidentemente influenciados pelos aspectos mercadológicos dos negócios que incluem os seguintes pontos:

- Ciclo de vida do produto – estágio do ciclo de vida do produto (introdução, crescimento, maturidade, declínio) pode ter influência relevante no processo de precificação. Na fase de introdução, por exemplo, os preços de venda são voltados para recuperar parte dos investimentos realizados e tendem a ser mais altos (Assef, 2002).
- Posicionamento estratégico do produto – a empresa pode perseguir um dos seguintes objetivos: Sobrevivência, Maximização do lucro atual, Maximização da participação de mercado, Desnatamento do mercado ou Liderança na qualidade do produto. Algumas empresas, por exemplo, preferem preços altos para fazer o desnatamento do mercado, extraindo o máximo da camada mais alta antes de baixar os preços para atender os níveis seguintes (Kotler e Keller, 2012).
- Características do mercado – dentre os fatores externos, os concorrentes, seus produtos e suas práticas comerciais costumam afetar significativamente as decisões de preços das organizações. Os mercados podem ser divididos basicamente em concorrência perfeita, concorrências monopolista, concorrência oligopolista e monopólios. Em um mercado com concorrência perfeita, por exemplo, os preços são ditados exclusivamente pelas leis de oferta e da procura (Assef, 2002).
- Elasticidade de preços – refere-se ao efeito das mudanças de preços nos volumes de vendas. Diz-se que a demanda por um produto é inelástica se a variação no preço tem pouco efeito na quantidade de vendas, e a demanda é elástica se uma variação no preço apresentar um efeito substancial no volume de vendas (Garrison, Noreen e Brewer, 2013).

A influência da Contabilidade no processo de contabilização ocorre por meio dos custos. Kotler e Keller (2012) explicam que as empresas selecionam um método de determinação de preços considerando uma ou mais das seguintes informações: (a) custos; (b) preços dos concorrentes e de produtos substitutos e (c) avaliação de características singulares do produto. Os sistemas de custeio devem produzir informações de gestão que sejam consistentes com a estratégia e política de preços.

De forma geral, a formação de preços dos produtos pode ser baseada no mercado (Figura 10.1) ou baseada nos custos (Figura 10.2). No primeiro método, os preços são definidos com base nas informações de mercado (notadamente, clientes e concorrentes) enquanto, no segundo, os preços são estabelecidos a partir dos custos dos produtos. Estes dois métodos não são excludentes e podem ser utilizados em contextos específicos dentro das empresas. No lançamento de um produto novo, por exemplo, o método baseado no mercado pode ser mais indicado, enquanto os preços dos produtos de linha regulares podem ser baseados nos seus custos e na margem de lucro desejada. Além disso, a utilização de custos não exclui a observância dos aspectos mercadológicos na definição final dos preços.

## 10.2 CUSTO-META

Em contextos empresariais, com frequência, os gestores devem decidir sobre o desenvolvimento ou comercialização de produtos. Na análise de viabilidade do novo produto, os gestores devem estimar o preço de venda e o custo esperado do novo produto. Em muitos casos, os gestores têm o preço do produto que o mercado está propenso a pagar, o problema é desenvolver o produto que produza a margem de lucro desejada. O método do custo-meta é uma ferramenta de gestão de custos com o objetivo de determinar o custo máximo permissível para um novo produto.

**Figura 10.1**  Formação de preços baseada no mercado.

Esse tipo de processo requer o envolvimento de diversas áreas da empresa, além de marketing e da contabilidade, já que as oportunidades e ações de redução de custos devem ser analisadas no processo completo de produção e distribuição. Em se tratando de produtos novos, a área de engenharia e de *supply chain*, no caso da indústria de manufatura, são fundamentais para o estabelecimento do custo-meta.

 **EXERCÍCIO RESOLVIDO**

Ao participar de um projeto para o fornecimento de um novo componente automotivo, a indústria de autopeças XYZ verifica que o preço máximo que a montadora de veículos está propensa a pagar é de $ 30 por unidade. Os gestores da XYZ estimam que serão necessários investimentos totalizando $ 2 milhões para viabilizar o fornecimento anual de 50.000 unidades do produto. A política da empresa estabelece que o ROI para esse tipo de investimento é de 15%. Qual o custo-meta deste novo componente?

Nessa situação, o custo-meta pode ser calculado como se segue.

**Tabela 10.1** Cálculo do custo-meta

| Volume estimado de vendas | 50.000 | Unidades |
|---|---|---|
| Receita de vendas projetada | $ 1.500.000 | com base no preço unitário de $ 30 |
| Lucro desejado (ROI de 15%) | $ 300.000 | ($ 2.000.000 × 0,15) |
| Custo-meta para 50.000 | $ 1.200.000 | |
| Custo-meta por unidade | $ 24,00 | |

Saliente-se que o método de custeio-meta foca na gestão de custos para a obtenção dos lucros almejados. Assim, no exemplo acima, o custo-meta deve ser decomposto nas diversas áreas de responsabilidade: compras, produção, distribuição e outras – de forma que os custos reais de cada área fiquem abaixo da meta estabelecida.

## 10.3 PREÇOS COM BASE NOS CUSTOS

A abordagem de custos na formação de preços de vendas é amplamente utilizada nas empresas. Como ilustra a Figura 10.2, o preço de venda é obtido com a aplicação do *markup* sobre o custo. O conceito de *markup*, como multiplicador sobre custos, implica uma adição de uma margem sobre os custos para a definição do preço de venda do produto.

**Figura 10.2** Formação de preços baseada nos custos.

De forma simples, pensando em um varejista, se a mercadoria custa $ 40 e o *markup* desejado é de 30%, o preço do produto seria de $ 52, ou seja, o custo de $ 40 mais o *markup* de $12 (30% de 40). Pode-se expressar em fórmula:

$$\text{Preço} = \text{Custo} + \%Markup \times \text{Custo}$$
$$\text{Preço} = \text{Custo} \times (1 + \% \, Markup)$$
$$\text{Preço} = \$ \, 40 \times (1 + 0{,}30) = \$ \, 52$$

Uma vantagem desse método é a facilidade de aplicação – entretanto, há algumas dificuldades que precisam ser esclarecidas. Em primeiro lugar, qual é o custo que deve ser a base para a aplicação do *markup*? E, em segundo lugar, qual a margem de lucro que deve ser incorporada no *markup*?

### Base de Custos

A base de custos utilizada para a aplicação do *markup* pode ser qualquer uma das seguintes formas de custos:

- Custo do produto, calculada pelo custeio de absorção, incorporando todos os custos de fabricação do produto numa empresa industrial ou todos os gastos de aquisição referente a mercadorias no caso de uma empresa comercial.
- Custo integral, além do custo do produto, agregam-se todas as despesas operacionais (despesas de vendas, gerais e administrativas).
- Custos e despesas variáveis – em geral, chamamos apenas de custos variáveis (incorporando as despesas).
- Custos de fabricação variáveis – apenas os custos do produto/mercadoria variáveis.

Em se tratando de definição de preço para venda, as estimativas de custos, em qualquer uma das formas de custeio acima, podem ser baseadas em dados históricos médios, dados orçamentários, custos de reposição ou custos-padrão, conforme o modelo gerencial de gestão adotado pela empresa.

### Margem de Lucro

A margem de lucro é normalmente calculada com base nas vendas líquidas. As diferentes formas de margem são apresentadas nas Figuras 10.3 e 10.4 nos demonstrativos de resultados comumente utilizados. Além desses, há também a margem EBITDA que é calculada como o EBITDA sobre a Receita de Vendas Líquidas. Gerencialmente, essas margens podem ser calculadas pelo total da empresa, por segmentos ou unidades de negócio, por produtos ou até por clientes.

| | | |
|---|---|---|
| Receita Líquida de Vendas | 100 | |
| Custo dos Produtos Vendidos | (60) | |
| Lucro Bruto | 40 | ⟶ Margem bruta de 40% |
| Despesas Operacionais | (25) | |
| Lucro Operacional (EBIT) | 15 | ⟶ Margem operacional (EBIT) de 15% |
| Resultado Financeiro | (5) | |
| Lucro antes do IR | 10 | |
| Imposto de Renda | (4) | |
| Lucro Líquido | 6 | ⟶ Margem líquida de 6% |

**Figura 10.3** DRE tradicional.

| Receita Líquida de Vendas | 100 |
|---|---|
| Custo variáveis | (50) |
| Margem de contribuição | 50 |
| Custos fixos | (35) |
| Lucro Operacional | 15 |

→ Margem de contribuição de 50%

→ Margem operacional de 15%

**Figura 10.4** DRE Gerencial (Modelo de Contribuição).

A margem de lucro desejada deve ser estabelecida com base nos objetivos gerenciais da empresa que podem estar expressos nas metas orçamentárias. Em se tratando de margens de lucro específicas, por exemplo, de uma linha de produtos, a margem desejada pode ser definida com base nas margens praticadas pelos concorrentes ou com base em margens médias históricas da linha de produtos ou algum outro critério incorporando informações específicas de rentabilidade.

### Markup divisor e Markup multiplicador

O *markup* a ser adotado deve incorporar a margem de lucro almejada. Inicialmente, calcula-se o *markup* divisor a partir da margem de lucro desejada:

$$\text{Markup divisor} = (1 - \% \text{ margem de lucro})$$

E o *markup* multiplicador será:

$$\text{Markup multiplicador} = \frac{1}{\text{Markup divisor}}$$

Em ambos os casos, o preço será obtido com a aplicação do *markup* sobre a base de custos. Algumas empresas adotam o modelo de contribuição para a avaliação de desempenho de seus negócios – por isso, acabam adotando o *markup* sobre os custos variáveis que incorpore a margem de contribuição desejada. Se, por exemplo, a empresa definir a margem de contribuição (MC) de 36% como objetivo, teremos:

$$\text{Markup divisor} = (1 - 0{,}36) = 0{,}64$$

$$\text{Markup multiplicador} = \frac{1}{0{,}64} = 1{,}5625$$

Assim, se os custos variáveis unitários totalizam $ 400, por exemplo, o preço a ser adotado seria:

$$\text{Preço} = \frac{\$40}{0{,}64} = \$62{,}50$$

ou, de forma equivalente, Preço = $ 40 × 1,5625 = $ 62,50

Na prática empresarial, a utilização do *markup* multiplicador é mais comum – adotando-se o percentual como forma de comunicação. No caso do *markup* de 1,5625, por exemplo, os gestores da empresa diriam que o *markup* praticado é de 56,25%. É importante, nessa situação, notar que esse *markup* é aplicado sobre os custos variáveis. O *markup* é uma informação gerencial e depende da base de custos adotada pela empresa. Assim, eventual comparação de informações com outras empresas precisa ser feita com a devida atenção.

De qualquer forma, é importante salientar que, qualquer que seja a base de custos escolhida, o ***markup*** **deve ser grande o suficiente para cobrir os todos custos e despesas e para fornecer uma rentabilidade almejada.**

A Tabela 10.2 mostra os principais modelos de *markup* encontrados nas empresas, mostrando possíveis situações de utilização.

**Tabela 10.2**   Modelos de *markups*

| Margem de lucro desejado incorporado ao *markup* | Base de Custos para aplicação do *markup* | Utilização |
|---|---|---|
| Margem bruta | Custo de Produção | Lançamento de um novo produto, dentro de um portfólio de produtos existentes. O objetivo é aumentar a margem bruta do produto que está sendo retirado de linha, ou ainda, há informações da margem bruta dos concorrentes. |
| Margem EBIT (margem operacional) | Custo Integral (custos de produção mais despesas operacionais) | Produto novo, com CAPEX específico, mas já existem empresas similares no mercado e é competitivo. |
| EBIT unitário (*) | Custo Integral unitário | Produto novo, com CAPEX específico, mas sem concorrente no mercado (inovação radical) – Objetivo maximizar o ROI. Exemplo: Lycra® quando era da DuPont, antes da quebra de patentes. |
| Margem EBITDA | Custos de Produção e Despesas Operacionais Desembolsáveis | O foco é a geração de caixa, e os custos e despesas de depreciação são considerados *sunk costs*. Pode haver também informação de mercado. |
| Margem de Contribuição | Custos Variáveis (custos variáveis de produção e despesas variáveis) | O volume ainda não está consolidado, havendo uma grande capacidade ociosa, por isso não faz sentido usar o custo total – podendo-se usar *benchmark* de outros países ou empresas. Outra possibilidade é que é praxe de mercado – por exemplo, em restaurantes – o custo variável de um prato não pode ultrapassar em torno de 30% do preço de venda. |

(*) O preço é obtido pela adição do EBIT unitário ao custo integral unitário.

## EXERCÍCIO RESOLVIDO

O orçamento da Cia Industrial Triunfo para a produção e venda de 30.000 unidades do produto para o próximo período fiscal apresenta os seguintes custos e despesas:

| | |
|---|---|
| Custos variáveis de produção | 630.000 |
| Custos fixos de produção | 250.000 |
| Despesas operacionais variáveis | 180.000 |
| Despesas operacionais fixas | 300.000 |

As seguintes questões devem ser consideradas independentemente.

**1) Qual o *markup* sobre os custos variáveis para um objetivo de margem de contribuição de 45%? Qual o preço unitário proposto?**

| | |
|---|---|
| Custo variável total | = $ 810.000 |
| Custo variável unitário | = $ 27,00 |
| *Markup* divisor | = 1 − 0,45 = 0,55 |
| *Markup* multiplicador | = 1,8182 |
| Preço unitário | = 27 × 1,8182 = $ 49,09 |

**2) Qual o *markup* sobre os custos totais (custo integral) se a margem EBIT almejada é de 10%? Qual o preço unitário proposto?**

| | |
|---|---|
| Custo integral total | = $ 1.360.000 |
| Custo integral unitário | = $ 45,33 |
| *Markup* divisor | = 1 − 0,10 = 0,90 |
| *Markup* multiplicador | = 1,1111 |
| Preço unitário | = 45,33 × 1,1111 = $ 50,37 |

**3) De acordo com informações de mercado, a margem bruta obtida pelos concorrentes é de 40%. Qual o *markup* a ser adotado para obter a margem de mercado? E qual o preço unitário proposto?**

| | |
|---|---|
| Custo de produção total | = $ 880.000 |
| Custo de produção unitário | = $ 29,33 |
| *Markup* divisor | = 1 − 0,40 = 0,60 |
| *Markup* multiplicador | = 1,6667 |
| Preço unitário | = 29,33 × 1,6667 = $ 48,88 |

*Notas:*

- Em processos com multiprodutos, o custeio por absorção faz o rateio de custos indiretos de produção aos produtos de acordo com critérios arbitrários. Nesses casos, os custos unitários dos produtos contêm parcelas de rateios de custos indiretos cujos critérios podem provocar distorções de alocação de custos entre produtos. Além disso, os critérios são específicos em cada empresa – portanto, a comparabilidade entre empresas fica comprometida. Neste contexto, a definição de preços com base nesses custos deve levar em conta as possíveis variações.

- Notadamente em empresas comerciais, os gestores costumam calcular o *markup* sobre o custo direto de aquisição da mercadoria, mas utilizando a margem operacional como base de margem de lucro. Nessa situação, procura-se estimar os outros custos e despesas como percentual do preço líquido, de forma que o *markup* divisor seria calculado pela fórmula 1(1 – %despesas variáveis – % despesas fixas – % margem operacional), e o *markup* multiplicador seria aplicado sobre o custo de aquisição do produto. É uma fórmula simplificadora, que considera as despesas fixas como proporção das vendas líquidas – ou seja, considera as despesas sendo variáveis em relação ao volume de vendas. Essa simplificação pode causar eventual distorção, pois o percentual de despesas fixas seria diferente para diferentes níveis de vendas.

- Uma outra abordagem de determinação de preços com base em custos, como salientam Kotler e Armstrong (2003), é o preço de ponto de equilíbrio ou uma variação denominada determinação do preço de lucro-alvo. Utilizando os conceitos do gráfico de ponto de equilíbrio (veja Capítulo 8), pode-se simular e analisar os custos e receitas estimadas para diferentes níveis de volume de vendas para a definição de preço conforme o lucro/rentabilidade desejada. Evidentemente, nessas análises, deve-se considerar a elasticidade de preço, além dos preços dos concorrentes.

## 10.4 ASPECTOS TRIBUTÁRIOS

A complexidade do sistema tributário no Brasil representa uma dificuldade adicional no processo de precificação. Além dos aspectos até aqui discutidos, deve-se considerar a incidência de impostos nos preços de venda. A existência de diferentes regimes tributários e diferenças de tributação por regiões e por produtos e clientes faz com que a definição de preços seja ainda mais complexa. Nosso objetivo nesse texto é dar uma visão geral e básica da tributação sobre preços – nas empresas, as áreas fiscais precisam identificar claramente a natureza das operações de venda, os tipos e a destinação dos produtos e a localização dos destinatários para definição da tributação incidente. Recomenda-se consultar a legislação vigente.

Os impostos incidentes sobre as vendas atualmente são os seguintes:

- ICMS (Imposto sobre a Circulação de Mercadorias e Prestação de Serviços de Transporte Interestadual e Intermunicipal e de Comunicação)
  
  De esfera estadual, o ICMS incide sobre o preço de venda – costuma-se dizer que o imposto é cobrado "por dentro", já que o imposto está embutido no preço de venda. As alíquotas das transações dentro de um mesmo estado podem variar de 17% a 19% – em São Paulo, por exemplo, a alíquota é de 18%. As alíquotas de transações interestaduais podem ser de 7% ou 12% dependendo dos estados de destino.
  
  Por exemplo, se o preço do produto é de $ 200, para uma venda dentro do Estado de São Paulo, o ICMS incidente é de $ 36 (18% de $ 200), e o preço líquido de ICMS será de $ 164.

- IPI (Imposto sobre Produtos Industrializados)
  De esfera federal, o IPI é externo ao preço, ou seja, o IPI é cobrado "por fora". Assim, no caso do exemplo anterior, se houver a incidência de IPI de 10%, o preço final do produto seria de $ 220 ($ 200 + 10% de $ 200). O IPI incide sobre as vendas efetuadas pela indústria e suas alíquotas são definidas para cada tipo de produto. Os comerciantes não são contribuintes do IPI – de forma que nas vendas realizadas pelo comércio não há incidência de IPI.

- PIS (Programa de Integração Social)
  De esfera federal, a alíquota pode ser 0,65% ou 1,65% dependendo do regime tributário da empresa. As empresas que optaram pelo chamado regime de não cumulatividade são tributadas em 1,65% sobre suas vendas.

- Cofins (Contribuição para o Financiamento da Seguridade Social)
  De esfera federal, a alíquota pode ser 3,0% ou 7,6% dependendo do regime tributário da empresa. No caso da Cofins, as empresas no regime de não cumulatividade são tributadas com a alíquota de 7,6% sobre as vendas. No dia a dia das empresas, costuma-se ouvir falar em 9,25% de PIS e Cofins para as empresas que estão no regime de não cumulatividade.

- ISS (Imposto sobre Serviços)
  De esfera municipal, as alíquotas variam de 2% a 5% sobre a receita de prestação de serviços.

*Notas:*

- Substituição tributária (ST) do ICMS – pelo regime de substituição tributária, transfere-se a responsabilidade pelo pagamento do imposto a outro agente da cadeia produtiva. Por exemplo, no caso de cervejas e refrigerantes, a indústria é substituto tributário como responsabilidade pelo cálculo e recolhimento do ICMS devido pelo varejista. O varejista não terá o ICMS nas suas vendas já que o ICMS que seria devido pelo varejista será recolhido pela indústria e estará no preço cobrado pela indústria.
- No caso de Microempresas e Empresas de Pequeno Porte, há o regime simplificado de tributos conhecido como Simples. Nesse regime, as empresas podem pagar mensalmente, mediante um único documento de arrecadação, além dos impostos incidentes sobre as vendas, o IRPJ, CSLL e a Contribuição para a Seguridade Social. As alíquotas do Simples variam de acordo com o ramo de atividade do contribuinte e com a receita bruta acumulada nos 12 meses anteriores conforme tabelas dispostas na legislação específica.
- Para as empresas que optam pelo regime do lucro presumido, o Imposto de Renda e Contribuição Social sobre o Lucro, que não são impostos sobre as vendas, são também calculados com base na receita bruta. Para conhecer mais sobre estes regimes e outros detalhes fiscais, recomenda-se a consulta específica sobre os aspectos tributários vigentes.
- A necessidade de uma reforma tributária tem sido discutida há algum tempo – tanto a carga tributária como os procedimentos fiscais têm sido objetos de críticas e sugestões.

Discutem-se eventual unificação dos impostos incidentes sobre a receita e alteração de regime tributário.

- Exclusão do ICMS da base de cálculo de PIS e Cofins – em maio de 2021, o Supremo Tribunal Federal (STF) definiu que o ICMS não compõe a base de cálculo para a incidência de PIS e Cofins. O ICMS que está "dentro" do preço de venda é repassado para o Estado – portanto, o ICMS não é receita da empresa. PIS e Cofins incidem somente sobre as receitas – assim, o ICMS deve ser excluído da receita.

**Preço com Impostos**

Em função da diversidade de regimes e situações tributárias, normalmente os preços e os *markups* são inicialmente calculados com base nas margens de lucro almejadas sem os impostos, e, na sequência, os preços finais são calculados embutindo-se os impostos incidentes para cada caso específico.

Com as regras vigentes, o IPI deve ser aplicado sobre o preço com os impostos "por dentro", e com a exclusão do ICMS da base de PIS e Cofins, a fórmula de cálculo é:

$$\text{Preço com PIS/Cofins} = \frac{\text{Preço sem Impostos}}{(1 - \%\ \text{PIS} - \%\ \text{Cofins})}$$

$$\text{Preço com ICMS/PIS/Cofins} = \frac{\text{Preço com PIS/Cofins}}{(1 - \%\ \text{ICMS})}$$

ou

$$\text{Preço com impostos por dentro} = \frac{\text{Preço sem Impostos}}{(1 - \%\ \text{ICMS}) \times (1 - \%\ \text{PIS} - \%\ \text{Cofins})}$$

## EXERCÍCIO RESOLVIDO

No caso da Cia. Industrial Triunfo, do exercício anterior, assumindo que os gestores decidiram adotar o modelo de margem de contribuição com um *markup* de 81,82% sobre os custos variáveis, o **preço sem impostos seria de $ 49,09**.

Os impostos incidentes são IPI de 12% e ICMS de 18% (venda dentro do estado), e a empresa optou pelo regime de não cumulatividade do PIS e da Cofins – portanto, com incidência de 9,25%.

Qual preço final deve ser cobrado do cliente?

| | |
|---|---|
| Preço sem impostos | = $ 49,09 |
| % ICMS = 18% e % PIS/Cofins | = 9,25% |
| Preço com PIS/Cofins | = 49,09(1 − 0,0925) = 54,09 |
| Preço com ICMS/PIS/Cofins | = 54,09(1 − 0,18) = 65,96 |
| Preço final com IPI | = 65,96 * (1 + 0,12) = $ 73,88 |

Além da complexidade e diversidade, as legislações tributárias sofrem alterações frequentes, tanto em relação às alíquotas como em relação à base de cálculo, por isso é fundamental que as áreas fiscais das empresas tenham um processo de atualização constante, informando os gestores sobre alterações relevantes. Nossa abordagem neste livro foi a de mostrar o impacto dos impostos nas decisões de preço de forma geral, sem entrar em detalhes dos diversos regimes e casos específicos. Tendo a visão geral, os gestores devem estar atentos para as especificidades de suas empresas, produtos e clientes.

**PARA REFLETIR UM POUCO MAIS**

Na sua opinião, os custos são informações importantes para a formação de preços na economia? Em quais setores os custos têm maior importância?

Por que em alguns setores a base de preços é somente o custo variável?

# 11 SISTEMAS DE CONTROLE GERENCIAL

Assista ao vídeo *Sistemas de controle gerencial*.

## MINICASO

Fábio foi recentemente promovido a gerente de controladoria da Empresa Tradição Indústria e Comércio. Ele já experimentou várias etapas da empresa, desde a época da fundação; embora não trabalhasse lá na época, seu pai, que trabalhava na produção, sempre falava coisas da empresa. O desafio de Fábio é implementar um sistema de controle gerencial, o novo CEO, que veio do mercado, disse que os controles gerenciais já não estavam mais servindo para a nova realidade da empresa, com mais descentralização e necessidade de acompanhamento de metas.

Fábio lembra bem da aula no MBA, primeiro era necessário identificar os objetivos organizacionais e depois escolher as técnicas de Contabilidade Gerencial necessárias. Mas por onde começar?

### TAREFA

Desenvolva um roteiro para ajudar o Fábio a desenhar o sistema de controle gerencial.

**OBJETIVOS DE APRENDIZAGEM**

O objetivo deste capítulo é permitir a reflexão sobre potenciais dilemas e desafios práticos no desenho e uso de Sistemas de Controle Gerencial.

Ao final deste capítulo, é esperado que o leitor possa:

- compreender potenciais problemas práticos ao longo das etapas do processo de controle gerencial: planejamento, controle e tomada de decisão;
- entender o papel das práticas de controle e Contabilidade Gerencial em reduzir diferenças de interesses entre organização e gestores;
- identificar os potenciais efeitos das práticas de controle e Contabilidade Gerencial sobre o comportamento dos gestores na organização.

## 11.1 INTRODUÇÃO

### Escolha de diferentes práticas de controle gerencial

São diversas as alternativas de práticas de controle e Contabilidade Gerencial que as organizações podem utilizar em determinado momento de seu ciclo de vida. Diante da disponibilidade dessas alternativas, os executivos responsáveis por moldar o desenho de um sistema de controle gerencial podem se colocar diante de dúvidas sobre qual(is) prática(s) pode(m) ser mais informativa(s) para o planejamento, controle e/ou tomada de determinada decisão.

### Tipos de controle gerencial

Deveria a organização confiar em um processo formal de planejamento estratégico, definindo planos e metas de curto, médio e longo prazo, ou deveria apenas definir aonde quer chegar e fazer um acompanhamento periódico para garantir que está seguindo o caminho desejado? Deveria a organização adotar um processo orçamentário rígido, não aceitando desvios de qualquer natureza, ou adotar um processo orçamentário mais flexível, aceitando desvios justificáveis, ou simplesmente abolir o orçamento e realizar acompanhamentos periódicos dos resultados? Deveria a organização monitorar o desempenho apenas em termos financeiros ou deveria também considerar as implicações não financeiras dos resultados? Deveria a organização vincular remuneração a níveis de desempenho ou deveria recompensar os gestores apenas por meio de remuneração fixa?

### Uma ideia prática *fit*

Respostas a essas perguntas raramente ocorrem de maneira independente, e a escolha em adotar um processo formal de planejamento pode resultar em uma preferência por adotar um processo orçamentário, mais ou menos rígido, uma maior confiança colocada em medidas contábil-financeiras para monitorar o desempenho e o uso de remuneração variável, tendo por base o alcance de metas orçamentárias. A natureza dessas escolhas sobre quais práticas utilizar denotam uma ideia de *fit*, ou encaixe, em que uma prática dá suporte a outra de maneira que o conjunto de práticas contribua positivamente para o sucesso do empreendimento.

Nessa direção, destacam-se dois modelos na literatura sobre controle gerencial que procuram apresentar uma visão integrada das práticas de controle gerencial. O primeiro é o modelo das alavancas de controle proposto por Robert Simons (Simons, 2000). O modelo de alavancas de controle enfatiza os diferentes usos dos tipos de controle e como esses diferentes usos geram tensões dinâmicas na organização. As tensões dinâmicas no uso dos sistemas de controle gerencial têm o potencial de estimular inovação e aprendizado, sem abrir mão do controle no alcance das metas. Conforme o modelo, são quatro as alavancas de controle: sistemas de crenças, sistemas de restrições, sistemas diagnósticos e sistemas interativos.

- Sistemas de crenças: informam os principais valores, missão e direções de uma organização com o propósito de inspirar o surgimento de novas ideias e soluções para as atividades e decisões gerenciais.
- Sistemas de restrições: informam as atividades que a organização considera como sendo aceitáveis e aquelas que considera como fora dos limites aceitáveis com o propósito de evitar uma busca contínua por novas ideias e soluções além do considerado ótimo e tempestivo.
- Sistemas diagnósticos: comparam metas preestabelecidas com o desempenho real com o propósito de identificar a ocorrência de desvios e exceções para posterior tomada de ações corretivas.
- Sistemas interativos: permitem a comunicação entre gestores e seus subordinados em diferentes níveis da organização com o propósito de permitir o debate ou confrontação do que a organização assume como verdadeiro (seus pressupostos), assim como os planos de ação que direcionam suas atividades.

O segundo modelo percebe as práticas de controle gerencial como um pacote, tendo sido proposto por Teemu Malmi e David Brown (Malmi e Brown, 2008). O pacote de práticas de controle gerencial é dividido em cinco grandes grupos: controles culturais, controles de planejamento, controles cibernéticos, controles de compensação e controles administrativos.

- Controles culturais: representam os valores, crenças e normas sociais estabelecidos com o propósito de influenciar o comportamento dos funcionários.
- Controles de planejamento: definem metas das áreas funcionais com o propósito de (i) direcionar esforço e comportamento, (ii) estabelecer o nível mínimo de esforço e comportamento desejado e (iii) alinhar interesses entre grupos e indivíduos dentro da organização.
- Controles cibernéticos: definem as medidas de desempenho e respectivas metas com o propósito de fornecer *feedback* sobre o alcance das metas para as diferentes medidas de desempenho e de realizar correções e ajustes nos casos em que sejam observados desvios em relação às metas.
- Controles de compensação: vinculam remuneração ao desempenho com o propósito de motivar grupos e indivíduos a aumentar o seu nível de desempenho.
- Controles administrativos: estabelecem políticas, procedimentos, estruturas de governança e estruturas de divisão de tarefas e desenho organizacional com o propósito de direcionar o comportamento dos funcionários.

## Aspectos motivacionais

Um componente adicional desse processo é reconhecer que a escolha das práticas de controle e Contabilidade Gerencial deve considerar não apenas a sua capacidade informacional para o processo de planejamento, controle e tomada de decisão, ou, ainda, apenas a sua inter-relação com as demais práticas existentes. É preciso reconhecer adicionalmente o papel motivacional que essas práticas podem exercer sobre aqueles que a utilizam, tanto em termos de seus benefícios, ao motivar os gestores a se empenhar mais no alcance dos objetivos organizacionais, quanto em termos de seus malefícios, ao incentivá-los a realizar ações cujos benefícios para a organização não são evidentes ou podem mesmo ser desfavoráveis.

Por fim, é importante considerar o uso que os gestores farão de determinada prática de controle gerencial. Uma prática pode ser utilizada com o propósito de monitorar desempenho e garantir o alcance de metas organizacionais definidas no processo de planejamento. Essa mesma prática pode também ser utilizada para lidar com incertezas e facilitar a comunicação ao longo da hierarquia organizacional. Além disso, essas práticas podem ser utilizadas apenas para favorecer interesses próprios dos gestores. Em síntese, dependendo de como sejam utilizadas, as práticas de controle e Contabilidade Gerencial podem aumentar ou diminuir a probabilidade de alcance dos objetivos organizacionais.

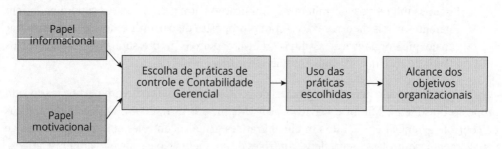

**Figura 11.1** Desenho e uso de práticas de controle e Contabilidade Gerencial: efeitos sobre probabilidade de alcance dos objetivos organizacionais.

## 11.2 CONFLITO DE INTERESSES

Sob uma perspectiva de ciclo de vida organizacional, quando uma organização inicia suas atividades, sua estrutura costuma ser mais reduzida e enxuta, as mais relevantes decisões estratégicas estão tipicamente concentradas no principal grupo de controle, normalmente, o grupo fundador, os quais atuam muito próximo das operações do dia a dia, podendo observar as ações desempenhadas pelos gestores.

Nesses casos, o grupo de controle pode comunicar diretamente aos gestores quais os objetivos organizacionais e monitorar se as ações realizadas estão garantindo os resultados esperados que contribuam para o alcance desses objetivos (Tabela 11.1). Eventuais desvios de comportamento dos gestores em relação ao que é esperado podem ser imediatamente percebidos e corrigidos pelo grupo de controle.

À medida que a organização cresce em termos de adicionar níveis na estrutura organizacional, aumenta-se a distância entre o grupo de controle e as atividades diárias. Nesse caso, o grupo de controle pode não mais ser capaz de observar diretamente as ações dos gestores e, por consequência, não mais ser capaz de comunicar diretamente os objetivos organizacionais e, de modo semelhante, corrigir eventuais desvios de comportamento no momento em que eles ocorrem. Essas atividades, além disso, podem demandar um tempo significativo de atenção desse grupo de controle, potencialmente comprometendo o tempo que teriam para se dedicar aos assuntos estratégicos.

Diante desse cenário, abre-se maior oportunidade para que os gestores possam agir não mais, ou não sempre, no melhor interesse da organização, resultando no que tem sido denominado "problema de agência", em que os gestores escolhem alternativas de decisão que os beneficiam pessoalmente, sem que essas alternativas contribuam para o alcance dos objetivos organizacionais, podendo mesmo, em casos mais extremos, ter efeitos negativos sobre o alcance de tais objetivos.

Como forma de reduzir a oportunidade dos gestores de agir em interesse próprio, a organização se vê na necessidade de utilizar mecanismos pelos quais possa:

- comunicar os objetivos e as metas organizacionais, por meio de sistemas de planejamento;
- monitorar o desempenho dos gestores como forma de verificar e estimular o alinhamento de interesses entre a organização e os gestores; e
- prover *feedback* indicando os desvios identificados em relação aos objetivos e as metas organizacionais de maneira a realinhar interesses e realimentar a comunicação.

**Tabela 11.1** Estrutura organizacional e sistemas de controle gerencial

|  | **Estrutura organizacional simples** | **Estrutura organizacional complexa** |
|---|---|---|
| Distância entre grupo de controle e gestores | Menor distância | Maior distância |
| Comunicação de objetivos organizacionais | Comunicação direta | Sistemas de planejamento e orçamento |
| Monitoramento das ações dos gestores | Observação direta | Sistemas de avaliação de desempenho |
| Correção de desvios de comportamento | Comunicação imediata | Sistemas de *feedback* |

## 11.3 PROCESSO DE CONTROLE GERENCIAL E AS QUESTÕES COMPORTAMENTAIS

Diante de um cenário de distanciamento entre o grupo de controle e as operações diárias da organização, um aspecto relevante a ser considerado diz respeito à definição e comunicação das metas organizacionais para os diferentes níveis organizacionais.

A tensão principal nesse momento é que, de um lado, o grupo de controle possui uma visão mais ampla sobre a organização e os níveis de desempenho corporativos que são esperados, e, de outro, os gestores estão mais envolvidos com as operações diárias e têm melhor percepção sobre o nível possível de desempenho.

Quando o nível de desempenho esperado pelo grupo de controle e aquele considerado possível pelos gestores diferem, estes podem responder de maneira que comprometa o alcance das metas organizacionais. Se as metas forem percebidas pelos gestores como muito fáceis, pode significar que a organização obtenha níveis de desempenho muito abaixo do que é possível. Por outro lado, se as metas forem percebidas como muito acima do que os gestores entendem como possível, uma perda de motivação pode ocorrer, caso eles entendam serem incapazes de alcançar esses níveis de desempenho.

Duas tensões adicionais no processo de estabelecimento de metas organizacionais dizem respeito à criação de reservas e ao uso do desempenho passado para definir as metas do próximo período.

Uma vez que os gestores possuem mais informações sobre o desempenho possível em suas atividades, eles podem se ver tentados a propor ou negociar metas de desempenho abaixo do possível, como forma de tornar mais fácil o alcance de tais metas. Uma alternativa sugerida é criar uma avaliação qualitativa, isto é, não basta só alcançar as metas, é necessário ver como essas metas estão sendo alcançadas. Outra alternativa diz respeito a colocar profissionais na área de orçamento que têm conhecimento dos processos operacionais.

### A armadilha do passado

A outra tensão, decorrente do uso de informações históricas, pode fazer com que os gestores evitem obter um nível de desempenho possível em um período, caso eles antecipem que o nível de desempenho para o próximo período será definido com base no desempenho deste, mais uma determinada taxa de crescimento esperado pelo grupo de controle.

### A tensão do curto *versus* o longo prazo

Seguindo adiante com o processo de controle gerencial, uma tensão adicional pode surgir em decorrência da escolha das medidas de desempenho (KPIs) a serem utilizadas para monitorar desempenho. As medidas de desempenho selecionadas podem direcionar a atenção dos gestores principalmente para aspectos de curto prazo, tal como lucro do período (EBITDA, EBIT, lucro operacional, lucro por ação etc.). Nesses casos, os gestores podem perder de vista as consequências de longo prazo das ações que estão desempenhando hoje.

Essa tensão também vale no sentido oposto, o uso de indicadores de desempenho que direcionem a atenção principalmente para o longo prazo, tais como horas de treinamento, melhorias no tempo de processo, entre outros indicadores não financeiros, podem fazer que os gestores se desvinculem da realidade organizacional de curto prazo.

### Como a remuneração adotada influencia essas tensões?

Essas tensões mencionadas são normalmente reforçadas pelo tipo de remuneração adotada pela organização. O uso de remuneração baseada em desempenho costuma tornar mais saliente a importância de alcance das metas organizacionais, podendo reforçar a preferência por metas mais fáceis, criação de reservas, redução de desempenho hoje para evitar metas mais difíceis amanhã e desalinhamento de horizonte temporal.

O uso de remuneração baseada em desempenho pode provocar uma tensão adicional representada pela manipulação de resultados. Essa manipulação pode ocorrer tanto por meio de decisões operacionais, tal como antecipando ou postergando um faturamento, quanto por meio de inserção de dados falsos. De um modo ou de outro, o propósito da manipulação é garantir o alcance do desempenho mínimo necessário para o recebimento de bônus.

**Finalizando...**

Essas tensões representam problemas e desafios práticos que executivos precisam considerar no desenho de um sistema de controle gerencial. Além de considerar aquela prática de controle e Contabilidade Gerencial com maior capacidade informativa, é importante ter em mente de que maneira o uso dessa prática afetará os gestores, tanto em relação aos comportamentos desejados, quanto em relação aos comportamentos que podem ser definidos como disfuncionais. Na medida em que não existe uma solução perfeita de desenho de sistemas de controle gerencial, a escolha das práticas de controle e Contabilidade Gerencial passa pelo contínuo julgamento de executivos quanto aos potenciais benefícios no uso de determinada prática e quanto aos eventuais efeitos colaterais nem sempre desejados ou antecipados no uso dessa prática.

**Tabela 11.2** Tensões e efeitos das práticas de Controle e Contabilidade Gerencial

| Tensões | Potenciais efeitos | Referências |
|---|---|---|
| Nível de dificuldade das metas organizacionais | Aumento ou redução no nível de motivação | Locke e Latham (2002) |
| Criação de reservas orçamentárias | Superestimação de despesas e/ou subestimação de receitas | Merchant (1985) |
| Uso de desempenho passado como ponto de partida para definição de metas orçamentárias | Redução do desempenho atual para evitar metas mais difíceis no futuro | Weitzman (1980) |
| Escolha de indicadores de desempenho | Foco excessivo no curto × longo prazo | Merchant (1990) |
| Uso de remuneração baseada em desempenho (bônus anuais) | Manipulação de indicadores de desempenho | Merchant (1990) |

**PARA REFLETIR UM POUCO MAIS**

Avalie o papel do sistema de controle gerencial adotado pela sua organização na motivação dos colaboradores.

Qual é sua opinião sobre a seguinte afirmação: "a nossa organização tem um controle muito rígido, e aí acabamos perdendo flexibilidade"?

# 12 ORÇAMENTO

 Assista ao vídeo *Orçamento*.

### MINICASO

Fernando não sabia mais o que fazer, viveu uma época em que o desempenho era simplesmente fazer mais do que no ano passado; depois foi implementado o orçamento, aí o desempenho passou a ser avaliado como quanto cada gestor atingiu dos objetivos orçamentários, e então alguém disse que agora a moda é não ter orçamento. Então ele ficou confuso, "será que estaríamos regredindo", pensou.

### QUESTÃO

Quais são as críticas ao processo orçamentário que podem ser encontradas na literatura de negócios e acadêmica?

## OBJETIVOS DE APRENDIZAGEM

Ao final desse capítulo, é esperado que o leitor domine:
- o entendimento do processo orçamentário no contexto de gestão de uma organização;
- os principais objetivos do orçamento;
- as principais características do processo orçamentário;
- entender o orçamento de forma alinhada com o planejamento estratégico;
- conhecer as principais técnicas para projeção das demonstrações financeiras;
- conhecer as principais técnicas para análise das variações orçamentárias.

## 12.1 INTRODUÇÃO

O orçamento ou *budget* está presente na grande maioria das empresas e o atingimento dos objetivos orçamentários geralmente está vinculado à remuneração variável. A Figura 12.1 mostra os principais papéis organizacionais do orçamento. Um modelo muito útil de processo de planejamento e controle é apresentado por Frezatti (2015).

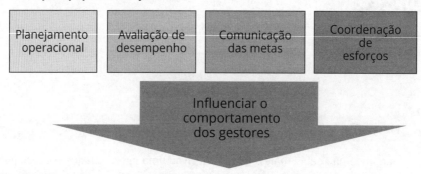

**Figura 12.1** Principais papéis do orçamento.

O orçamento tem diferentes papéis, além de funcionar como a mensuração em termos quantitativos, principalmente monetários, do planejamento operacional, tem, ainda, o papel de coordenar os esforços das pessoas ao definir e comunicar quais são as metas, e funcionará também como avaliação de desempenho dos gestores, que é quando os resultados alcançados são confrontados com os resultados orçados.

### Orçamento no processo de gestão

O processo de gestão de uma empresa geralmente é caracterizado pelas etapas de planejamento estratégico, planejamento operacional, elaboração do orçamento, execução e controle orçamentário. Um modelo muito útil de processo de planejamento e controle é apresentado por Frezatti (2015). Mesmo que uma empresa não tenha formal ou informalmente elaborado o planejamento estratégico, é comum que essas empresas tenham elaborado um orçamento a partir da definição de algumas metas e diretrizes.

O processo de elaboração do orçamento geralmente começa com as diretrizes (prioridades estratégicas) definidas no planejamento estratégico e termina com a projeção das demonstrações contábeis orçadas (DRE, Balanço Patrimonial e Demonstração de Fluxo de Caixa).

**Tabela 12.1**  Processo de elaboração do orçamento

|  | Planejamento estratégico | Pré-planejamento | Planejamento operacional | Controle |
|---|---|---|---|---|
| Produto | Plano estratégico com diretrizes e objetivos | Simulação dos principais objetivos, feito quase concomitantemente ao planejamento estratégico | Plano de todas as áreas, cujo espelho monetário é o *budget* (DRE, DFC, e balanço, principais indicadores | Análise de variações orçamentárias |
| Processo | *SWOT Analysis* Modelo de 5 Forças de Porter | Simulação e projeção dos grandes números | Envolvimento dos gestores das áreas para elaboração do orçamento | *Bridge analysis*, análise de margens, clientes, ROI etc. |

**Críticas ao orçamento**

Uma série de críticas ao orçamento são feitas na literatura e também no campo da prática profissional. Uma delas é de que o orçamento é um faz de conta, gerando o fenômeno classificado como reservas orçamentárias, que ocorre quando os gestores superestimam as despesas ou investimento de capital, ou subestimam as receitas e os lucros, para se protegerem de uma avaliação negativa de desempenho.

As seguintes questões são importantes para caracterizar o processo orçamentário.

- Como são estabelecidas as metas: *top-down*, *bottom-up* ou negociadas e quem participa do processo?

  O orçamento pode ser feito tanto de forma participativa, com um grande envolvimento dos gestores das áreas, quanto de forma centralizada.

  A forma participativa está associada de forma positiva com o comprometimento dos gestores com as metas orçamentárias, ainda que no final as metas possam ser determinadas de forma *top-down*, isto é, quando as metas são impostas pela diretoria, ou *bottom-up*, quando as metas emergem dos níveis hierárquicos inferiores.

- Qual é o período de abrangência e em qual momento o orçamento é revisto?

  O orçamento é feito de forma detalhada para o horizonte dos próximos 12 meses, e, após isso, somente em visões anuais. Geralmente é feito no último trimestre do ano; depois é feita uma primeira revisão no primeiro trimestre; e, no segundo trimestre, já é feito o que se denominou *forecasting*, que consiste em rever o orçamento, incluindo desempenhos já realizados e simulando o que deverá ser o orçamento mais exequível.

- Análise de variações.

  A análise das variações orçamentárias busca identificar as causas das variações, e que geralmente é feita em reuniões gerenciais, materializando o que Simons (2000) chama de uso diagnóstico. Nesse sentido, é utilizada a ferramenta *Bridge Analysis*, a qual isola os efeitos de variáveis localizadas.

- Quão importante é a remuneração variável atrelada ao desempenho orçamentário?
  Na literatura acadêmica há um construto denominado Grau de Rigidez Orçamentária, que mensura quanto a organização adota o orçamento como base para avaliação de desempenho. Alguns estudos mostram que quanto maior o grau de rigidez orçamentária, maior é a tendência de constituir reservas orçamentárias. Esse fenômeno é ainda mais potencializado quanto maior for a importância do atingimento das metas orçadas na remuneração variável do executivo e/ou gestor.
- Como se faz o acompanhamento orçamentário?
  O *Forecasting* (que consiste em projetar os resultados mais prováveis *versus* os resultados orçados), é feito geralmente a partir do fim do primeiro semestre. Existem várias formas de o fazer, a essência é considerar os resultados já realizados até uma determinada data e incluir os resultados planejados dos períodos ainda por vir, nesse caso, algumas organizações projetam os períodos ainda a realizar usando os próprios dados orçados para esses períodos, ou, ainda, fazendo uma revisão com base no cenário mais provável, construído a partir dos dados mais recentes.
- *Rolling forecasting* tem como ideia principal que o planejamento seja contínuo e não fique limitado ao ano-calendário, mas sempre para um período abrangido móvel, independentemente do ano-calendário.

## 12.2 PROJEÇÃO DE DEMONSTRAÇÕES CONTÁBEIS ORÇADAS DE FORMA RÁPIDA

O primeiro passo é identificar as diretrizes estratégicas que geralmente impactam as demonstrações contábeis nos seguintes aspectos: (1) eficiência; (2) rentabilidade; (3) fluxo de caixa; (4) endividamento.

### Demonstração de Resultado do Exercício

**Tabela 12.2** Demostração do Resultado do Exercício (DRE)

| Receita Bruta | Qtde. × preço de venda médio |
| --- | --- |
| Impostos | % sobre as receitas brutas |
| = Receita Líquida | |
| (–) Custos dos Produtos Vendidos | % das receitas líquidas ou calculada por produto |
| = Lucro Bruto | Cálculo por diferença ou então por % da margem bruta em relação às receitas líquidas |
| (–) Despesas com Vendas | % das receitas ou detalhada por natureza (marketing, distribuição, equipe de vendas, provisão para perdas) |
| (–) Despesas Administrativas | % das receitas ou detalhada por natureza (pessoal, serviços de terceiros, ocupação, sede etc.) |
| = EBIT | Calculado por diferença, ou, em alguns modelos simplificados, um percentual das receitas |
| (–) Resultado Financeiro | Esse valor depende da projeção do fluxo de caixa e das contas de empréstimos |
| = Lucro Antes do Imposto de Renda | Calculado |
| (–) Impostos sobre o Lucro | % informado pelo departamento tributário. |
| = Lucro Líquido | Calculado |

## Demonstração de Fluxo de Caixa

**Tabela 12.3**   Demonstração do Fluxo de Caixa (DFC)

| DFC | |
|---|---|
| EBIT | Obtido da DRE projetada |
| + Depreciação do Período | Cálculo global % do Ativo Imobilizado Inicial mais % sobre aquisições, ou informado pela área de patrimônio |
| EBITDA | |
| (-) variação da Necessidade de capital de giro ou investimento em capital de giro líquido | Informação de planilha auxiliar |
| (-) pagamento do IR | Informação da área tributária |
| = Fluxo de caixa das operações | Calculado |
| (-) aquisições à vista de imobilizado | Informação do plano de investimentos e da planilha auxiliar da conta imobilizado |
| (-) aquisições à vista de intangível | Informação do plano de investimentos e da planilha auxiliar da conta intangível |
| + venda de imobilizado e intangível | Informação do plano de investimentos e da planilha auxiliar da conta imobilizado e intangível |
| = Fluxo de caixa investimentos | |
| (-) pagamento de dividendos | Informação da política de pagamento de dividendos |
| (-) pagamento de empréstimos | Informação da política financeira e/ou da planilha auxiliar da conta empréstimos |
| (+) novos empréstimos | Informação da política financeira e/ou da planilha auxiliar da conta empréstimos |
| (+) aumento de capital | Informação da política financeira |
| = Fluxo de caixa de financiamentos | Calculado |
| = Fluxo de caixa total do período | Calculado |
| (+) caixa inicial | Informação de balanço inicial |
| = caixa final | **Calculado** |

## 12.3   PRINCIPAIS INDICADORES A SEREM MONITORADOS NA ELABORAÇÃO DO ORÇAMENTO

Cada empresa em seus diferentes estágios de ciclo de vida pode atribuir maior ou menor importância a determinados indicadores de desempenho, mas os principais indicadores orçados são:

1. $\dfrac{\text{Dívida Líquida}}{\text{EBITDA}}$

2. EBITDA

3. Margem EBITDA
4. ROI (rentabilidade do capital investido)
5. Caixa mínimo

**Orçamento – Processo detalhado**

O processo um pouco mais detalhado de orçamento, geralmente tem a seguinte sequência, em uma empresa industrial:

- Orçamento de Vendas (produtos, quantidade, preços médios).
- Política de Estocagem de Produtos Acabados.
- Orçamento de Produção (produtos, quantidade).
- Política de Estocagem de Matérias-Primas.
- Orçamento de Compras.
- Política de Prazo de Recebimento.
- Política de Prazo de Pagamento.
- Plano das áreas de Vendas, Marketing & Distribuição.
- Plano da área Administrativa.
- Plano de Investimentos.
- Plano de Financiamentos (decisões de dívida e dividendos, taxa de juros e amortizações programadas).

Com isso, é possível projetar DRE, DFC e BP.

## EXERCÍCIO RESOLVIDO

O CFO da empresa que você trabalha está incomunicável por três dias. É uma empresa de varejo de moda, que terceiriza toda a produção, ou seja, não tem operações industriais e que atua no mesmo mercado da Renner, Hering, Le Lis Blanc, C&A, entre outras.

Assim, o Presidente da empresa lhe passou algumas premissas que já estão enumeradas, e também se sabe que o foco da empresa é reduzir o ciclo de caixa.

Pede-se:

**Com base nas informações apresentadas na Tabela 12.4, projete o EBIT e o Fluxo de Caixa das Operações.**

**Tabela 12.4**  Premissas para o cálculo do EBIT e Fluxo de Caixa das Operações

|  | BASE | Memória de cálculo e apontamento do CFO | Orçamento |
|---|---|---|---|
| RECEITAS LÍQUIDAS | $ 1.000 | Crescimento de 10% (inflação 5% mais volume) | $ 1.100 |
| LUCRO BRUTO | $ 450 |  | $ 528 |
| MARGEM BRUTA | 45% | Demonstre uma ação (mudança de *mix* de produtos com maior valor agregado ou gestão de estoques evitando descontos | 48% |

|  | BASE | Memória de cálculo e apontamento do CFO | Orçamento |
|---|---|---|---|
| DESPESAS OPERACIONAIS DESEMBOLSÁVEIS | – $ 230 | Crescimento pela inflação de 5% | $ 241 |
| EBITDA | $ 220 |  | $ 287 |
| DESPESAS DE DEPRECIAÇÃO | –$ 40 | Vai aumentar por conta do CAPEX de $100 adquirido no primeiro dia do ano (vida útil 10 anos) | Calcule $ 40 + (100/10) = $ 50 |
| WORKING CAPITAL (CGL) em % das receitas líquidas | 35% x 1.000 = 350 | Vamos diminuir o ciclo de caixa | Calcule 33% x 1100 = 363 |
| IR Desembolsado |  | Informações do depto. tributário (não devemos questionar) | $ 12 |

Demonstre:
FLUXO DE CAIXA DAS OPERAÇÕES (MÉTODO INDIRETO)
EBITDA = $ 287
VARIAÇÃO DO *WORKING CAPITAL*
INICIAL $ 350
ORÇADO – FINAL DO PERIODO $ 363
VARIAÇÃO ($ 13)
PAGAMENTO DE IR ($ 12)
= FLUXO DE CAIXA DAS OPERAÇÕES = $ 262

**Elabore uma sequência cronológica mais adequada para elaborar o orçamento de uma indústria. Ignore outros eventos não informados.**

**Tabela 12.5** Exercício – sequência cronológica para elaboração do orçamento

| Planejamento de Vendas | 2 |
|---|---|
| Planejamento de Compras | 6 |
| Política de Estoque Final de Estoques de Produtos Acabados | 3 |
| Planejamento Estratégico | 1 |
| Indique – **Planejamento de Produção** | 4 |
| Política de Estoque Final de Matéria-prima | 5 |

**Observe as informações de uma indústria, apresentadas a seguir.**

**Tabela 12.6**  Informações para elaboração do Fluxo de Caixa Operacional

|  | Atuais | Orçadas |
|---|---|---|
| RECEITAS LÍQUIDAS anuais | 1.000 | 1.200 |
| Margem Bruta | 50% | 52% |
| SG&A | 30% | 27% |
| MARGEM EBIT | 20% | 25% |
| DEPRECIAÇÃO | 70 | 80 |
| AMORTIZAÇÃO DE ATIVOS INTANGÍVEIS | 4 | 12 |
| *Working Capital* em dias de vendas | 60 | Será mantido |
| PAGAMENTO DE IR | 25 | 45 |

Agora, projete o Fluxo de Caixa de Operações pelo método indireto – resolução sugerida

**Tabela 12.7**  Elaboração do FCO pelo método indireto

|  | Atuais | Orçadas |
|---|---|---|
| RECEITAS LÍQUIDAS anuais | 1.000 | 1.200 |
| Lucro Bruto |  | 624 |
| Margem Bruta | 50% | 52% |
| SG&A | 30% | 27% |
| SG&A |  | 324 |
| EBIT |  | 300 |
| + DEPRECIAÇÃO | 70 | 80 |
| + AMORTIZAÇÃO DE ATIVOS INTANGÍVEIS |  | 12 |
| = EBITDA |  | 392 |
| *Working Capital* em $ | 1.000/360 dias × 60 dias $ 167 | $ 1.200/360 dias × 60 dias = $ 200 |
| Variação da necessidade de capital de giro*working capital* |  | (–) $ 33 Pois cresceu |
| Pagto. de IR |  | (–) $ 45 |
| Fluxo de Caixa das Operações |  | 392 – 33 – 45 = 314 |

**Indique uma iniciativa para a Margem Bruta (não vale explicação matemática)**

Resposta sugerida: a margem bruta projetada irá crescer por iniciativas de vender produtos com maior valor agregado, além da diluição do custo fixo por causa do aumento da receita.

**PARA REFLETIR UM POUCO MAIS**

Quais são as principais restrições existentes na sua empresa para fins de validação do plano estratégico?

Quão rígido é o processo de avaliação de desempenho em relação às metas orçamentárias?

# 13 ANÁLISE DE VARIAÇÕES ORÇAMENTÁRIAS

Assista ao vídeo *Análise de variações orçamentárias*.

### MINICASO

Carolina devia fazer um gráfico para explicar as diferenças entre o EBIT orçado e o EBIT realizado. Até aí, tudo bem, mas a chefe dela pediu que esse gráfico tivesse a forma de uma ponte. No período analisado, vários aspectos não saíram de acordo com o orçamento, o volume de vendas, o preço de venda, o consumo, o preço dos insumos, o próprio mercado que encolheu, para compensar isso, os custos e despesas fixas tiveram uma variação favorável.

### QUESTÃO

Como você poderia ajudar a Carolina a fazer uma demonstração visual das variações, o que o mercado chama de *Bridge Analysis*?

### OBJETIVOS DE APRENDIZAGEM

Ao final desse capítulo, espera-se que o leitor:
- entenda e calcule as variações orçamentárias, identificando as potenciais causas;

- monte um gráfico do tipo *Bridge Analysis*;
- elabore plano de ações.

## 13.1 INTRODUÇÃO

A análise de variações orçamentárias tem como objetivo identificar quais fatores (externos e internos) influenciaram no desempenho orçamentário. Identificando as causas os gestores envolvidos podem aprender com os eventos acontecidos e tomar iniciativas para correção desses desvios.

Geralmente, a análise orçamentária básica tem quatro colunas (conforme Figura 13.1), uma coluna para o realizado até a data, uma coluna para o orçado até a data, uma coluna para a variação em valor absoluto e uma coluna para a variação %.

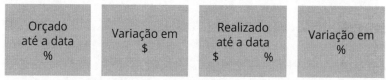

**Figura 13.1** Análise de desempenho – comparação real *versus* orçado.

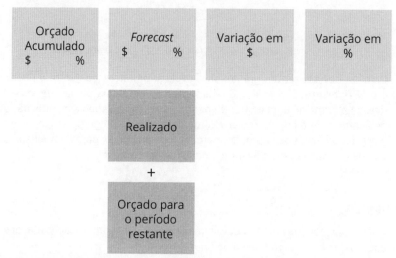

**Figura 13.2** Análise de DRE – comparação *forecast versus* orçado.

## 13.2 ANÁLISE DAS VARIAÇÕES ORÇAMENTÁRIAS

A análise das variações orçamentárias tem como foco identificar as causas de modo que os gestores possam agir sobre essas causas. Se feita corretamente, gera um grande aprendizado organizacional, pois ao entender e questionar as causas das variações orçamentárias, os gestores passam a identificar onde agir, de modo a tentar atingir os objetivos orçamentários.

A ferramenta que apresenta de forma ilustrativa as variações orçamentárias e suas respectivas causas é chamada de *Bridge Analysis*, ou, ainda, de *Waterfall Chart*.

Esse modelo incorpora o que é bastante difundido nos livros-texto, que é o Orçamento Flexível, que tem como propósito isolar os efeitos da variação de volume e as variações decorrentes de gestão.

Vamos às definições e conceituações.

### Orçamento Estático ou Orçamento Original

- Feito para um único volume de atividades (quantidade de produtos vendidos por exemplo).
- A avaliação de desempenho é feita por meio da comparação dos resultados realizados *versus* resultados orçados.
- Ocorre que quando o volume realizado é muito diferente do volume orçado, essa análise, principalmente baseada em montantes totais, fica bastante prejudicada.
- Assim, para uma análise mais adequada é necessário trabalhar com os resultados orçados calculados com base nos volumes de fato realizados.

### Orçamento Flexível

- O orçamento flexível mostra qual deveria ter sido o resultado (lucro, receitas e custos etc.) alcançado, ao nível realizado de volume.
- Portanto, o lucro no orçamento flexível é o lucro esperado ao nível real de volume.
- Com isso, é possível fazer uma análise de desempenho mais adequada, permitindo isolar variações de volume e variações decorrentes de ações gerenciais, e mesmo de itens com menor capacidade de interferência pelos gestores.

Na Tabela 13.1, apresentada a seguir, é possível visualizar as variações utilizando o orçamento flexível.

**Tabela 13.1** Análise das variações com orçamento flexível

|  | A<br>Original | B<br>Orçamento flexível | C<br>Resultados realizados |
|---|---|---|---|
| Volume do mercado | Orçado | Real | Real |
| *Market-share* | Orçado | Real | Real |
| Quantidade de vendas | Calcule | Calcule | Calcule |
| Preço unitário | Orçado | Orçado | Real |
| Receitas totais | Calcule | Calcule | Calcule |

A coluna A representa os valores orçados, enquanto na coluna B podemos visualizar o orçamento flexível que consiste em mostrar qual deveria ser o montante de vendas ou de lucro, usando as premissas do orçamento original, porém utilizando o volume de vendas real. Já a coluna C representa os valores realizados.

A variação entre o Orçamento Flexível e o Orçamento Original pode ser atribuída à variação de volume, que, num primeiro momento, podem ser as causas externas. Já a variação entre os Resultados Realizados e o Orçamento Flexível pode ser atribuída à gestão (causa interna).

Na Tabela 13.2, é possível visualizar de forma abrangente o EBIT orçado, ajustado (ao nível do volume real de vendas) e o realizado.

**Tabela 13.2** Variação entre o EBIT orçado e o realizado

|  | A | B | C |
|---|---|---|---|
|  | Orçado | Flexível | Realizado |
| Volume do mercado | Orçado | Real | Real |
| *Market-share* | Orçado | Real | Real |
| Quantidade de vendas | Calcule | Calcule | Calcule |
| Preço unitário | Orçado | Orçado | Real |
| Receitas totais | Calcule | Calcule | Calcule |
| Custo variável unitário | Orçado | Orçado | Real |
| Custo variável total | Calcule | Calcule | Calcule |
| = Margem de contribuição | Calcule | Calcule | Calcule |
| Custos e despesas fixas | Orçado | Orçado | Real |
| = EBIT | Calcule | Calcule | Calcule |
|  | Orçado | Flexível | Realizado |

A variação entre o EBIT orçado e o EBIT flexível pode ser atribuída a causas externas. O EBIT orçado é o lucro inicialmente objetivado, enquanto o EBIT flexível é o lucro que deveria ter sido conseguido ao nível do volume realizado, por fim, o EBIT realizado é o lucro que foi atingido.

## 13.3 ANÁLISE DA VARIAÇÃO ENTRE O ORÇAMENTO FLEXÍVEL E ORÇAMENTO ORIGINAL – O EFEITO MERCADO E *MARKET-SHARE*

Numa visão mais abrangente, pode-se dizer que nem sempre a variação entre o resultado orçado e o resultado no orçamento flexível seja atribuível à variação de volume. Se tivermos informações do volume do mercado orçado e realizado, pode-se desdobrar essa variação de volume em duas: (1) variação decorrente da alteração do volume de mercado; (2) variação decorrente da alteração do percentual de *market-share* da empresa (orçado *versus* realizado), conforme a Tabela 13.3.

**Tabela 13.3** Análise das causas das variações

|  | A | B | C | D | E |
|---|---|---|---|---|---|
|  | Orçado |  | Flexível |  | Realizado |
| Volume do mercado | Orçado | Real | Real | Real | Real |
| *Market-share* | Orçado | Orçado | Real | Real | Real |
| Quantidade de vendas | Calcule | Calcule | Calcule | Calcule | Calcule |
| Preço unitário | Orçado | Orçado | Orçado | Corrigido | Real |
| Receitas totais | Calcule | Calcule | Calcule | Calcule | Calcule |

| B-A | Variação de mercado |
|---|---|
| C-B | Variação de *market-share* |
| D-C | Variação de inflação ou variação cambial |
| E-D | Variação efetiva de preço |

A variação de mercado decorre da incerteza natural do mercado e esporadicamente pode ser atribuída a um erro no orçamento, ou por algum evento que não foi previsto pela empresa.

A variação de *market-share* já reflete aspectos de gestão da empresa, principalmente das áreas de marketing e comercial, pois demonstra a eficácia da gestão dos volumes vendidos.

A variação de inflação ou variação cambial decorre de correção de preços por indicadores de inflação não previstos no orçamento da empresa.

A variação efetiva de preço reflete aspectos de gestão da empresa, principalmente das áreas de marketing, produto e comercial, pois a empresa pode conseguir aumentar o preço além da correção não prevista, isso reflete uma efetiva gestão de *pricing*, por meio da gestão dos descontos, posicionamento do produto, campanha de marketing, gestão comercial, entre outros aspectos.

### Variações de Matérias-primas

As variações de matérias-primas podem ser atribuídas a três causas:

- Variação de volume.
- Variação de consumo.
- Variação de preço da matéria-prima.

Na Tabela 13.4, é possível visualizar as variações.

**Tabela 13.4** Análise das variações de matéria-prima

|  | A | B | C | D |
|---|---|---|---|---|
|  | Orçado | Flexível | Ajustado | Realizado |
| Quantidade de vendas | Orçada | Realizada | Realizada | Realizada |
| Consumo de matéria-prima por unidade de produto | Orçado | Orçado | Real | Real |
| Consumo total de matéria-prima | Calcule | Calcule | Calcule | Calcule |
| Preço unitário da matéria-prima | Orçado | Orçado | Orçado | Real |
| Custo total de matéria-prima | Calcule | Variação de volume | Calcule | Variação de consumo | Calcule | Variação de preço | Calcule |

A variação entre as colunas B e A é atribuível ao volume, portanto estaria fora do foco de análise. Já a variação entre as colunas C e B é atribuível à variação de consumo, portanto em primeiro momento atribuível à gestão de produção. A variação entre as colunas D e C é atribuível à variação de preço da matéria-prima, à primeira instância atribuível e à gestão de compras.

Caso seja necessário, inclua mais uma coluna utilizando preços corrigidos por inflação ou variação cambial, com isso poderia ser isolado o efeito menos controlável dos preços de matérias-primas.

Muitas vezes, a variação de consumo e a variação de preço podem estar relacionadas. Considere o exemplo de um gestor de compras que comprou uma matéria-prima de pior qualidade, pagando mais barato, gerando uma variação favorável de preço, mas, por outro lado, gerando uma variação desfavorável no consumo, pois uma matéria-prima de pior qualidade gera menor rendimento e maiores perdas. Nesse caso, há que se ter cuidado na análise e explicação das variações.

### Variações de Mão de Obra Direta

As variações de mão de obra direta podem ser atribuídas a três causas:

- Variação de volume.
- Variação de eficiência.
- Variação de taxa da mão de obra direta.

Na Tabela 13.5, é possível visualizar as variações.

**Tabela 13.5** Análise das variações de mão de obra

|  | A | B | C | D |
|---|---|---|---|---|
|  | Orçado | Flexível | Ajustado | Realizado |
| Quantidade de vendas | Orçada | Realizada | Realizada | Realizada |

(continua)

(*continuação*)

| | A | B | C | D |
|---|---|---|---|---|
| Quantidade de horas de mão de obra direta por unidade de produto | Orçado | Orçado | Real | Real |
| Quantidade total de horas de mão de obra direta | Calcule | Calcule | Calcule | Calcule |
| Custo-hora de mão de obra direta | Orçado | Orçado | Orçado | Real |
| Custo total de mão de obra direta | Calcule | Variação de volume | Calcule | Variação de eficiência | Calcule | Variação de taxa | Calcule |

A variação entre as colunas B e A é atribuível ao volume, portanto estaria fora do foco de análise. Já a variação entre as colunas C e B é atribuível a variação de eficiência, portanto em um primeiro momento atribuível à gestão de produção. A variação entre as colunas D e C é atribuível à variação de taxa da mão de obra direta, à primeira instância atribuível e à gestão de recursos humanos.

Muitas vezes a variação de eficiência e a variação de taxa podem estar relacionadas. Considere o exemplo de um gestor de recursos humanos que contratou funcionários menos qualificados, com salários menores que o orçado, gerando uma variação favorável de taxa, mas por outro lado gerando uma variação desfavorável na eficiência, que normalmente seria atribuível à gestão de produção. Nesse caso há que se ter cuidado na análise e explicação das variações.

### Variações de Custos e Despesas Fixas

Por questões de espaço e também de relevância esse item não será abordado nesse livro, entretanto uma consideração importante e bastante utilizada na prática é a evidenciação dos custos e despesas fixas não orçados, geralmente os não recorrentes.

 **EXERCÍCIOS RESOLVIDOS**

Faça a associação dos termos com os conceitos e definições.

| Terminologia | Definição |
|---|---|
| a) Orçamento flexível | ( ) É a diferença entre o resultado realizado e o orçamento flexível. |
| b) *Forecasting* | ( ) É atribuível à área de produção e decorre do consumo realizado *versus* o consumo que seria esperado (ao nível de volume realizado). |
| c) *Bridge Analysis* | ( ) Estabelece as diretrizes e objetivos estratégicos, após uma análise do ambiente externo e interno. |
| d) Orçamento original | ( ) É a diferença entre o orçamento flexível e orçamento original. |

e) Planejamento estratégico ( ) Ferramenta visual (gráfica) útil para identificar as variações entre um valor orçado e um valor realizado, ou mesmo valores do ano passado versus os do ano corrente.

f) Variação de volume ( ) É também chamado de orçamento estático. É o orçamento base para avaliação de desempenho, como resultado do processo orçamentário – também conhecido como o *Budget*.

g) Variação de volume de mercado ( ) Decorre de diferença no orçamento do volume que o mercado como um todo iria vender em quantidades.

h) Variação de *market-share* ( ) Decorre da diferença de participação de *Market-share*, entre o orçado e o realizado.

i) Variação de gestão ( ) Decorre de uma inflação ou variação cambial não orçada sobre o preço de venda.

j) Variação de consumo de matéria-prima ( ) Decorre da diferença entre o preço realizado e o preço corrigido (pela inflação ou variação cambial) e é atribuível à gestão de marketing e gerência de produto.

k) Variação de preço de matéria--prima ( ) É o resultado ajustado pelo volume real, conceitualmente é o lucro que deveria ter sido conseguido, isolado o efeito do volume. Volume realizado aos preços e custos orçados.

l) Variação de preço de venda – inflação ( ) Consiste em reprojetar os resultados mais prováveis, considerando uma parte do período com dados realizados mais os dados do período restante aos valores orçados.

m) Variação de preço – gestão de *pricing* ( ) É atribuível à área de compras/suprimentos e decorre da variação de preço orçado *versus* realizado dos insumos.

**Respostas:** i, j, e, f, c, d, g, h, l, m, a, b, k.

## Análise de Variações Orçamentárias

**Preencha o quadro e calcule as variações, indicando prováveis causas.**

Tabela 13.6  Variações do orçamento

|  | Original | Variação | Flexível | Variação | Realizado |
|---|---|---|---|---|---|
| Volume | 85.000 |  |  |  | 100.000 |
| Receitas totais |  |  |  | $ 10.000 fav. | $ 820.000 |
| Preço de venda unitário |  |  |  |  |  |
| Custos variáveis totais |  |  | $ 500.000 |  | $ 490.000 |
| Custo variável unitário |  |  |  |  |  |

(*continua*)

*(continuação)*

|  | Original | Variação | Flexível | Variação | Realizado |
|---|---|---|---|---|---|
| Custos e despesas fixas totais |  |  |  | 15.000 desfav. | $ 220.000 |
| EBIT |  |  |  |  |  |

Sabe-se que o volume aumentou por conta de uma greve no principal concorrente, e o CEO pede um bônus de 5% sobre a variação do orçamento original e o resultado realizado. Avalie a situação.

**Resolução**

**Tabela 13.7** Variações do orçamento

|  | Original | Variação | Flexível | Variação | Realizado |
|---|---|---|---|---|---|
| Volume | 85.000 |  | 100.000 (a) |  | 100.000 |
| Receitas totais | $ 688.500 |  | 810.000 (b) | $ 10.000 fav. | $ 820.000 |
| Preço de venda unitário | $ 8,10 (c2) |  | $ 8,10 (c1) |  |  |
| Custos variáveis totais | $ 425.000 |  | $ 500.000 | $ 10.000 fav. | $ 490.000 |
| Custo variável unitário | $ 5 |  | $ 5 (d) |  |  |
| Custos e despesas fixas totais | $ 205.000 (e2) |  | $ 205.000 (e1) | 15.000 desfav. | $ 220.000 |
| EBIT | $ 58.500 | $ 46.500 | $ 105.000 | $ 5.000 | $ 110.000 |

**Para resolver, temos de ter os conceitos bem fundamentados.**

a. Primeiro, no orçamento flexível, o volume é igual ao realizado.
b. Calculamos as receitas totais, como a variação foi favorável, a receita no flexível é menor que no realizado.
c1. Calculamos o preço de venda unitário orçado pela divisão das receitas totais pela quantidade.
c2. Copiamos para a coluna do orçamento original.
d1. Calculamos o custo unitário.
d2. Copiamos para a coluna do orçamento original.
e1. Como a variação foi desfavorável, o orçamento no flexível seria menor.
e2. Copiamos para a coluna do orçamento original.
f. Calculamos todas as variações.

## EXPLICAÇÃO DAS VARIAÇÕES

O EBIT orçado variou favoravelmente $ 46.500 por conta do volume, que pode ser atribuído a causas externas, combinado com ganho de participação de mercado.

O preço contribuiu para uma variação favorável de $ 10.000 e pode ser atribuído ao gerente de marketing ou mesmo de produto.

A variação favorável dos custos variáveis pode ser uma combinação de variação de consumo e variação de preço

Por fim, houve uma variação negativa nos custos e despesas fixas de $ 15.000.

A variação total pode ser resumida em $ 46.500 por conta do aumento do volume e $ 5.000 por conta de gestão de custos e preços.

O CEO deveria ganhar um bônus adicional somente sobre a variação decorrente de gestão de $ 5.000

### Análise de Variações de Matéria-prima

**Considere a Tabela 13.8.**

**Tabela 13.8** Informações para o cálculo das variações

|  | Orçado | Realizado |
|---|---|---|
| Volume de vendas | 100 | 120 |
| Consumo em quilos por unidade | 2 | 2,2 |
| Preço da matéria-prima por quilo | $ 10,00 | $ 9,00 |
| Custo da matéria-prima por unidade | $ 20,00 | $ 19,80 |
| Custo total | $ 2.000,00 | $ 2.376,00 |

**Calcule as variações de volume, variação de consumo e variação de preços.**

Uma forma visual de resolver esse exercício é ir alterando em cada coluna apenas uma variável, com isso conseguimos chegar à variação do volume; depois, à variação de consumo; e, por último, à variação de preços.

**Tabela 13.9** Solução do exercício

|  | Orçado | Flexível | Ajustado pelo consumo real | Realizado |
|---|---|---|---|---|
| Volume de vendas | 100 | 120 | 120 | 120 |
| Consumo em quilos por unidade | 2 | 2 | 2,2 | 2,2 |
| Preço da matéria-prima por quilo | $ 10,00 | $ 10,00 | $ 10,00 | $ 9,00 |
| Custo unitário | $ 20,00 | $ 20,00 | $ 22,00 | $ 19,80 |
| Custo total | $ 2.000,00 | $ 2.400,00 | $ 2.640,00 | $ 2.376,00 |
|  |  | $ 400,00 | $ 240,00 | - $ 264,00 |
|  |  | Volume | Consumo | Preço |

Ou, de outra forma:

Partindo para variação de consumo e variação de preço, temos:

Consumo real ao volume real = 120 unidades × 2,2 kg = 264 kg
Menos Consumo Padrão = 240 kg
= Variação de Consumo em Quilos 24 kg
× preço orçado da matéria-prima $ 10,00
= Variação de Consumo em moeda = $ 240,00

Variação de Preço da matéria-prima por quilo (orçado $ 10,00, realizado $ 9,00) = variação de $ 1,00 por kg
× consumo real = 264 kg
= variação de preço = $ 264,00

### PARA REFLETIR UM POUCO MAIS

Será que todas organizações dão a mesma importância ao orçamento como processo de avaliação de desempenho?

Será que o orçamento tem a mesma importância para diferentes áreas e empresas de diferentes segmentos?

Como o orçamento flexível pode ser utilizado para justificar desempenhos insatisfatórios?

# Apêndice 1
## CONCEITOS E PROCESSOS CONTÁBEIS

**MINICASO**

Armando é médico de formação, mas agora montou uma clínica junto com seus ex-colegas de faculdade. O combinado é que o lucro gerado trimestralmente seja 70% distribuído aos sócios, com base nas consultas realizadas. Armando é responsável por informar o lucro, e, nesse período, a empresa comprou novos equipamentos médicos; sua ideia é que esse valor seja integralmente lançado como despesas, o que irá diminuir o lucro a ser distribuído. Ao saber disso, dois sócios tiveram opiniões distintas: (1) um deles acha que isso não deveria afetar o lucro, pois sempre há um "colchão" de 30% do lucro, que não é distribuído; (2) o segundo acha que tem de ser "despesado" em função dos pagamentos (foram feitos em 3 parcelas). Armando se questiona, "do jeito que está, já temos 3 formas de contabilizar essa compra, será que algumas delas está mais correta? Haveria alguma outra forma?".

**QUESTÃO**

Qual é sua opinião sobre essas dúvidas de Armando? Argumente.

**OBJETIVOS DE APRENDIZAGEM**

O objetivo deste apêndice é propiciar a compreensão dos processos contábeis com foco na sua utilidade para a atividade gerencial. Este Apêndice é sugerido para leitores não familiarizados com processos contábeis.
Ao final deste capítulo, é esperado que o leitor possa:
- entender os principais conceitos contábeis e o funcionamento do processo contábil;

- entender como as atividades das empresas são refletidas nas demonstrações contábeis;
- entender a utilidade desse conhecimento para a atividade gerencial.

## A.1 INTRODUÇÃO – RECEITAS, DESPESAS E O REGIME DE COMPETÊNCIA

### A.1.1 Receitas e Despesas

Os conceitos de receitas e despesas são definidos no CPC 00 (R2) como segue:

(a) *Receitas* são aumentos nos ativos, ou reduções nos passivos, que resultam em aumentos no patrimônio líquido, exceto aqueles referentes a contribuições de detentores de direitos sobre o patrimônio;

(b) *Despesas* são reduções nos ativos, ou aumentos nos passivos, que resultam em reduções no patrimônio líquido, exceto aqueles referentes a distribuições aos detentores de direitos sobre o patrimônio. (CPC 00 (R2), 2019).

### A.1.2 Regime de Competência

O Regime de Competência é utilizado para preparar as demonstrações contábeis. De acordo com o CPC 00 (R2):

> O regime de competência reflete os efeitos de transações e outros eventos e circunstâncias sobre reivindicações e recursos econômicos da entidade que reporta nos períodos em que esses efeitos ocorrem, mesmo que os pagamentos e recebimentos à vista resultantes ocorram em período diferente. Isso é importante porque informações sobre os recursos econômicos e reivindicações da entidade que reporta e mudanças em seus recursos econômicos e reivindicações durante o período fornecem uma base melhor para a avaliação do desempenho passado e futuro da entidade do que informações exclusivamente sobre recebimentos e pagamentos à vista durante esse período. (CPC 00 (R2), 2019)

### A.1.3 O reconhecimento das Receitas e das Despesas

As receitas são reconhecidas quando ganhas, e as despesas, quando incorridas, independentemente do momento do recebimento ou desembolso financeiro.

Para exemplificar melhor imaginemos a seguinte situação:

O dono de um bar compra à vista dez dúzias de refrigerantes e as coloca na geladeira. Logo em seguida, entra um cliente e compra 3 garrafas de refrigerante, e, como é conhecido do dono do bar, diz que pagará no início da próxima semana. Em seguida, leva os refrigerantes para casa, colocando-os na sua geladeira. No dia seguinte, este cliente abre a sua geladeira e toma uma garrafa de refrigerante.

Como reconhecer as receitas e despesas?
- MERCADINHO

COMPRA: No caso do bar, no ato da compra, o dono paga à vista as dez dúzias de refrigerantes, mas não lança nenhuma despesa, uma vez que este pagamento não gerou ainda nenhuma receita. Na realidade, o que houve foi simplesmente uma compra para estoque. O dono do mercadinho simplesmente trocou um tipo de ativo (dinheiro) por outro de mesmo valor, sem qualquer reflexo sobre o patrimônio líquido (riqueza) do mercadinho.

Note que houve um pagamento sem o reconhecimento de qualquer despesa.

VENDA: Quando ocorre a venda ao cliente (presumivelmente por um valor maior do que ele pagou na compra), a contabilidade do Mercadinho reconhece uma receita de valor equivalente ao valor da venda das três garrafas e, simultaneamente, uma despesa equivalente ao custo das três garrafas.

Note que houve o reconhecimento de uma receita sem qualquer recebimento e o de uma despesa sem qualquer pagamento.

- CLIENTE

Do ponto de vista do cliente, caso desejássemos fazer a sua contabilidade particular como pessoa física, teríamos a seguinte situação:

COMPRA: No caso do cliente, no ato da compra, como ele não efetua nenhum pagamento, ele assume uma dívida com o Mercadinho equivalente ao preço das três garrafas de refrigerante, mas não lança nenhuma despesa, uma vez que este fato não gerou ainda nenhuma receita. Na realidade, o que houve foi simplesmente uma compra para estoque. O cliente simplesmente trocou um passivo (dívida com mercadinho) por um ativo (estoque de refrigerantes) de mesmo valor, sem qualquer reflexo sobre o seu patrimônio líquido.

Note que houve o reconhecimento de uma dívida sem o reconhecimento de qualquer despesa.

CONSUMO DE UMA GARRAFA DE REFRIGERANTE: No dia seguinte, ao tomar uma das três garrafas que comprou, o cliente deveria reconhecer uma receita equivalente ao prazer que sentiu ao tomar o refrigerante (se isto fosse possível) e simultaneamente uma despesa equivalente ao preço da garrafa de refrigerante que acabou de consumir. Evidentemente não é possível neste caso reconhecer qualquer receita, mas de qualquer forma pode-se presumir que o cliente se sente melhor depois de tomar o refrigerante do que antes, e que esta sensação de prazer é maior do que o desconforto causado pelo fato de ter que vir a pagar por ele, pois, caso contrário não teria comprado o refrigerante.

Note que houve o reconhecimento de uma despesa sem a realização de qualquer pagamento.

O caso do cliente, apresentado anteriormente, mostra que DESPESA pode ser conceituada como CONSUMO DE ATIVO (no caso de uma garrafa de refrigerante). Normalmente as empresas consomem ativos não para ter prazer como é o caso do cliente em questão, mas para gerar receitas.

As Figuras A.1 e A.2 mostram alguns exemplos de reconhecimento de Receitas e Despesas.

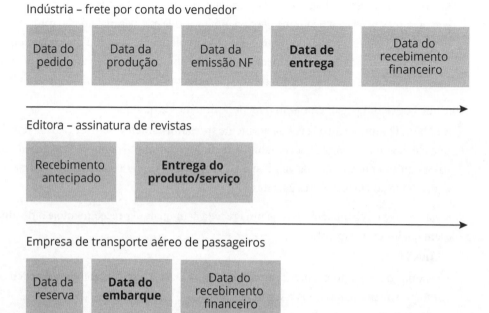

**Figura A.1** Exemplos de reconhecimento de receita.

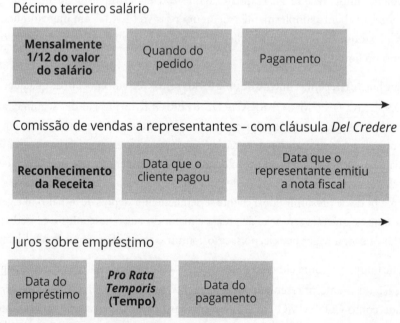

**Figura A.2** Exemplos de reconhecimento de despesa.

Observações:

- O sistema de *Del Credere*, neste caso, implica a devolução da comissão caso a venda seja cancelada.
- *Pro Rata Temporis* significa proporcional ao tempo. Neste caso implica que as despesas de juros vão sendo reconhecidas na medida em que o prazo do empréstimo vai decorrendo.

## A.2 ELABORAÇÃO DAS DEMONSTRAÇÕES CONTÁBEIS PELO MÉTODO DOS BALANÇOS SUCESSIVOS

A elaboração das Demonstrações Contábeis pelo método dos Balanços Sucessivos tem caráter meramente didático cujo objetivo principal é mostrar os impactos das principais transações nas demonstrações contábeis.

O método dos Balanços Sucessivos funciona da seguinte forma:

- Trabalha com a ideia de "fotos".
- A cada transação se apresenta a nova foto.
- A foto vai se alterando pela entrada de novos membros, os membros que já existiam continuam lá e aparecem na nova foto.
- Diferentemente do método das partidas dobradas, as contas de resultado são refletidas na conta de Lucros Acumulados no grupo Patrimônio Líquido.

**EXEMPLO**

### Caso – Escola de Informática

Imaginemos uma Escola de Informática que, logo após a sua constituição, realizou as transações que estão listadas na sequência em ordem cronológica:

- Os sócios aportaram recursos em dinheiro no valor de $ 300.
- A empresa adquiriu $ 180 em equipamentos de informática à vista.
- Prestou serviços de cursos no valor $ 100.
- Dos serviços prestados no mês, os clientes pagaram em dinheiro $ 70, e $ 30 em cheques pré-datados para o próximo mês.
- Os gastos do mês foram de $ 60, mas a Escola só pagou $ 44 no mês, e assumiu o compromisso de pagar $ 16 no mês seguinte.
- Houve uma depreciação de $ 5, vida útil dos equipamentos de 36 meses.
- Dividendos declarados e imediatamente pagos totalizam $ 8.

Essas transações são apresentadas a seguir:

## Como registrar a injeção de capital pelos sócios?

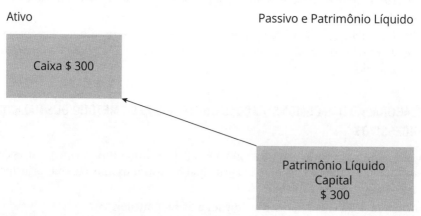

**Figura A.3** Registro da injeção de capital pelos sócios.

## Como registrar a compra do imobilizado à vista?

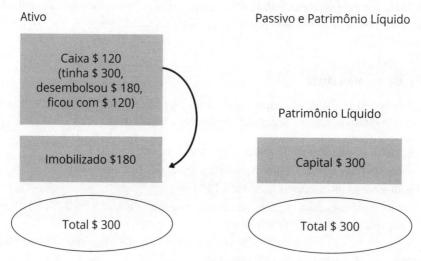

**Figura A.4** Registro da compra do Imobilizado à vista.

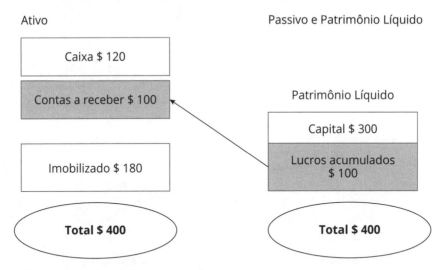

**Figura A.5** Registro da prestação de serviços.

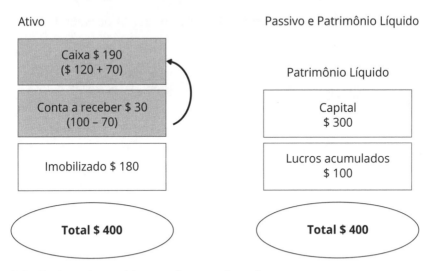

**Figura A.6** Registro do recebimento de parte das aulas.

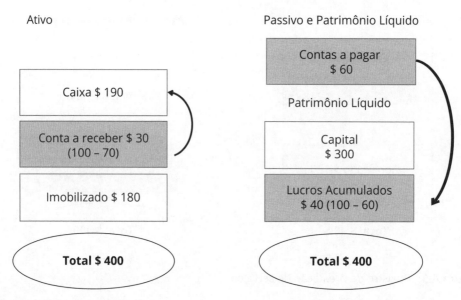

**Figura A.7** Registro dos gastos.

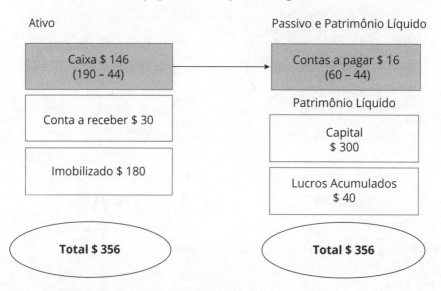

**Figura A.8** Registro do pagamento de parte dos gastos.

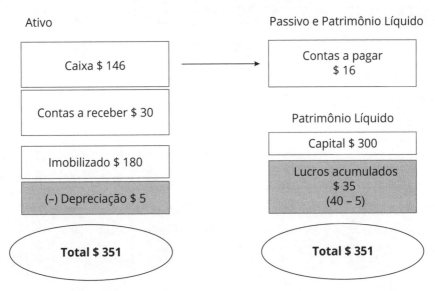

**Figura A.9** Registro da depreciação.

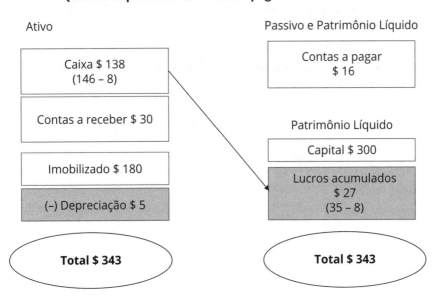

**Figura A.10** Registro do pagamento de dividendos.

**Como registrar os impactos dos balanços sucessivos na forma de planilha?**

|  | 1 | 2 | 3 | 4 | 5 | 6 | 7 | 8 |
|---|---|---|---|---|---|---|---|---|
| Caixa | 300 | 120 | 120 | 190 | 190 | 146 | 146 | 138 |
| Contas a receber |  |  | 100 | 30 | 30 | 30 | 30 | 30 |
| Imobilizado |  | 180 | 180 | 180 | 180 | 180 | 180 | 180 |
| (–) depreciação |  |  |  |  |  |  | (5) | (5) |
| = ativo total | 300 | 300 | 400 | 400 | 400 | 356 | 351 | 343 |
| Contas a pagar |  |  |  |  | 60 | 16 | 16 | 16 |
| Passivo |  |  |  |  | 60 | 16 | 16 | 16 |
| Capital | 300 | 300 | 300 | 300 | 300 | 300 | 300 | 300 |
| Lucros Acumulados |  |  | 100 | 100 | 40 | 40 | 35 | 27 |
| Patrim. Líquido | 300 | 300 | 400 | 400 | 340 | 350 | 335 | 327 |
| Passivo + PL | 300 | 300 | 400 | 400 | 400 | 356 | 351 | 343 |

**Figura A.11** Balanços sucessivos em forma de planilha.

Após essas transações, os demonstrativos contábeis da Escola de Informática são os seguintes:

**Como ficaram os demonstrativos contábeis da Escola de Informática?**

DRE

|  |  |
|---|---|
| Receitas | 100 |
| Custos e Despesas | 60 |
| Depreciação | 5 |
| Lucro | 35 |

**Figura A.12** DRE.

Observe que os Lucros Acumulados aparecem no balanço pelo valor de $ 27, enquanto o lucro apurado no DRE é de $ 35. A diferença são os $ 8 de dividendos, o que significa que dos $ 35 de lucro apurado, $ 8 foram distribuídos para os acionistas e os restantes $ 28 ficaram na empresa.

Como ficaram os demonstrativos contábeis da Escola de Informática?

DFC

| Demonstração de Fluxo de Caixa | |
|---|---|
| Recebimentos de clientes | 70 |
| Pagamentos despesas | (44) |
| **Fluxo de caixa das operações** | 26 |
| Aquisição de Imobilizado à vista | (180) |
| **Fluxo de caixa de investimentos** | (180) |
| Aporte de capital | 300 |
| Pagamento de dividendos | (8) |
| **Fluxo de caixa de financiamentos** | 292 |
| **Fluxo de caixa do período** | 138 |
| + Caixa inicial | 0 |
| = Caixa final | 138 |

**Figura A.13**   DFC.

Observe que, como o caixa inicial era zero, o Fluxo de Caixa do Período é exatamente o saldo de caixa que aparece no balanço (Coluna 8 da Figura A.11).

Como ficaram os demonstrativos contábeis da Escola de Informática?

### Balanço

| Ativo | | Passivo e Patrimônio Líquido | |
|---|---|---|---|
| Caixa | 198 | Contas a pagar | 16 |
| Contas a receber | 30 | | |
| **= Ativo Circulante** | 168 | = Passivo Circulante | 16 |
| Imobilizado – Custo de aquisição | 180 | Capital | 300 |
| **(–) depreciação acumulada** | (5) | Reservas de Lucros | 27 |
| = Ativo Não Circulante | 175 | = Patrimônio Líquido | 327 |
| = Ativo total | 343 | = Passivo + Patrimônio Líquido | 343 |

**Figura A.14**   BP.

## ✓ EXERCÍCIO RESOLVIDO

Logo após a sua constituição, a Cia. Comercial realizou as transações que estão listadas na sequência em ordem cronológica.

1. Capital integralizado de $ 1.500 em espécie.
2. Empréstimos obtidos no valor de $ 400.
3. Aquisição à vista de $ 1.100 em imobilizado.
4. Compras de mercadorias $ 600 à vista.
5. Vendas de mercadorias (70% do lote comprado) por $ 1.000 (40% à vista, 60% a prazo).
6. Impostos sobre Receitas 20% – a pagar no próximo mês.
7. Despesas Operacionais (desembolsáveis de $ 120, $ 45 foram pagas e $ 75 ficaram a pagar no próximo período).
8. Despesas de Juros apropriadas de $ 90 e não pagas.
9. Depreciação $ 70.
10. Imposto de Renda (30%) calculada sobre o lucro contábil – (a pagar no próximo período).
11. Dividendos pagos no valor de $ 35.
12. Pagamento de parte dos empréstimos no valor de $ 70.

**Empresa Cia Comercial**

|  | BP ATIVO | BP PASSIVO | BP PL | DRE | DFC |
|---|---|---|---|---|---|
| 1. Capital integralizado de $ 1.500 em espécie | + caixa $ 1.500 |  | + capital $ 1.500 |  | +fc financ. $ 1.500 |
| 2. Empréstimos obtidos no valor de $ 400 | + caixa $ 400 | + empréstimos $ 400 |  |  | +fc financ. $ 400 |
| 3. Aquisição à vista de $ 1.100 em imobilizado | (–) caixa $ 1.100 + imobilizado $ 1.100 |  |  |  | (–) fc invest. $ 1.100 |
| 4. Compras de mercadorias $ 600 à vista | (–) caixa $ 600 + estoques $ 600 |  |  |  | (–) fc operac. $ 600 |

**Figura A.15** Efeitos das demonstrações contábeis (parte 1).

**Empresa Cia Comercial**

|  | BP<br>ATIVO | BP<br>PASSIVO | BP<br>PL | DRE | DFC |
|---|---|---|---|---|---|
| 5. Vendas de mercadorias (70% do lote comprado) por $ 1.000 (40% à vista, 60% a prazo) | + caixa $ 400<br>+ contas a receber $ 600 |  | + lucros acumulados $ 1.000 | + receitas $ 1.000 | + fc operac. $ 400 |
| 5.1 Baixa das mercadorias | (–) estoques $ 420 |  | (–) lucros acumulados $ 420 | (–) custos mercadorias $ 420 |  |
| 6. Impostos sobre Receitas 20% – a pagar no próximo mês |  | + impostos a pagar $ 200 | (–) lucros acumulados $ 200 | (–) impostos sobre receitas $ 200 |  |

**Figura A.16** Efeitos das demonstrações contábeis (parte 2).

**Empresa Cia Comercial**

|  | BP<br>ATIVO | BP<br>PASSIVO | BP<br>PL | DRE | DFC |
|---|---|---|---|---|---|
| 7. Despesas Operacionais (desembolsáveis de $ 120, $ 45 foram pagas e $ 75 ficaram a pagar no próximo período) | (–) caixa $ 45 | + contas a pagar $ 75 | + lucros acumulados $ 120 | (–) despesas operacionais $ 120 | (–) fc. operac. $ 45 |
| 8. Despesas de Juros apropriadas de $ 90 e não pagas |  | + empréstimos $ 90 | (–) lucros acumulados $ 90 | (–) despesas financeiras $ 90 |  |
| 9. Despesa de Depreciação $ 70 | (–) depreciação acumulada $ 70 |  | (–) lucros acumulados $ 70 | (–) desp. de depreciação $ 70 |  |

**Figura A.17** Efeitos das demonstrações contábeis (parte 3).

## Empresa Cia Comercial

|  | BP | BP | BP |  |  |
| --- | --- | --- | --- | --- | --- |
|  | ATIVO | PASSIVO | PL | DRE | DFC |
| 10. Impostos de Renda (30%) calculada sobre o lucro contábil – (a pagar no próximo período) |  | + imposto a pagar $ 30 | (–) lucros acumulados $ 30 | (–) despesa de IR $ 30 |  |
| 11. Dividendos pagos no valor de $ 35 | (–) caixa $ 35 |  | (–) lucros acumulados $ 35 |  | (–) fc financ. $ 35 |
| 12. Pagamento de parte dos empréstimos no valor de $ 70 | (–) caixa $ 70 | (–) empréstimos $ 70 |  |  | (–) fc financ. $ 70 |

**Figura A.18** Efeitos das demonstrações contábeis (parte 4).

# Apêndice 2
## VISÃO IFRS DAS DEMONSTRAÇÕES FINANCEIRAS

### MINICASO

Sérgio estava preocupado com a adoção da IFRS 16 em sua empresa. Essa nova norma contábil internacional valeria em breve no Brasil, com a aplicação local do correspondente CPC 06 (Revisão 2). Ele é responsável pela controladoria de uma empresa varejista com diversas lojas no país e responde pelo sistema de controle gerencial. A empresa avalia o desempenho das unidades de maneira individualizada e bonifica os gerentes pelo resultado da loja com uma remuneração variável.

Sérgio havia sido informado pelo contador de que os aluguéis pagos pelas lojas (a empresa não possui nenhum imóvel próprio) passariam a ser reconhecidos de forma diferente nas demonstrações financeiras. Pela antiga norma em vigor naquele momento, os aluguéis eram registrados de maneira bem simples na contabilidade, como uma saída de caixa e uma diminuição do resultado do período a título de despesa operacional. Essa despesa era abatida também do EBITDA, o principal indicador para fins de avaliação do desempenho operacional das lojas e remuneração variável dos gerentes.

A preocupação de Sérgio era de que agora os aluguéis das lojas teriam seu reconhecimento contábil profundamente alterado. Passaria a ser feito um registro de Direito de Uso de Arrendamento no Ativo, em contrapartida do registro de um Passivo de Arrendamento. Em consequência, em vez de uma despesa de aluguel no resultado do período, a empresa passaria a registrar uma despesa de amortização de direito de uso e uma despesa de juros em contrapartida da atualização do valor presente do passivo de arrendamento.

Ora, pensou Sérgio, amortização e juros são despesas que não impactam no EBITDA. Como acompanharemos o desempenho dos gerentes de loja a partir de agora? Será que teremos de pagar mais bônus a eles? "Não é justo, se eles são responsáveis por nos ajudar a negociar esses aluguéis com os proprietários dos imóveis. Não é uma alteração em critério de mensuração contábil que vai alterar essa realidade!", ele avaliava.

## QUESTÃO

A alteração de critérios de mensuração contábil para fins de apresentação das demonstrações financeiras a usuários externos deve, **necessariamente**, impactar nas métricas de avaliação de desempenho utilizadas pelo sistema de controle gerencial?

## OBJETIVOS DE APRENDIZAGEM

Ao final deste capítulo, é esperado que o leitor possa:
- compreender que existem diferentes critérios de avaliação do valor a ser reconhecido e apresentado nas demonstrações financeiras conforme as normas contábeis IFRS e CPC;
- identificar os principais critérios de avaliação existentes;
- ter uma visão geral dos critérios de avaliação empregados nas principais contas e rubricas apresentadas nas demonstrações financeiras;
- identificar as regras de publicação das demonstrações financeiras para usuários externos.

## B.1 INTRODUÇÃO

As normas internacionais de contabilidade IFRS (International Financial Reporting Standards) foram introduzidas no Brasil pela Lei nº 11.638/2007, entrando em vigor em 1º de janeiro de 2008. Seu objetivo foi alinhar o país aos princípios fundamentais e melhores práticas contábeis internacionais, como forma de facilitar a nossa inserção econômica no mercado global, conforme a exposição de motivos do projeto que resultou na referida lei.

As normas IFRS são emitidas pelo IASB (International Accounting Standards Board) e precisam ser referendadas pelos diversos países para adoção em seus mercados locais. Segundo dados divulgados no *site* ifrs.org em agosto de 2022, são 167 países a utilizar, em alguma medida, o padrão contábil IFRS em suas jurisdições.

No Brasil, o CPC (Comitê de Pronunciamentos Contábeis) é responsável por produzir normas locais alinhadas com as IFRS, fazendo algumas adaptações em vista da legislação societária e outras particularidades. O CPC emite os Pronunciamentos Contábeis, conhecidos como normas CPC. Os órgãos com poder regulatório (CVM, CFC, Susep etc.) posteriormente referendam os CPC emitindo normas próprias que são, em grande parte, idênticas ao conteúdo aprovado no CPC.

As normas IFRS e CPC padronizam a forma como as empresas reconhecem, mensuram e divulgam informações contábeis nas demonstrações financeiras. O ponto de interesse para você, leitor de um livro de contabilidade gerencial, é que essas normas tornaram mais complexa a mensuração do valor pelo qual diversos elementos e transações são reconhecidos nas demonstrações financeiras. Os reflexos no resultado do período são expressivos em muitas situações, e o sistema de controle gerencial que lida com a avaliação do desempenho da empresa é impactado pela apuração contábil do resultado.

Este apêndice se baseia fundamentalmente nas normas completas IFRS e CPC. Pequenas e médias empresas com faturamento anual de até R$ 300 milhões podem ter diversos tratamentos contábeis diferentes e mais simplificados, de modo que é recomendável consultar as seguintes normas:

- Microempresas (faturamento anual de até R$ 4,8 milhões) – NBC TG 1.002, de 18 de novembro de 2021. Válida a partir do ano de 2023, sendo permitido adotar antecipadamente a partir de 2022.
- Pequenas empresas (faturamento anual de até R$ 78 milhões) – NBC TG 1.001, de 18 de novembro de 2021. Válida a partir do ano de 2023, sendo permitido adotar antecipadamente a partir de 2022.
- Médias empresas (faturamento anual de até R$ 300 milhões e ativo total de até R$ 240 milhões) – Pronunciamento Técnico do CPC PME (Revisão 1, de 2011).

## B.2  PRINCIPAIS CRITÉRIOS DE MENSURAÇÃO DE ITENS PATRIMONIAIS

Os itens patrimoniais nem sempre estão registrados por seus valores de entrada a custo histórico, embora seja este o principal referencial para a mensuração da maioria dos elementos que compõem o ativo, o passivo, o patrimônio líquido e o resultado da entidade.

A Figura B.1 apresenta os principais critérios utilizados na mensuração dos itens patrimoniais.

**Custo histórico**
- **Preço da transação** que originou o item, incluindo custos de transação (por exemplo, impostos não recuperáveis e frete de compra).
- **Valor de entrada.**
- Não reflete as mudanças ocorridas no valor do item desde a sua aquisição.

**Valor realizável líquido**
- **Preço de venda estimado** no curso normal dos negócios.
- **Valor de saída.**
- Deve ser deduzido dos custos estimados para sua conclusão e dos gastos estimados necessários para se concretizar a venda (impostos sobre venda, comissões de vendedores etc.).
- Reflete a ótica da própria entidade.

**Valor justo**
- **Preço de venda** do ativo ou de liquidação do passivo.
- **Valor de saída.**
- Reflete a **perspectiva de mercado** (entre compradores e vendedores), em condições não forçadas.
- Verificado diretamente em um mercado ativo ou estimado em casos mais complexos.
- Aferido sem deduzir custos de transação na alienação.
- Determinado com base no primeiro que estiver disponível, entre 3 níveis de informação (ver Figura B.2).

**Valor presente**
- Transações que são liquidadas a prazo têm o seu **valor nominal descontado da taxa de juros** implícita ou explicitamente embutida no contrato.
- Evita distorções quando há juros embutidos no valor.

**Valor em uso**
- **Valor presente dos fluxos de caixa** gerados pelo uso do ativo.
- Reflete **premissas específicas da própria entidade** (por exemplo, volumes e preço esperado de venda).

**Custo corrente**
- Reflete o **preço que seria pago** por um ativo para compra **no momento corrente**.
- Inclui os custos de transação.
- Pode ser relevante para apurar as margens correntes de lucro ou é utilizado para prever margens futuras.
- Quando há mudanças significativas em preços, as margens apuradas com base em custo corrente, podem fornecer informação mais útil para prever margens futuras do que utilizando o custo histórico.

**Figura B.1** Principais critérios utilizados na mensuração dos itens patrimoniais.

A determinação do valor justo depende da informação que estiver disponível dentre três diferentes níveis, conforme demonstrado na Figura B.2. Há uma hierarquia a ser observada, sendo que o primeiro nível de informação que estiver disponível é aquele a ser utilizado para a mensuração do valor justo.

**Níveis de informação para determinação do valor justo**

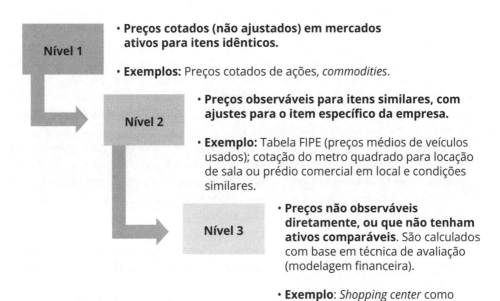

**Figura B.2** Níveis de informações aplicadas nas técnicas de avaliação utilizadas na mensuração do valor justo.

Vejamos exemplos de aplicação para esses critérios de mensuração:

- **Custo histórico:**
  — estoque de mercadorias para revenda, mensurado pelo **custo de aquisição** incluindo custos de transação, tais como frete de compra, impostos não recuperáveis, gastos de nacionalização;
  — estoque de produtos fabricados, mensurado pelo **custo de aquisição** das matérias-primas e gastos de transformação apurados por meio do sistema de custeio por absorção (mão de obra, encargos sociais, benefícios, gastos gerais de fabricação, depreciação etc.).
- **Valor realizável líquido:** o Pronunciamento Técnico do CPC 16 não permite que os estoques sejam apresentados por valor de custo superior ao **valor realizável líquido**.
  Por exemplo, uma empresa possui estoque fabricado ao custo de $ 100, mas, como o item não alcançou o sucesso planejado, deve ser vendido abaixo do custo, por estimados $ 70. Para concretizar a venda, a empresa estima gastar $ 15 entre impostos, comissão de venda e frete de entrega. Desta forma, o estoque deve ser apresentado por

$ 55 ($ 70 — $ 15) no balanço patrimonial. A diferença de $ 45 ($ 100 — $ 55) deve ser baixada como perda estimada com estoques, diminuindo o resultado do período.

- **Valor justo:** o Pronunciamento Técnico do CPC 28 permite que a empresa adote o **valor justo** como critério de mensuração das suas propriedades para investimento.[1] Desta forma, se uma empresa que possui um conjunto de salas comerciais para locação, adquiridas por $ 1.000.000, ao fazer a avaliação do valor justo no final do exercício para elaboração do balanço patrimonial anual verifica que o conjunto de salas está avaliado em $ 5.000.000, apresentará este valor no balanço, enquanto a diferença de valorização dos bens será reconhecida como aumento do resultado do período.
- **Valor presente:** o Pronunciamento Técnico do CPC 47 determina que a empresa considere a eventual existência de componente de financiamento significativo embutido no preço da transação realizada para recebimento a prazo. Assim, um varejista faz a venda de uma televisão para o consumidor por $ 1.200, para recebimento em 12 parcelas "sem juros" de $ 100. No entanto, vende o mesmo produto à vista por $ 1.000. A transação deve considerar o **valor presente**.

   Para registrar a receita da venda, deverá reconhecer o valor de $ 1.000 no resultado no ato da transação, em contrapartida de contas a receber no balanço patrimonial pelo mesmo valor. Na medida em que se transcorrerem os 12 meses do parcelamento do recebimento do cliente, deverá reconhecer os demais $ 200 para o resultado mensalmente, utilizando o método da taxa efetiva de juros.
- **Valor em uso:** o Pronunciamento Técnico do CPC 27 impede que a empresa apresente o valor do seu ativo imobilizado acima do seu valor recuperável, que é o maior valor entre o valor justo (líquido dos custos de venda hipotética do ativo) e seu **valor em uso**.

   Consideremos uma empresa que fez um investimento de $ 100 milhões na construção de uma unidade fabril destinada à produção de tecidos especiais. Passados 5 anos do início das atividades da unidade fabril, o conjunto do ativo imobilizado está apresentado no balanço patrimonial por $ 90 milhões, líquido da depreciação já transcorrida desde então. Devido ao forte aumento da concorrência, a empresa não tem mais conseguido atingir a capacidade normal de produção, fazendo com que parcela significativa da unidade fabril fique ociosa. A administração desconfia que a unidade possa estar operando abaixo do *break-even*.

   O Pronunciamento Técnico do CPC 01 determina que a empresa teste a recuperabilidade do ativo. Se a empresa estimar que não consegue minimamente recuperar o valor investido (custo histórico residual, depreciado), deverá reconhecer uma perda estimada com o ativo, em contrapartida da diminuição do resultado do período.

   O CPC 01 indica que a empresa teste a recuperabilidade dos $ 90 milhões ainda não depreciados comparando esse montante com o valor justo líquido dos custos de venda e com o seu **valor em uso**. A empresa faz uma avaliação da hipotética venda da

---

[1] Propriedade para investimento: é a propriedade imobiliária (terreno ou edifício) mantida para recebimento de aluguel ou para valorização do capital (ou para ambas). **Não** inclui as propriedades mantidas para uso na própria atividade de produção, fornecimento de bens ou prestação de serviços ou para finalidades administrativas, porque neste caso trata-se de ativo imobilizado. Também **não** inclui as propriedades mantidas para venda no curso ordinário do negócio, pois neste caso trata-se de estoque.

unidade fabril por $ 80 milhões, sendo que incorreria em custos de transação de $ 10 milhões. Ou seja, se vendesse a unidade fabril, recuperaria $ 70 milhões.

A segunda providência é verificar o **valor em uso** da unidade fabril, isto é, estimar a geração de caixa futura da unidade fabril a **valor presente**. Ao usar os ativos, a empresa fabrica e vende seus produtos, buscando recuperar o valor investido por meio dos lucros e caixa gerados na atividade. A empresa estima que possa gerar fluxos de caixa futuros com o uso dos ativos no montante de $ 95 milhões, os quais correspondem a $ 80 milhões em valores presentes.

O valor recuperável do ativo é o maior entre o **valor justo** líquido dos custos de sua venda hipotética e seu **valor em uso**. Em nosso exemplo, o valor recuperável é $ 80 milhões, estimado pelo critério do **valor em uso**, devidamente descontado a **valor presente**.

A empresa registrará uma perda estimada por *impairment* (não recuperabilidade) no resultado do período, no valor de $ 10 milhões, em contrapartida da diminuição do valor do ativo imobilizado no balanço patrimonial, que será reduzido de $ 90 milhões para $ 80 milhões correspondentes a essa unidade fabril.[2]

- **Custo corrente:** ao percorrer o noticiário do dia, um consumidor decide correr ao posto de combustível para completar o tanque antes do repasse do último reajuste de 10% nos preços, que será feito no dia seguinte. Ao chegar ao estabelecimento, fica surpreso por já ter de pagar por preço novo reajustado. Pela ótica dos proprietários da rede de postos de combustível, a formação do preço de venda considera *custo corrente*, porque a compra de combustível para reposição dos estoques elevará o custo do capital de giro da empresa.

O **custo corrente** não é permitido pelas normas contábeis IFRS e CPC para fins de avaliação dos estoques. Para fins de relatórios gerenciais, se utilizado, requer ajustes a partir da contabilidade societária.

## B.3 VISÃO IFRS DAS PRINCIPAIS CONTAS DO BALANÇO PATRIMONIAL E SEUS REFLEXOS

Os principais critérios utilizados na mensuração dos itens patrimoniais verificados na seção anterior são empregados conforme o tipo de rubrica/conta contábil apresentada nas demonstrações financeiras. As normas contábeis determinam o critério a utilizar em cada caso. Por vezes, há opções por utilização de mais de um critério.

O Quadro B.1 apresenta os critérios de mensuração determinados pelas normas contábeis para os principais itens do balanço patrimonial, além dos reflexos gerados na demonstração do resultado.

---

[2] Para simplificar a ilustração, consideramos que a unidade fabril seja correspondente a uma única unidade geradora de caixa (UGC). O CPC 01 determina que o teste de recuperabilidade dos ativos seja realizado por unidade geradora de caixa (UGC), definida como "o menor grupo identificável de ativos que gera entradas de caixa, entradas essas que são em grande parte independentes das entradas de caixa de outros ativos ou outros grupos de ativos".

**Quadro B.1** Critérios de mensuração dos principais itens do Balanço Patrimonial e reflexos na demonstração do resultado

| Rubrica/Item no Balanço Patrimonial | Caixa e equivalentes de caixa/Disponibilidades |
|---|---|
| Grupo de contas | Caixa e Bancos (recursos em conta corrente/depósito à vista).<br><br>Exemplos de contas:<br>Caixa em espécie;<br>Cheques a depositar;<br>Fundo fixo de caixa;<br>Numerários em trânsito;<br>Bancos – Depósitos à vista;<br>Depósitos em moeda estrangeira. |
| Critério de mensuração | Pelo valor atualizado, normalmente o valor nominal.<br><br>No caso de depósitos em moeda estrangeira, devem ser atualizados pela taxa de câmbio de compra na data da apresentação do balanço patrimonial. |
| Reflexos no resultado | A atualização cambial dos depósitos em moeda estrangeira transita pelo resultado do período, positiva ou negativamente, conforme a variação cambial aferida (ativa/ganho cambial ou passiva/perda cambial). A rubrica é apresentada no grupo de Receitas e Despesas Financeiras, após o resultado operacional, com a classificação de "Variação Cambial Líquida". |
| Observação | Cheques devem estar livres de restrições e passíveis de pagamento imediato. Do contrário, recebem outra classificação, tal como Clientes a Receber.<br><br>Saldos negativos de conta-corrente bancária devem ser reclassificados para o Passivo, como dívida.<br><br>Depósitos bancários vinculados a alguma situação específica, por exemplo saldo a ser mantido em garantia de empréstimo até o final da operação, não são considerados nessa rubrica e devem ser reclassificados conforme o caso (ativo circulante ou não circulante). |

| Rubrica/Item no Balanço Patrimonial | Caixa e equivalentes de caixa/Disponibilidades |
|---|---|
| Grupo de contas | Aplicações financeiras de liquidez imediata. |
| Critério de mensuração | Pelo valor atualizado, sendo o valor nominal aplicado corrigido pelos rendimentos financeiros auferidos.<br><br>Denominado como custo amortizado, utilizando-se o método de juros efetivos (CPC 48, item 5.4.1). |
| Reflexos no resultado | A atualização das aplicações financeiras pelos rendimentos é registrada em contrapartida do resultado do período, no grupo das Receitas Financeiras, após o resultado operacional.<br><br>Se houver perda com a atualização do investimento, será lançado diminuindo o resultado do período. |
| Observação | Somente são classificadas como "Equivalentes de Caixa" no Balanço Patrimonial se forem "aplicações financeiras de curto prazo, de alta liquidez, que são prontamente conversíveis em montante conhecido de caixa e que estão sujeitas a um insignificante risco de mudança de valor" (CPC 03, item 6).<br><br>De praxe, aplicações com prazo de resgate superior a 90 dias são tratadas fora dessa rubrica no Balanço Patrimonial, não sendo consideradas como "Equivalentes de Caixa". |

| Rubrica/Item no Balanço Patrimonial | Instrumentos financeiros |
|---|---|
| Grupo de contas | Exemplos de contas:<br>aplicações financeiras sem liquidez imediata;<br>aplicações financeiras de curto prazo (resgatáveis em mais de 90 dias e até 12 meses);<br>ações;<br>títulos públicos. |
| Critério de mensuração e reflexos no resultado | Custo amortizado ou valor justo, conforme o caso.<br><br>Vide Figura B.3, a seguir. |

| Rubrica/Item no Balanço Patrimonial | Contas a Receber de Clientes |
|---|---|
| Grupo de contas | Exemplos de contas:<br>Contas a receber;<br>Clientes a receber;<br>Duplicatas a receber;<br>Clientes a receber do exterior;<br>Cartão de crédito a receber;<br>Cheques a receber;<br>Contas a receber de partes relacionadas (devem ser segregadas dos saldos com partes não relacionadas);<br>Ajuste a valor presente de clientes a receber (redutora);<br>Perdas estimadas com créditos de liquidação duvidosa (redutora). |
| Critério de mensuração | Contrapartida de receita de vendas e prestação de serviços reconhecidas no resultado.<br><br>Ajustada a valor presente, se efeito relevante no curto prazo, ou recebível a longo prazo (mais de 12 meses).<br><br>Deduzida das perdas estimadas para créditos de liquidação duvidosa.<br><br>Quando operações em moeda estrangeira, são convertidas pela taxa de câmbio de compra na data do balanço patrimonial. |
| Reflexos no resultado | Valor presente:<br>A contrapartida da redução a valor presente é lançada no resultado do período em que reconhecida a receita, em conta redutora desta. Posteriormente, é revertida para resultado, como receita de juros, conforme transcorrer o período, pelo método da taxa efetiva.<br><br>Se a atividade de financiamento ao consumidor for fundamental para a condução dos negócios, a receita financeira dessa operação será reconhecida no grupo de receitas operacionais na DRE.<br><br>Ajuste para perdas com créditos de liquidação duvidosa:<br>Desde o CPC 48, deve ser adotado o modelo de perdas esperadas, o que pode requerer modelagem estatísticas para considerar a probabilidade de inadimplência inclusive de títulos ainda não vencidos na data do balanço.<br><br>A atualização cambial dos contas a receber em moeda estrangeira transitam pelo resultado do período, positiva ou negativamente, conforme a variação cambial aferida (ativa/ganho cambial ou passiva/perda cambial). A rubrica é apresentada no grupo de Receitas e Despesas Financeiras, após o resultado operacional, com a classificação de "Variação Cambial Líquida". |

| Rubrica/Item no Balanço Patrimonial | Contas a Receber de Clientes |
|---|---|
| Observação | Quanto ao ajuste para perdas com créditos de liquidação duvidosa, há regras fiscais específicas, que consideram o modelo de perda incorrida (somente títulos vencidos), conforme Regulamento do Imposto de Renda de 2018 (Decreto nº 9.580/2018, art. 347). |

| Rubrica/Item no Balanço Patrimonial | Estoques |
|---|---|
| Grupo de contas | **Empresas industriais e comerciais.**<br>**Materiais aplicados na prestação de serviços.**<br><br>**Exemplos de contas:**<br>Matérias-primas;<br>Produtos em elaboração;<br>Produtos acabados;<br>Mercadorias para revenda;<br>Estoque em trânsito (quando a responsabilidade do transporte é do comprador – condição CIF);<br>Perda estimada para redução ao valor realizável líquido (redutora);<br>Perda estimada em estoques (redutora);<br>Ajuste a valor presente em estoques (redutora). |
| Critério de mensuração | Valor de **custo de aquisição** ou produção, **ou valor realizável líquido**, dos dois o menor.<br><br>O mesmo item de estoque pode ter diferentes custos de aquisição. Portanto, requer um método de apuração por **custo médio**, **PEPS** (primeiro que entra é o primeiro que sai), **custo específico** (revenda de veículos, por exemplo) ou **UEPS** (último que entra é o primeiro que sai).<br><br>*Na maioria das vezes, por questões de facilidade de apuração pelos sistemas de informação, adota-se o custo médio ponderado para mensuração dos estoques. O UEPS não é aceito pelas normas contábeis e fiscais.*<br><br>Além de estimar a possibilidade de haver estoques com valor realizável líquido menor que o custo de aquisição ou produção, a entidade deve **estimar outras perdas com estoques**, para casos como de obsolescência e itens com baixo giro (menor probabilidade com venda acima do preço de custo).<br><br>Quando a aquisição estiver embutida com juros por pagamento a prazo, devem ser **ajustados a valor presente**, em contrapartida de fornecedores a pagar (contas redutoras). |

| Rubrica/Item no Balanço Patrimonial | Estoques |
|---|---|
| Reflexos no resultado | **Venda dos estoques:**<br>Os estoques são baixados para o resultado do período somente quando vendidos (regime de competência – confronto de receitas e custos para apuração da margem).<br><br>**Perdas estimadas:**<br>Perdas estimadas com estoques são lançadas em diminuição do resultado do período.<br><br>**Ajuste a valor presente:**<br>É diminuído do valor dos estoques e do contas a pagar, e apropriado para o resultado, como despesa financeira, conforme o transcurso do prazo de pagamento, pelo método da taxa efetiva de juros. |
| Observação | As normas contábeis determinam a utilização do **método de custeio por absorção**, não aceitando o custeio variável para mensuração dos estoques. Se este for o método para apuração gerencial, deverá haver ajustes para fins gerenciais.<br><br>Além disso, é obrigatório o uso do **custeio real** para fins das normas contábeis. O custo padrão pode ser utilizado, desde que ajustado ao real ao final do período.<br><br>Caso a entidade esteja operando apenas com parte da sua capacidade de produção, poderá haver determinados **custos de ociosidade** que não devem compor os estoques para fins de normas contábeis, havendo seu lançamento direto como diminuição do resultado do período. |

| Rubrica/Item no Balanço Patrimonial | Estoques de produtos agrícolas |
|---|---|
| Critério de mensuração | Quando estoques de **produção agrícola obtida no ponto de colheita**, são mensurados a **valor justo, líquido das despesas de venda**, no momento da colheita.<br><br>Se o valor justo não estiver disponível, mensura-se a custo. |
| Reflexos no resultado | A variação obtida entre o valor justo líquido e o custo de aquisição ou produção é lançada para o resultado do período, no momento da colheita, como ganho ou perda no resultado. |
| Observação | Normas específicas no CPC 29 – Ativo Biológico. |

| Rubrica/Item no Balanço Patrimonial | Estoques de commodities |
|---|---|
| Critério de mensuração | **Valor justo**, líquido das despesas de venda. |
| Reflexos no resultado | A variação entre o valor justo líquido e o custo de aquisição ou produção é lançada para o resultado do período. |

| Rubrica/Item no Balanço Patrimonial | Tributos a Recuperar |
|---|---|
| Grupo de contas | ICMS a recuperar.<br>IPI a recuperar.<br>PIS e Cofins a recuperar.<br>Saldo negativo de IRPJ e CSLL a recuperar.<br>Créditos tributários judiciais a compensar. |
| Critério de mensuração | **Valor histórico**, **não** passível de desconto a valor presente quando se trata de saldos fiscais credores, passíveis de compensação imediata.<br><br>Saldos com capacidade duvidosa de utilização devem ter sua recuperabilidade testada conforme preceitos do CPC 01 (teste de *impairment*).<br><br>Os créditos tributários realizáveis (compensáveis) a longo prazo (período maior que 12 meses) por força de disposições legais (CIAP do ICMS, por exemplo, que exige o desconto de créditos parcelados em 48 meses) são classificados no Ativo Não Circulante. |
| Reflexos no resultado | Os saldos com estimativa de não recuperabilidade são baixados como diminuição do resultado do período.<br><br>De acordo com as regras tributárias, determinados créditos prescrevem com o passar do tempo. Nesta situação, os saldos prescritos devem ser baixados em diminuição do resultado do período. |

| Rubrica/Item no Balanço Patrimonial | Ativo não circulante mantido para venda |
|---|---|
| Definição | *Trata-se de ativos não circulantes retirados de operação e colocados à venda.* |
| Critério de mensuração | São mensurados pelo **menor** dos seguintes valores:<br><br>— **valor contábil residual** (apurado até a retirada de operação); e<br>— **valor justo**, líquido das despesas de venda.<br><br>A depreciação ou amortização deve ser interrompida. |
| Reflexos no resultado | A eventual baixa de valor decorrente de o valor justo ser menor que o contábil é lançada em diminuição do resultado do período.<br><br>O CPC 31 determina que os resultados das operações descontinuadas sejam apresentados separadamente na DRE, em uma única linha. Por exemplo, uma filial que tenha sido fechada terá seu lucro ou prejuízo do período apresentado destacadamente em linha específica da DRE, abaixo do lucro obtido com operações continuadas. |

| Rubrica/Item no Balanço Patrimonial | Ativo contingente |
|---|---|
| Definição e exemplos de contas | *Resulta de eventos passados e sua existência se confirma apenas pela ocorrência ou não de um ou mais eventos futuros incertos não totalmente sob controle da entidade.*<br><br>**Exemplos de contas:** Créditos tributários em processos judiciais de repetição de indébito (pagamento a maior ou indevido); Indenizações a receber. |
| Critério de mensuração e reflexos no resultado | Não são reconhecidos nas demonstrações financeiras até que sejam de realização *praticamente certa*.<br><br>Neste último caso, são reconhecidos como ativo no balanço patrimonial e como receita na demonstração do resultado do período.<br><br>Os ativos contingentes com probabilidade provável de ganho não são reconhecidos, mas são divulgados em notas explicativas, juntamente com o valor estimado de ganho.<br><br>Os ativos contingentes não prováveis (possíveis ou remotos) não são reconhecidos nem divulgados. |

| Rubrica/Item no Balanço Patrimonial | Propriedade para Investimento |
|---|---|
| Definição | *Trata-se de propriedade imobiliária (terreno ou edifício) mantida para recebimento de aluguel ou para valorização do capital (ou para ambas). **Não** inclui as propriedades mantidas para uso na própria atividade de produção, fornecimento de bens ou prestação de serviços ou para finalidades administrativas, porque neste caso são ativo imobilizado. Também **não** inclui as propriedades mantidas para venda no curso ordinário do negócio, pois neste caso são estoque.* |
| Critério de mensuração | No reconhecimento inicial, utiliza-se o valor do custo de aquisição ou construção.<br><br>Posteriormente, na apresentação das demonstrações financeiras, a entidade **pode optar** por:<br><br>— **custo histórico**; ou<br>— **valor justo**.<br><br>O CPC 28 não impede a escolha de um ou outro método de mensuração (política contábil), mas determina que todas as propriedades sejam mensuradas pelo mesmo critério e que haja uma consistência na adoção do mesmo método ao longo do tempo. |
| Reflexos no resultado | A entidade que opta pelo valor justo, reconhece a contrapartida do aumento ou redução de valor anualmente no resultado do período, registrando ganho ou perda, conforme o caso. |
| Observação | A entidade que opta pelo método de custo deve divulgar o valor justo das propriedades para investimento em suas notas explicativas (CPC 28, item 79, "e").<br><br>Pode haver mudança de um critério de mensuração pelo outro, se a alteração resultar numa apresentação mais adequada. O item 31 do CPC 28 alerta que "é altamente improvável que uma alteração do método do valor justo para o método do custo resulte numa apresentação mais apropriada". |

| Rubrica/Item no Balanço Patrimonial | Ativo Biológico |
|---|---|
| Definição | *Refere-se a um animal ou uma planta, vivos (mas **exclui plantas portadoras**, que terão tratamento de Ativo Imobilizado).* |
| Critério de mensuração | É mensurado a **valor justo, líquido das despesas de venda**, desde o reconhecimento inicial (por exemplo, bezerros nascidos).<br><br>Se o valor justo não estiver disponível, mensura-se a custo. |
| Reflexos no resultado | O ganho ou perda decorrente da mudança no valor justo líquido das despesas de venda reconhecido no momento inicial até o final de cada período é lançado positiva ou negativamente no resultado do período em que for aferido. |
| Observação | A mensuração com base em valor justo somente se aplica para "ativos consumíveis", conforme definem Gelbcke *et al.* (2018, p. 286): ativos passíveis de serem colhidos como produção agrícola (lã, uva colhida, leite etc.) ou ativos vendidos como ativo biológico (gado de corte, produção de peixes, plantações de milho, cana-de-açúcar, soja etc.).<br><br>Não se qualificam como ativo biológico a valor justo, devendo ser mensurados a custo, os ativos denominados pelos mesmos autores como "de produção": ativos autorrenováveis, que sustentam colheitas regulares de produção agrícola (gado para produção de leite, vinhas, árvores frutíferas como pé de café etc.).<br><br>Estes últimos são considerados como "planta portadora", e têm tratamento dentro do alcance de "ativo imobilizado". |

| Rubrica/Item no Balanço Patrimonial | Direitos de uso de arrendamento |
|---|---|
| Definição | O locatário que firma contrato de arrendamento/aluguel de um ativo identificado e que direciona o uso desse ativo, obtendo seus benefícios, em troca de pagamento de contraprestação/aluguel por prazo determinado. |
| Critério de mensuração | No Ativo, o direito de uso é reconhecido pelo **valor presente** dos pagamentos de contraprestações/aluguéis pelo prazo do contrato, acrescido dos custos diretos iniciais do locatário e da estimativa de custos de restauração ou desmobilização do ativo arrendado ao término do contrato.<br><br>Em contrapartida, registra-se um **passivo de arrendamento**, pelo valor presente dos pagamentos a serem feitos pela locação.<br><br>O desconto a valor presente é realizado pela taxa de juros implícita no arrendamento ou, se não disponível, pela taxa incremental sobre empréstimo do locatário. |
| Reflexos no resultado | O direito de uso de arrendamento é amortizado e baixado em contrapartida de diminuição do resultado do período, ao longo dos meses do contrato.<br><br>Os juros sobre o contrato de arrendamento/locação são reconhecidos no resultado do período como despesas financeiras.<br><br>O passivo de arrendamento é baixado em contrapartida dos pagamentos realizados ao arrendador/locador. |

| Rubrica/Item no Balanço Patrimonial | Investimentos em Participações Societárias Permanentes |
|---|---|
| Grupo de contas e definição | **Investimentos em controladas diretas e indiretas**<br>(empresas em que a investidora detém a preponderância nas decisões sobre políticas financeiras e operacionais da investida – **poder de controle**). |
| Critério de mensuração | **Método de equivalência patrimonial (MEP)** nas demonstrações financeiras individuais da controladora.<br><br>Obrigatoriedade de apresentar as **demonstrações financeiras consolidadas** da controladora e controladas. |

| Rubrica/Item no Balanço Patrimonial | Investimentos em Participações Societárias Permanentes |
|---|---|
| Grupo de contas e definição | **Investimentos em coligadas**<br>(empresas em que a investidora detém **influência significativa**, isto é, o poder de participar das decisões sobre políticas financeiras e operacionais de uma investida, mas sem que haja o controle dessas políticas).<br><br>**Investimentos em controladas em conjunto (*joint venture*)**<br>(empresas em que a investidora detém, conforme definido contratualmente com seus sócios, o controle compartilhado das decisões sobre as atividades relevantes da investida. Nesta situação, é necessário o consentimento unânime dos sócios que compartilham o controle para a tomada de decisões relevantes) |
| Critério de mensuração | **Método de equivalência patrimonial (MEP)** na investidora.<br><br>Empresa investida não entra na consolidação das demonstrações financeiras da controladora. |
| Reflexos no resultado | A contrapartida do aumento ou redução no valor do investimento pelo MEP é reconhecida na investidora no resultado do período, respectivamente, como receita ou perda de equivalência patrimonial. |
| Grupo de contas e definição | **Combinação de negócios**<br>(existente em empresas que adquirem o controle societário de outras companhias ou negócios). |
| Critério de mensuração | **Balanço Patrimonial Individual da Investidora:**<br><br>Para o registro da participação societária com controle adquirido, exige-se a elaboração do **Laudo de PPA** (*Purchase Price Allocation* – Desdobramento do Custo de Aquisição).<br><br>Com base no laudo, elaborado por especialistas independentes, o reconhecimento do custo de aquisição pago na compra do negócio/empresa no ativo será **segregado em 3 partes**:<br><br>— **investimento avaliado pela equivalência patrimonial** (MEP);<br>— **mais-valia ou menos-valia**, correspondente à diferença entre o valor justo dos ativos líquidos da adquirida, na proporção da porcentagem da participação societária adquirida; e<br>— ***goodwill*** (ágio por expectativa de rentabilidade futura), relativo à parte do montante pago que exceder o valor dos dois itens anteriores.<br><br>**Balanço Patrimonial Consolidado do Grupo Econômico:**<br><br>Os ativos intangíveis identificados no laudo de PPA são reclassificados para apresentação dentro do Ativo Intangível. Entre esses ativos, podemos citar: Marcas e Patentes, Carteira de Clientes, Acordo de Não Competição.<br><br>Esses intangíveis, quando gerados internamente, não podem ser reconhecidos no Balanço Patrimonial, conforme se verá abaixo no item Intangível, mas, quando estão contidos no preço da aquisição de um negócio, devem ser registrados. |

| Rubrica/Item no Balanço Patrimonial | Investimentos em Participações Societárias Permanentes |
|---|---|
| Reflexos no resultado | Conforme a segregação em três partes do reconhecimento do valor do negócio adquirido nas demonstrações contábeis da Investidora, teremos:<br><br>**Investimento avaliado pela equivalência patrimonial (MEP):**<br>A contrapartida do aumento ou redução no valor do investimento pelo MEP é reconhecida na investidora no resultado do período, respectivamente, como receita ou perda de equivalência patrimonial.<br><br>**Mais-valia ou menos-valia:**<br>Será amortizada do ativo e terá sua contrapartida reconhecida em redução do resultado do período (mais-valia) ou aumento (menos-valia) conforme a vida útil atribuída ao ativo correspondente no laudo de PPA.<br><br>***Goodwill*** **(ágio por expectativa de rentabilidade futura):**<br>Não é amortizado, mas é testado anualmente pela sua recuperabilidade. As perdas estimadas são baixadas em contrapartida de diminuição do resultado do período.<br><br>**Nota:** Quando o valor pago pela adquirida é menor que o valor justo dos seus ativos e passivos líquidos, ao contrário de um ágio, é gerado um ganho por compra vantajosa (deságio) na investidora. Esse ganho é reconhecido diretamente em aumento do resultado do período. |
| Observação | Operações societárias envolvendo empresas sob controle comum não são consideradas como "Combinação de Negócios" pelo CPC 15, devendo ser reconhecidas por valores contábeis históricos (ocorre em uma incorporação ou fusão societária entre empresas controladas pelo mesmo acionista, por exemplo).<br><br>O laudo de PPA deve ser protocolado na Secretaria da Receita Federal do Brasil ou ter seu sumário registrado em Cartório de Registro de Títulos e Documentos, até o último dia útil do 13º mês subsequente ao da aquisição da participação, para fins de aproveitamento fiscal dos valores da mais-valia e *goodwill* como dedutíveis para fins de apuração da base de cálculo do imposto de renda e contribuição social da investidora (art. 20 do Decreto-Lei nº 1.598/1977).<br><br>O aproveitamento fiscal da mais-valia e do ágio somente são permitidos após a eventual incorporação societária da empresa adquirida dentro da adquirente, ou como integrante da apuração do ganho ou perda de capital na venda dessa empresa adquirida. O ágio é aproveitado em quotas fixas mensais durante 60 meses. Em caso de deságio (ganho por conta vantajosa), é adicionado à base de cálculo do imposto de renda e contribuição social também em quotas fixais mensais por 60 meses, em caso de incorporação da adquirida. |

| Rubrica/Item no Balanço Patrimonial | Imobilizado |
|---|---|
| Grupo de contas | Bens em operação.<br>Depreciação, amortização e exaustão acumulada.<br>Imobilizado em andamento.<br>Perdas estimadas por *impairment* (redutora).<br><br>**Exemplos de contas:** terrenos, edificações, instalações, máquinas e equipamentos, móveis e utensílios, veículos, benfeitorias em propriedades de terceiros etc. |
| Critério de mensuração | **Custo histórico** de aquisição ou construção, acrescido dos gastos de transação (impostos não recuperáveis, transporte de compra, gastos de instalação).<br><br>**Acrescido da estimativa inicial de custos de desmontagem e remoção** do item e de **restauração** do local em que está instalado (desmobilização), se houver ao término da vida útil, descontada a **valor presente**.<br><br>Diminuído do valor da depreciação, amortização ou exaustão acumulada.<br><br>Reduzido das perdas estimadas ao valor recuperável (*impairment*).<br><br>Se houver juros embutidos pelo fornecedor por compra a prazo, haverá desconto a **valor presente**. |
| Reflexos no resultado | A contrapartida do valor estimado para desmobilização ao término da vida útil é registrada no passivo, para baixa quando do pagamento.<br><br>A contrapartida da redução do valor por depreciação, amortização ou exaustão é lançada para redução do resultado do período ou valor do estoque de itens produzidos, conforme o caso.<br><br>Quando há indícios de que pode haver perda por não recuperabilidade, demanda a realização de teste de *impairment*. Se constatado que existe perda estimada, é reconhecida em contrapartida da diminuição do resultado do período (ou, antes, pela baixa de reavaliação/custo atribuído).<br><br>Os juros por eventual desconto a valor presente são lançados em diminuição do resultado do período, como despesa financeira, na medida em que transcorrido o período de financiamento, conforme o método da taxa efetiva de juros. |

| Rubrica/Item no Balanço Patrimonial | Imobilizado |
|---|---|
| Observação | A depreciação, amortização e exaustão é apurada conforme a **vida útil** estimada do bem. Pode ocorrer por período de tempo estimado de vida (método linear) ou por unidades produzidas (método de produção).<br><br>A depreciação, amortização e exaustão deve incidir somente sobre o **valor depreciável**, representado pelo custo histórico menos o **valor residual** estimado.<br><br>**Residual** é o valor estimado que se obteria com a venda do ativo, após deduzir despesas de venda, considerando o ativo na idade e condições esperadas para o fim da sua vida útil na empresa.<br><br>A **vida útil** do bem é aquela de utilização estimada pela empresa, não necessariamente a vida útil do próprio bem. Por isso, há valor residual em determinados casos.<br><br>A **vida útil** e o **valor residual** do ativo são revisados anualmente. Os efeitos da eventual mudança da taxa de depreciação são prospectivos (não altera os períodos já depreciados).<br><br>Quando lançada **perda estimada por não recuperabilidade** (impairment), o ativo passa a ser apresentado pelo maior dos seguintes valores:<br>– valor em uso; ou<br>– valor justo líquido das despesas de venda.<br><br>Esse valor reduzido pela perda estimada continua a ser depreciado, amortizado ou exaurido. |
| Critério de mensuração (alternativa excepcional) | **Custo atribuído (*deemed cost*)**<br>Quando a entidade adota pela primeira vez as normas contábeis IFRS/CPC, é permitida a utilização de custo atribuído para o imobilizado. A ICPC 10 determina os requisitos, e somente utilizado para casos em que há variações significativas de preços desde a aquisição dos ativos, com potencial distorção no balanço patrimonial e no resultado.<br><br>Para o **custo atribuído** é utilizado o **valor justo** do ativo. Não devem ser diminuídas as despesas estimadas de venda, pois o ativo imobilizado pressupõe uso nas atividades da empresa.<br><br>A prática de se adotar o custo atribuído **não é considerada como reavaliação**, pois é uma exceção a ser utilizada somente na transição para as normas contábeis IFRS/CPC. |

| Rubrica/Item no Balanço Patrimonial | Imobilizado |
|---|---|
| Reflexos no resultado | O reconhecimento inicial do custo atribuído é registrado no patrimônio líquido sob a rubrica "Ajustes de avaliação patrimonial", liquida dos tributos (IRPJ e CSLL) diferidos, que são reclassificados para o passivo não circulante.<br><br>O custo atribuído é a base para a depreciação, portanto o ativo vai sendo baixado contra o resultado do período.<br><br>O ajuste de avaliação patrimonial do patrimônio líquido vai sendo realizado em contrapartida de lucros acumulados, dentro do próprio patrimônio líquido.<br><br>O saldo de tributos diferidos sobre o ajuste do custo atribuído vai sendo realizado contra o resultado do período, devido às normas tributárias não permitirem a dedutibilidade da depreciação pelo custo atribuído, mas pelo custo histórico. |
| Observação | A prática contábil de ter depreciado os ativos por taxas fiscais anteriormente pode acarretar a necessidade de utilizar o custo atribuído para o imobilizado, quando da primeira adoção inicial das normas contábeis IFRS/CPC, porque o valor dos ativos pode ter sido distorcido significativamente ao se utilizarem vidas úteis estimadas incompatíveis com a realidade da entidade.<br><br>**Reavaliação**<br>A prática de reavaliação está proibida no Brasil desde 2008, com o advento da Lei nº 11.638/2007, que revogou o § 3º do artigo 182 da Lei nº 6.404/1976. Nas normas contábeis IFRS, ainda existe a reavaliação, a depender das normas locais do país envolvido. |
| Grupo de contas | **Custos de empréstimos**<br>(trata-se de juros sobre empréstimos contratados e alocáveis a ativo imobilizado classificado como ativo qualificável).<br><br>**Exemplos de contas:** Plantas industriais; Usinas geradoras de energia; Ativos Intangíveis; Propriedades para Investimento; Plantas portadoras (ativo biológico); Estoques de longa maturação (que não sejam produzidos em larga escala e em bases repetitivas). |
| Critério de mensuração | Os **juros incorridos e que são diretamente atribuíveis à construção** de um ativo que é produzido **a prazo longo** (ativo qualificável) são capitalizados (ativados) e **compõem o custo histórico** do Ativo.<br><br>A entidade cessa a capitalização dos juros e demais custos de empréstimos quando todas as atividades necessárias ao preparo do ativo qualificável estiverem substancialmente concluídas para o uso ou venda do ativo. |

| Rubrica/Item no Balanço Patrimonial | Imobilizado |
|---|---|
| Reflexos no resultado | Durante a capitalização dos juros e demais custos de empréstimos, o ativo imobilizado ou outro ativo (vide exemplos de contas) é aumentado.<br><br>Os juros, como parte do custo histórico do ativo, vão a resultado acompanhando o movimento do ativo, por exemplo, por depreciação, no caso do imobilizado. |
| Observação | Para fins tributários, o art. 17, § 3º, da Lei nº 9.249/1995 permite a exclusão dos juros capitalizados no Ativo no mesmo período em que incorridos, tratando como despesa fiscal, na redação dada pela Lei nº 12.973/2014. |

| Rubrica/Item no Balanço Patrimonial | Intangível |
|---|---|
| Definição e exemplos de contas | *Ativo não monetário identificável sem substância corpórea.*<br><br>**Exemplos de contas:** Marcas; Patentes industriais; Direitos autorais; Fundo de comércio; Licenças e franquias; Direitos de concessões ou explorações; Ágio por expectativa de rentabilidade futura (*goodwill*); Gastos com desenvolvimento de produtos e serviços etc. |
| Critério de mensuração | **Custo histórico** de aquisição ou elaboração (caso do desenvolvimento de produtos e serviços). Gastos de transação são ativados junto com o intangível (impostos não recuperáveis etc.).<br><br>**Não é permitida a ativação de valores com intangíveis gerados internamente**, como, por exemplo, as marcas e patentes desenvolvidas pela própria empresa. É permitida a ativação somente dos gastos com o registro desses intangíveis.<br><br>**Intangíveis adquiridos de terceiros podem ser ativados**, permitindo o registro de marcas e patentes, por exemplo, quando adquiridos.<br><br>Tal como ocorre com o imobilizado, está sujeito a **amortização** (ativos com vida útil definida), **teste de *impairment*** e **desconto a valor presente**, se adquiridos com juros embutidos no preço.<br><br>Para produtos e serviços desenvolvimentos internamente, é preciso separar as fases de:<br>— **Pesquisa**, com todos os custos lançados no resultado do período; e<br>— **Desenvolvimento**, com custos ativáveis como intangível, desde que evidenciada a geração de benefícios econômicos futuros, frequentemente exigindo a demonstração com um *business plan*. |

| Rubrica/Item no Balanço Patrimonial | Intangível |
|---|---|
| Reflexos no resultado | Alguns intangíveis têm vida útil **indefinida** (por exemplo, marca ou patente adquirida de terceiros), contribuindo com a geração de receitas por período longo e não determinado. Neste caso, submetem-se anualmente a teste de *impairment*. Havendo perda estimada, é registrada em contrapartida de diminuição do resultado do período.<br><br>Intangíveis de vida útil **definida** passam por teste de *impairment* quando há indícios de perda por não recuperabilidade. Além disso, são submetidos a amortização linear por tempo ou pelo método de unidades produzidas. A amortização é lançada em contrapartida de redução do resultado do período.<br><br>O **ágio por expectativa de rentabilidade futura** (*goodwill*) apurado na aquisição de outras empresas em uma combinação de negócios (CPC 15) é decorrente do excesso de valor pago sobre o valor justo dos ativos e passivos assumidos pelo adquirido, sendo classificado como ativo intangível. Não é amortizado, mas é testado anualmente pela sua recuperabilidade. As perdas estimadas são baixadas em contrapartida de diminuição do resultado do período. |

| Rubrica/Item no Balanço Patrimonial | Passivo exigível |
|---|---|
| Definição, exemplos e grupo de contas | *Trata-se de obrigação presente da entidade surgida como decorrência de evento passado, da qual se espera que haja saída de caixa ou transferência de ativo para liquidação.*<br><br>**Exemplos de contas:** Fornecedores a pagar; Empréstimos e financiamentos a pagar; Tributos a pagar; Salários, benefícios e encargos a pagar; Provisão para férias, décimo terceiro salário e encargos a pagar; Adiantamentos de clientes; Passivo de arrendamento a pagar; Dividendos declarados a pagar; Tributos diferidos; Juros a transcorrer (conta redutora); etc.<br><br>**Circulante**<br>(com prazo de liquidação de até 12 meses) |
| Critério de mensuração | Pelos **valores conhecidos ou calculáveis e atualizados** a pagar.<br><br>Quando contratado em moeda estrangeira, é convertido pela taxa de câmbio de venda na data do balanço patrimonial.<br><br>Quando gerar efeito relevante, e contiver juros embutidos pelo fornecedor, devem ser descontados a valor presente.<br><br>Como exceção, alguns passivos podem ser avaliados a **valor justo**. É o caso de alguns instrumentos financeiros mais complexos (como algumas debêntures) e da permuta de ativos no segmento imobiliário, em que a incorporadora imobiliária adquire o terreno para o empreendimento em troca da obrigação futura de entrega de unidades imobiliárias prontas ao antigo proprietário da área. |
| Grupo de contas | **Não Circulante**<br>(com prazo de liquidação maior que 12 meses) |
| Critério de mensuração | Semelhante ao passivo circulante, com a especificidade de que os valores são obrigatoriamente descontados a **valor presente**, por força de disposição legal da Lei nº 6.404/1976, art. 184, inciso III. |
| Reflexos no resultado | Os valores que tenham sido descontados a valor presente são revertidos para o resultado do período como despesa financeira ao longo do tempo do financiamento/parcelamento, com base no método da taxa de juros efetiva.<br><br>A atualização cambial dos passivos em moeda estrangeira transita pelo resultado do período, positiva ou negativamente, conforme a variação cambial aferida (ativa/ganho cambial ou passiva/perda cambial). A rubrica é apresentada no grupo de Receitas e Despesas Financeiras, após o resultado operacional, com a classificação de "Variação Cambial Líquida". |

| Rubrica/Item no Balanço Patrimonial | Contingências Passivas |
|---|---|
| Grupo de contas | **Provisão para contingências**<br>(passivo de prazo ou valor incertos)<br><br>**Exemplos de contas:** Provisão para garantias em produtos e serviços; Provisão para riscos fiscais, trabalhistas e cíveis; Provisão para reestruturações; Provisão para danos ambientais a reparar; Provisão para benefícios a empregados (CPC 33); Provisões contratuais e obrigações de restituição. |
| Critério de mensuração | Somente são registradas no passivo as **provisões por contingências prováveis** de gerar desembolso. O critério objetivo para provisionar é a obrigação ter a **probabilidade mais que sim do que não** para o desembolso.<br><br>O reconhecimento da provisão no balanço patrimonial ocorre pelo **valor da melhor estimativa** do desembolso exigido para liquidar a obrigação.<br><br>Deve ser descontada a valor presente, quando o efeito for material.<br><br>Os valores estimados devem ser anualmente revistos e complementados ou revertidos, conforme o caso. Se a probabilidade do desembolso mudar para "não provável", a provisão é revertida em contrapartida de aumento do resultado do período.<br><br>Em casos raros, uma estimativa confiável do valor não está disponível. Nesta situação, não há reconhecimento da provisão nas demonstrações financeiras, mas o fato é divulgado nas notas explicativas. |
| Reflexos no resultado | A provisão é registrada em contrapartida da diminuição do resultado do período.<br><br>Os eventuais juros por desconto a valor presente são reconhecidos ao longo do tempo, como despesa financeira, conforme o método da taxa de juros efetiva.<br><br>Havendo desfecho desfavorável para a provisão (perda/desembolso), o passivo é baixado contra o pagamento. Se o desfecho for favorável à entidade, a provisão é revertida em contrapartida de aumento do resultado do período. |
| Grupo de contas | **Passivo contingente**<br>(obrigação contingente não provável ou não mensurável confiavelmente) |

| Rubrica/Item no Balanço Patrimonial | Contingências Passivas |
|---|---|
| Critério de mensuração e reflexos no resultado | **Desembolso possível (não provável)**<br>Não são reconhecidas nas demonstrações financeiras, mas devem ser divulgadas nas notas explicativas juntamente com o valor estimado de desembolso.<br><br>**Desembolso remoto**<br>Não são reconhecidas nas demonstrações financeiras, *nem* são divulgadas nas notas explicativas. |
| Observação | Frequentemente, as provisões exigem a participação e a experiência de peritos conhecedores da matéria contingente (por exemplo, advogados), que subsidiam a Administração a exercer os julgamentos envolvidos na avaliação dos eventos (probabilidade de perda, estimativa do valor a desembolsar etc.).<br><br>Não confundir provisão com os *accruals* (apropriações por regime de competência), que são meras contas a pagar. Por exemplo, é frequente que companhias de gás e energia elétrica faturem a nota fiscal somente um mês após o consumo. O gás e a energia devem ser apropriados no mês do consumo, gerando um contas a pagar em contrapartida, mesmo antes do recebimento formal da nota fiscal.<br><br>Férias e décimo terceiro salário a pagar, bem como seus respectivos encargos são, por conceito, contas a pagar, não se confundindo com as provisões, que demandam prazo e valor incertos. |

| Rubrica/Item no Balanço Patrimonial | Patrimônio Líquido |
|---|---|
| Definição e exemplos de contas | *Conceitualmente, é a diferença entre ativos e passivos. Representa o valor contábil da entidade — book value — e pertence aos sócios ou acionistas.*<br><br>**Exemplos de contas:** Capital social; Reservas de capital; Ajustes de avaliação patrimonial; Reservas de lucros; Ações em tesouraria (conta redutora); Prejuízos acumulados; Lucros acumulados (conta apenas transitória, no caso de S.A. — vide observação abaixo). |
| Critério de mensuração e reflexos no resultado | As definições para as principais contas são (GELBCKE *et al.*, 2018, p. 380):<br><br>— Capital social: valores recebidos dos sócios ou acionistas ou gerados pela empresa e incorporados juridicamente ao capital;<br>— Reservas de capital: valores recebidos e que não transitaram nem transitarão pelo resultado, vez que decorrem de transação de capital com sócios;<br>— Ajustes de avaliação patrimonial: contrapartidas de aumentos e reduções de valor atribuído a ativo ou passivo, em consequência de sua avaliação a valor justo, enquanto não computadas no resultado do período (há exceções, que transitam diretamente pelo resultado);<br>— Reservas de lucros: lucros obtidos pela empresa, retidos com finalidade específica;<br>— Ações em tesouraria: ações da empresa, quando adquiridas por ela própria (ou Quotas em tesouraria, em empresas do tipo «Ltda.»);<br>— Prejuízos acumulados: resultados negativos gerados pela empresa e que estão aguardando futura absorção;<br>— Lucros acumulados: lucros gerados pela empresa e ainda não distribuídos aos sócios, nem destinados para outra finalidade (aumento de capital ou reservas, por exemplo). Somente cabe em empresas não S.A., conforme observação a seguir. |
| Observação | Com o advento da Lei nº 11.638/2007, as sociedades por ações (S.A.) não podem mais manter lucros acumulados no Patrimônio Líquido, devendo obrigatoriamente a assembleia de acionistas dar destinação total dos lucros, por exemplo para **Reservas de lucros**.<br><br>Além disso, a Lei determinou que o saldo das reservas de lucros, exceto as para contingências, de incentivos fiscais e de lucros a realizar, não poderá ultrapassar o capital social. Quando atingindo esse limite, a assembleia deverá deliberar sobre aplicação do excesso na integralização ou no aumento do capital social ou na distribuição de dividendos.<br><br>Para tipos societários diferentes de S.A. (Ltda. etc.), ainda é permitido manter Lucros Acumulados no Patrimônio Líquido, sem destinação, conforme esclarece a Resolução CFC nº 1.157/2009, em seu item 115. |

## Classificação dos Instrumentos Financeiros

| Custo amortizado | Valor justo por meio de outros resultados abrangentes | Valor justo por meio do resultado |
|---|---|---|
| • Ativo que é mantido em um modelo de negócios cujo objetivo é obter fluxos de caixa contratuais cujos direitos sejam pagamentos somente de principal e juros ("somente P&J"). <br> • Os juros são reconhecidos no resultado do período em que auferidos os rendimentos. <br> • Exemplo: CDB. | • Ativo satisfaz o critério de "somente P&J", porém em um modelo de negócios cujo objetivo seja atingido tanto pelo recebimento dos fluxos de caixa contratuais quanto pela venda do ativo financeiro. <br> • As variações positivas e negativas no valor do ativo são reconhecidas em contrapartida da conta de Ajustes de Avaliação Patrimonial, que é apresentada dentro do Patrimônio Líquido por decorrência de outros resultados abrangentes. <br> • Na liquidação da operação, os ganhos ou perdas são reconhecidos no resultado do período. <br> • Exemplo: securitização de recebíveis. | • Todos os demais ativos financeiros são reconhecidos ao valor justo por meio do resultado. Além disso, no reconhecimento inicial a entidade pode adotar o valor justo se, ao fazê-lo, ela elimina ou reduz significativamente um descasamento contábil que surgiria de outro modo. <br> • As variações positivas e negativas no valor do ativo são reconhecidas diretamente como ganho ou perda no resultado. <br> • Exemplo: ações de outras companhias, exceto se for uma participação societária permanente. |

**Figura B.3** Classificação dos instrumentos financeiros: principais regras, critérios de mensuração e reflexos no resultado.

Com vistas a obter proteção contra oscilações ocorridas com determinados instrumentos financeiros (ativos e passivos) e não financeiros, algumas empresas se valem de contratos de *hedge*. O objetivo é se proteger do risco de variação em:

- taxas de juros pós-fixadas;
- taxas de câmbio (recebíveis e dívidas em moeda estrangeira);
- preços de *commodities*, entre outros fatores.

A *hedge accounting*, ou contabilidade de *hedge*, é um modelo contábil opcional que pode ser adotado pela empresa para melhor apresentar o resultado nas demonstrações financeiras, buscando uma representação mais apropriada segundo o regime de competência, propiciando uma confrontação mais funcional entre receitas/ganhos e despesas/perdas quando são utilizados instrumentos derivativos (GELBCKE *et al.*, 2018, p. 121).

Assim, a entidade que adota a *hedge accounting* apresentará o ganho ou perda com o instrumento de *hedge* no resultado do mesmo período em que o objeto protegido no *hedge* tiver sua oscilação reconhecida também no resultado (MACKENZIE et al., 2012, p. 715).

A Figura B.4 sumariza os efeitos no resultado do período, quando adotada a *hedge accounting*, e dependendo do tipo de *hedge* contratado.

A *hedge accounting* pode envolver uma significativa complexidade na adoção e controle, além de exigir o cumprimento de certos requisitos previstos nas normas contábeis para que a entidade possa optar por utilizar esse modelo contábil.

---

**Hedge de valor justo:**

- **Finalidade do hedge**: proteger um ativo ou passivo reconhecido no balanço patrimonial, ou um compromisso firme ainda não reconhecido.
- **Efeito no resultado**: variações no valor justo do derivativo são reconhecidas no resultado juntamente com as variações no item protegido. Na prática, o resultado da variação fica anulado no resultado, pois, se a empresa tem ganho no valor justo com o ativo ou passivo, terá uma perda com o *hedge* reconhecida em igual montante e no mesmo período, e vice-versa.
- **Exemplo**: ativo financeiro disponível para venda, tal como ações de outras companhias não consideradas como participação societária permanente.

**Hedge de fluxo de caixa:**

- **Finalidade do hedge**: proteger-se da exposição a uma variação no fluxo de caixa, decorrente do risco de oscilação em um ativou passivo já reconhecido ou uma operação futura altamente provável.
- **Efeito no resultado**: variações no valor justo do derivativo são reconhecidas no patrimônio líquido (na conta de outros resultados abrangentes), e são posteriormente baixadas do Patrimônio Líquido para o resultado do período em que se realizar a transação protegida. Isso vale exclusivamente para a parcela efetiva da proteção do *hedge*, aferida com teste de efetividade exigido pela norma. A parcela ineficaz do *hedge* é diretamente lançada para o resultado do período.
- **Exemplo**: Dívida com taxa de juros pós-fixada.

**Hedge de investimentos no exterior:**

- **Finalidade do hedge**: proteger o valor investido em ativos no exterior.
- **Efeito no resultado**: ganhos ou perdas são reconhecidas no Patrimônio Líquido (na conta de outros resultados abrangentes), e são posteriormente baixadas do patrimônio líquido para o resultado do período em que ocorrer a venda, descontinuidade ou reconhecimento de perda estimada por *impairment* do investimento no exterior. A parcela ineficaz do hedge é diretamente lançada para o resultado do período.
- **Exemplo**: Investimento líquido em empresa controlada no exterior.

**Figura B.4** Efeitos da adoção da *hedge accounting* no resultado do período.

## B.4 CUSTO HISTÓRICO E OUTROS CRITÉRIOS DE MENSURAÇÃO – IMPACTOS NA AFERIÇÃO DO DESEMPENHO ECONÔMICO

O custo histórico permanece sendo a principal base de mensuração contábil para os diversos elementos do patrimônio e resultado das empresas. A razão é que um dos principais objetivos da contabilidade é mensurar o desempenho (objeto da demonstração de resultados) alcançado pela entidade a partir dos investimentos realizados (conjunto dos ativos, apresentados no balanço patrimonial).

Por exemplo, uma pequena loja de varejo irá manter suas mercadorias no estoque do balanço patrimonial a preços de custo, para posteriormente reconhecer o custo das mercadorias vendidas na demonstração do resultado assim que vendê-las. Assim, reconhecerá, digamos, uma receita de vendas de $ 100 e baixará o custo histórico das mercadorias adquiridas, digamos, por $ 50, aferindo o resultado do período, de $ 50.

A demonstração do resultado irá reconhecer esses $ 50 de lucro, pelo regime de competência, no momento da venda da mercadoria, ainda que esta tenho sido a prazo e que o recebimento do cliente ocorra em período posterior.

Trata-se de uma escolha contábil do **momento** em que o **resultado/desempenho** é mais bem **avaliado**. Seria teoricamente possível deixar para apresentar o resultado somente quando o cliente pagasse pela venda a prazo que lhe foi feita (regime de caixa). Mas o maior esforço da empresa varejista é vender suas mercadorias (mantendo a inadimplência baixa, é claro), portanto o desempenho é mais bem avaliado pelo regime de competência.

É uma escolha contábil pelo ponto de vista econômico do desempenho. Em outros modelos de negócios, o reconhecimento do resultado no momento da venda pode não fazer sentido para mais bem avaliar o desempenho do período. É o caso do produtor de *commodities*, por exemplo.

Martins, Diniz e Miranda (2020, p. 61) exemplificam com o caso da indústria de mineração de ouro. Dentro do processo inteiro de se descobrir uma mina, prepará-la para a extração, produzir o ouro e vender, não há esforço relevante nenhum na venda. Assim, o resultado do período é mais bem avaliado na produção do ouro.

Por isso, as normas contábeis determinam a avaliação do estoque de *commodities* a valor justo. Basta a produção do ouro e sua manutenção em estoque em condição de ser vendido para se reconhecer uma receita pela diferença entre o valor justo do ouro naquele momento e seu custo de produção. O lucro bruto terá sido reconhecido com o produto ainda em estoque. Daí para frente, as oscilações no preço justo do ouro ainda não vendido também serão reconhecidas positiva ou negativamente no resultado do período, contribuindo para avaliar o desempenho da empresa no momento da pós-produção da *commodity*.

Esse é o mesmo caso dos ativos biológicos e produtos agrícolas, avaliados a valor justo no momento da colheita (produção colhida, mantida em estoque em condições de venda). O desempenho econômico mais relevante é mensurado ao se concluírem os esforços de produção. Também nesse segmento, a venda não é o ponto principal para a avaliação do desempenho.

As normas contábeis IFRS e CPC direcionam as informações contábeis preparadas para usuários externos para o reconhecimento do valor econômico dos negócios e transações, por isso aproximam as informações apresentadas para esse público das informações geradas pela contabilidade gerencial para os usuários internos da empresa. Além disso, padronizam as informações contábeis apresentadas por empresas em diferentes países ao redor do mundo.

Ozkan, Singer e You (2012) relatam vantagens da adoção obrigatória das IFRS para sistemas de remuneração de executivos baseados em métricas contábeis, evidenciando a ligação existente entre as normas contábeis e os sistemas de controle gerencial.

Por outro lado, as normas contábeis, na mesma medida em que padronizam os tratamentos a serem aplicados no reconhecimento e na apresentação das transações nas demonstrações financeiras, acabam por impor diversas restrições, com vistas a coibir práticas como a do gerenciamento de resultados e de apresentações não confiáveis das informações. Podemos citar o caso dos ativos intangíveis gerados internamente, que não podem ser reconhecidos nas demonstrações segundo as normas contábeis atuais.

 **EXERCÍCIOS RESOLVIDOS**

Faça a associação da rubrica contábil com o critério de mensuração conforme as normas contábeis. Há duas rubricas que devem ser associadas com a mesma opção de critérios:

**Rubrica contábil nas demonstrações financeiras**

( ) Caixa e equivalentes de caixa

( ) Contas a receber de clientes

( ) Estoques

( ) Estoque de produção agrícola no ponto de colheita e *commodities*

( ) Ativo não circulante mantido para venda

( ) Propriedade para Investimento (edifícios e terrenos para aluguel ou valorização do capital)

( ) Ativo biológico (exceto plantas portadoras)

( ) Direitos de uso de arrendamento (ativo identificado locado)

( ) Passivo de arrendamento

**Critério de mensuração**

a) Valor justo, líquido das despesas de venda

b) Custo histórico ou valor justo

c) Valor da melhor estimativa para perdas prováveis decorrentes de eventos passados

d) Montante ajustado a valor presente quando longo prazo, ou curto prazo com efeito relevante

e) Valor presente das contraprestações a pagar, mais outros custos aplicáveis

f) O menor valor entre o custo de aquisição e o valor realizável líquido

g) O menor valor entre o valor contábil residual e o valor justo líquido das despesas de venda

h) MEP (Método de equivalência patrimonial)

i) Custo histórico, sujeito a redução por perda estimada por *impairment*

| ( ) | Investimentos em participações societárias permanentes (controladas, coligadas e *joint ventures*) | j) | Valor conhecido ou calculável, atualizado, ajustado ao valor presente |
| ( ) | Ativo imobilizado | k) | Custo histórico ou custo atribuído (*deemed cost*), este último somente na adoção inicial das normas internacionais de contabilidade/sujeito a redução por perda estimada por *impairment* |
| ( ) | Ativo intangível | l) | Valor atualizado/custo amortizado |
| ( ) | Passivo exigível em geral | m) | Valor presente das contraprestações a pagar |
| ( ) | Provisão para contingências | | |

**Respostas:** l, d, f, a, g, b, a, e, m, h, k, i, j, c.

## B.5 REGRAS DE PUBLICAÇÃO DAS DEMONSTRAÇÕES FINANCEIRAS

Os usuários externos das demonstrações financeiras (credores, acionistas minoritários, fornecedores etc.), ao contrário dos gestores da empresa, não estão em posição de exigir a apresentação de relatórios customizados para suas avaliações da entidade. Por isso, dependem da publicação das demonstrações financeiras.

As principais regras de publicação em vigor no Brasil são apresentadas no Quadro B.2, de acordo com o tipo de empresa:

**Quadro B.2** Regras de publicação das demonstrações financeiras no Brasil

| Tipo de Entidade | Forma e Local de Publicação | Exigência legal |
|---|---|---|
| **Companhia aberta** (S.A. de capital aberto, com ações negociadas em Bolsa de Valores) | • Uma versão resumida das DFs em jornal impresso, de grande circulação editado na localidade em que esteja situada a sede da companhia;<br><br>• Uma versão completa das DFs na página do mesmo jornal na internet, no mesmo dia da edição impressa; e<br><br>• As DFs publicadas também deverão ser arquivadas na Junta Comercial.<br><br>— Sem prejuízo das publicações acima, as companhias abertas poderão também disponibilizá-las na internet. | Lei nº 6.404/1976, art. 289 |

| Tipo de Entidade | Forma e Local de Publicação | Exigência legal |
|---|---|---|
| **Companhia fechada** (S.A. de capital fechado) | • Se tiver receita bruta anual superior a R$ 78 milhões, idem S.A. de capital aberto.<br><br>• Se tiver receita bruta anual até R$ 78 milhões, **poderá** publicar:<br><br>— gratuitamente, na Central de Balanços do Sistema Público de Escrituração Digital (SPED); e<br>— no seu próprio *site* na internet.<br><br>• As DFs publicadas também deverão ser arquivadas na Junta Comercial. | Lei nº 6.404/1976, art. 294<br><br><br>Portaria ME nº 12.071/2021 |
| **Sociedade de Grande Porte (SGP)** (a sociedade ou conjunto de sociedades sob controle comum que tiver, no exercício social anterior, ativo total superior a R$ 240 milhões ou receita bruta anual superior a R$ 300 milhões) | Mesmas regras de companhia aberta.<br><br>Embora o art. 3º da Lei nº 11.638/2007 não seja explícito quanto à necessidade de publicação, as Juntas Comerciais costumam exigi-la (veja exemplos na coluna ao lado).<br><br>Apesar da exigência, é importante ressaltar que diversas Sociedades de Grande Porte não realizam a publicação das demonstrações financeiras no Brasil, quando adotam tipos societários diferentes de "S.A.", a exemplo das empresas do tipo societário "Ltda.". Essas empresas se valem de ações judiciais para se verem dispensadas da exigência de publicação das demonstrações financeiras.<br><br>Um exemplo de decisão judicial para não publicação das demonstrações financeiras pelas SGP é a proferida pelo Tribunal Regional Federal da 3ª Região no processo nº 5003654-25.2017.4.03.6100, envolvendo empresas associadas do Centro das Indústrias do Estado de São Paulo.<br><br>A partir da Deliberação JUCESP nº 2/2022, publicada em 9 de setembro de 2022, a exigência não mais se aplica no Estado de São Paulo.<br><br>**Nota**: As SGP são obrigadas a **auditoria independente** das suas demonstrações financeiras, conforme art. 3º da Lei nº 11.638/2007. | Exemplos de alguns estados: JUCEMG (Instrução de Serviço JUCEMG nº 15/03/2010) e JUCERJA (Enunciados JUCERJA nº 39 e 49) |

## B.6 ASPECTOS TRIBUTÁRIOS

Regra geral, o custo histórico é o critério adotado pela legislação tributária para mensuração dos diversos componentes do patrimônio e do resultado do período para fins de tributação pelo IRPJ e CSLL. Esses impostos incidem sobre o lucro contábil ajustado para fins tributários (Lucro Real), apurado pelo livro de apuração do lucro real (LALUR).

Isso ocorre porque outros critérios de mensuração são menos exatos que o custo histórico, na medida em que dependem de julgamento profissional e estimativas para se fazer a avaliação do montante a ser registrado, por exemplo o valor justo ou o valor realizável líquido.

O legislador aparentemente evitou que as mensurações diferentes do custo histórico produzissem impactos tributários como forma de evitar que contribuintes mal-intencionados pudessem manipular o resultado para reduzir o lucro tributável. A contrapartida é que contribuintes bem-intencionados acabam ficando sujeitos a uma série de ajustes tributários realizados a partir do lucro contábil. Em muitas situações, esses ajustes são complexos e demandam a manutenção de controles extracontábeis.

A Lei nº 12.973/2014 trata dos ajustes tributários a partir da aplicação das normas internacionais de contabilidade no Brasil. A Instrução Normativa nº 1.700/2017 da Receita Federal regulamenta a aplicação da referida lei e dos seus ajustes.

Os anexos da Instrução Normativa fornecem listas dos principais ajustes e exemplificam sua contabilização para fins tributários. Em algumas situações se exige a evidenciação dos ajustes a valor justo e valor presente, por exemplo, em subcontas, sob pena de tributação dos valores não devidamente segregados.

A Instrução Normativa nº 1.753/2017 dispõe sobre ajustes tributários decorrentes da aplicação de normas contábeis que modificam critérios de mensuração publicadas depois da Lei nº 12.973/2014, a exemplo dos Pronunciamentos Técnicos:

- CPC 06 (R2) – Operações de arrendamento mercantil;
- CPC 47 – Receita de Contrato com Cliente;
- Item 1 da Revisão de Pronunciamentos Técnicos do CPC 09;
- art. 6º da Resolução do Conselho Monetário Nacional (CMN) nº 4.512, de 28 de julho de 2016, para instituições financeiras e demais entidades autorizadas a funcionar pelo Banco Central do Brasil.

A adoção das normas internacionais de contabilidade também demanda ajustes tributários para fins de apuração do PIS e da Cofins, que incidem sobre a receita bruta (aplicação do CPC 47).

Por fim, quando são realizados ajustes tributários com efeitos somente temporais a partir do lucro contábil, o Pronunciamento Técnico do CPC 32 demanda o reconhecimento de tributos diferidos nas demonstrações financeiras. É o caso, por exemplo, das provisões para contingências, que reduzem o lucro contábil para fins de demonstrações financeiras no período do reconhecimento da provisão, mas que, para fins tributários, são deduzidas do lucro real tributável somente no período da realização definitiva da provisão, quando se materializa a perda.

Os apêndices A e B do CPC 32 listam casos de diferenças temporárias entre o lucro contábil e o lucro tributável e fornecem exemplos ilustrativos de aplicação.

## PARA REFLETIR UM POUCO MAIS

O uso de critérios de mensuração diferentes do custo histórico, tais como o valor justo e o valor presente, contribui para aumentar ou diminuir a confiabilidade do conjunto de informações apresentadas nas demonstrações financeiras?

Anos atrás, um diretor de uma companhia aberta brasileira justificava em teleconferência de apresentação de resultados que o prejuízo daquele exercício era originado principalmente de perdas estimadas e reconhecidas por *impairment* de certos investimentos no Ativo Imobilizado. Dizia ele que a perda estimada não tinha impacto recorrente no resultado e que não afetava o caixa da companhia naquele ano. **Considerando amplamente o que significa o reconhecimento de perdas estimadas por** *impairment*, é certo afirmar que a perda não afeta o caixa da empresa?

# BIBLIOGRAFIA

AGUIAR, A. B. Orientação temporal dos gestores: potenciais dimensões e significados. *Revista Universo Contábil*, v. 7, n. 4, p. 6-21, 2011.

ALCALDE, A. *Efeitos hierárquicos na margem Ebitda*: influências do tempo, firma e setor. 2010. Dissertação (Mestrado) – Faculdade de Economia, Administração e Contabilidade, Universidade de São Paulo. São Paulo, SP. Disponível em: http://www.teses.usp.br/teses/disponiveis/12/12136/tde-03112010-164839/pt-br.php. Acesso em: 28 jun. 2018.

ASSEF, R. *Manual de gerência de preços*: do valor percebido pelo consumidor aos lucros da empresa. Rio de Janeiro: Campus, 2002.

BEYOND BUDGETING INSTITUTE. The beyond budgeting principles. United Kigdom, 2017. Disponível em: http://bbrt.org/about/the-beyond-budgeting-principles/. Acesso em: 28 jun. 2018.

CATELLI, Armando (Coord.). *Controladoria*: uma abordagem da gestão econômica – GECON. 2. ed. São Paulo: Atlas, 2001.

COMBS, J. G.; CROOK, T. R.; SHOOK, C. L. The dimension of organizational performance and its implications for strategic management research. In: KETCHEN, D. J.; BERGH, D. D. (Ed.). *Research methodology in strategy and management*. San Diego: Elsevier, 2005, p. 259-286.

COMITÊ DE PRONUNCIAMENTOS CONTÁBEIS. CPC 00 (R1), 2011. PRONUNCIAMENTO CONCEITUAL BÁSICO (R1) – Estrutura Conceitual para Elaboração e Divulgação de Relatório Contábil-Financeiro. Disponível em http://www.cpc.org.br/CPC/Documentos-Emitidos/Pronunciamentos/Pronunciamento?Id=80. Acesso em: 2 jul. 2018.

COMITÊ DE PRONUNCIAMENTOS CONTÁBEIS. CPC 00 (R2), de 1 de novembro de 2019. Dispõe sobre a aprovação do Pronunciamento Técnico CPC 00 (R2) – Estrutura Conceitual Para Relatório Financeiro pelo Comitê de Pronunciamentos Contábeis. Brasília, 2019. Disponível em: http://static.cpc.aatb.com.br/Documentos/573_CPC00(R2).pdf. Acesso em: 26 jul. 2022.

COMITÊ DE PRONUNCIAMENTOS CONTÁBEIS. CPC 03 (R2), de 3 de setembro de 2010. Dispõe sobre a aprovação do Pronunciamento Técnico CPC 03 (R2) – Demonstração dos fluxos de caixa pelo Comitê de Pronunciamentos Contábeis. Brasília, 2010. Disponível em: http://static.cpc.aatb.com.br/Documentos/183_CPC_03_R2_rev%2010.pdf. Acesso em: 2 jul. 2018.

COMITÊ DE PRONUNCIAMENTOS CONTÁBEIS. CPC 26 (R1), de 2 de dezembro de 2011. Dispõe sobre a aprovação do Pronunciamento Técnico CPC 26 (R1) – Apresentação das demonstrações contábeis pelo Comitê de Pronunciamentos Contábeis. Brasília, 2011. Disponível em: http://static.cpc.aatb.com.br/Documentos/312_CPC_26_R1_rev%2012.pdf. Acesso em: 2 jul. 2018.

DICKINSON, V. Cash flow patterns as a proxy for firm life cycle. *The Accounting Review*, v. 86, n. 6, p.1969-1994, 2011.

FERREIRA, A.; OTLEY, D. The design and use of performance management systems: an extended framework for analysis. *Management Accounting Research*, n. 20, p. 263-282, 2009.

GARRISON, R. H.; NOREEN, E. W.; BREWER, P. C. *Contabilidade gerencial*. 14. ed. Porto Alegre: AMGH, 2013.

GELBCKE, E. R.; SANTOS, A. S.; IUDÍCIBUS, S.; MARTINS, E. *Manual de contabilidade societária*: aplicável a todas as sociedades de acordo com as normas internacionais e do CPC. 3. ed. São Paulo: Atlas, 2021.

KAPLAN, R. S.; COOPER, R. *Custo e desempenho*: administre seus custos para ser mais competitivo. 2. ed. São Paulo: Futura, 2000.

KAPLAN, R. S.; NORTON, D. P. The balanced scorecard – Measures that drive performance. *Harvard Business Review*, v. 70, n. 1, p. 71-79, 1992.

KOTLER, P.; ARMSTRONG, G. *Princípios de marketing*. 9. ed. São Paulo: Prentice Hall, 2003.

KOTLER, P.; KELLER, K. L. *Administração de marketing*. 14. ed. São Paulo: Pearson Education do Brasil, 2012.

LOCKE, E. A.; LATHAM, G. P. Building a practically useful theory of goal setting and task motivation: a 35-year odyssey. *American Psychologist*, v. 57, n. 9, p. 705-717, 2002.

LOUGHRY, M. L.; TOSI, H. L. Performance implications of peer monitoring. *Organization Science*. v. 19, n. 6, p. 876-890, 2008.

MACINTOSH, N. B.; QUATTRONNE, P. *Management accounting and control systems*: an organizational and sociological approach. 2. ed. London: John Wiley & Sons, 2010.

MACKENZIE, B.; COETSEE, D.; NJIKIZANA, T.; CHAMBOKO, R.; COLYVAS, B.; HANEKOM, B. *IFRS 2012*: interpretação e aplicação. Porto Alegre: Bookman, 2013.

MALMI, T.; BROWN, D. A. Management control system as package: opportunities, challenges and research directions. *Management Accounting Research*, v. 19, n. 4, p. 287-300, 2008.

MARTINS, Eliseu; DINIZ, Josedilton Alves; MIRANDA, Gilberto José. *Análise avançada das demonstrações contábeis*: uma abordagem crítica. 3. ed. São Paulo: Atlas, 2020.

MERCHANT, K. A. Budgeting and the propensity to create budgetary slack. *Accounting, Organizations and Society*, v. 10, n. 2, p. 201-210, 1985.

MERCHANT, K. A. The effects of financial controls on data manipulation and management myopia. *Accounting, Organizations and Society*, v. 15, n. 4, p. 297-313, 1990.

MERCHANT, K. A.; VAN DER STEDE, W. A. *Management control systems*: performance, measurement, evaluation and incentives. Harlow: Prentice Hall, 2003.

OYADOMARI, J. C. T.; SILVA, P. L.; MENDONÇA NETO, O. R.; RICCIO, E. L. Pesquisa intervencionista: um ensaio sobre as oportunidades e riscos para pesquisa brasileira em contabilidade gerencial. *Advances in Scientific and Applied Accounting*, v. 7, n. 2, p. 244-265, 2014.

OZKAN, N.; SINGER, Z.; YOU, H. Mandatory IFRS adoption and the contractual usefulness of accounting information in executive compensation. *Journal of Accounting Research*, v. 50, n. 4, p. 1077-1107, 2012.

SIMONS, R. *Performance measurement and control systems for implementing strategy*. New Jersey: Prentice Hall, 2000.

SMITH, M. *Performance measurement & management*: a strategic approach to management accounting. Newbury Park: Sage, 2005.

WEITZMAN, M. L. The "ratchet principle" and performance incentives. *The Bell Journal of Economics*, v. 11, n. 1, p. 302-308, 1980.